四特 教育系列丛书　SITEJIAOYUXILIECONGSHU

U0695874

怎样把课上好

《"四特"教育系列丛书》编委会　编著

吉林出版集团股份有限公司

全国百佳图书出版单位

图书在版编目 (CIP) 数据

怎样把课上好／《"四特"教育系列丛书》编委会编著.
—长春：吉林出版集团股份有限公司，2012.4
（"四特"教育系列丛书／庄文中等主编 . 课堂教学与
管理艺术）
ISBN 978-7-5463-8730-7

Ⅰ. ①怎… Ⅱ . ①四… Ⅲ . ①课堂教学－教学研究－中小
学 Ⅳ . ① G632.421

中国版本图书馆 CIP 数据核字（2012）第 043984 号

怎样把课上好
ZENYANG BA KE SHANGHAO

出 版 人	吴　强	
责任编辑	朱子玉　杨　帆	
开　　本	690mm×960mm　1/16	
字　　数	250 千字	
印　　张	13	
版　　次	2012 年 4 月第 1 版	
印　　次	2023 年 2 月第 3 次印刷	

出　　版	吉林出版集团股份有限公司
发　　行	吉林音像出版社有限责任公司
地　　址	长春市南关区福祉大路 5788 号
电　　话	0431-81629667
印　　刷	三河市燕春印务有限公司

ISBN 978-7-5463-8730-7　　　　　　定价：39.80 元

前　言

　　学校教育是个人一生中所受教育最重要的组成部分,个人在学校里接受计划性的指导,系统地学习文化知识、社会规范、道德准则和价值观念。学校教育从某种意义上讲,决定着个人社会化的水平和性质,是个体社会化的重要基地。知识经济时代要求社会尊师重教,学校教育越来越受重视,在社会中起到举足轻重的作用。

　　"四特教育系列丛书"以"特定对象、特别对待、特殊方法、特例分析"为宗旨,立足学校教育与管理,理论结合实践,集多位教育界专家、学者以及一线校长、老师们的教育成果与经验于一体,围绕困扰学校、领导、教师、学生的教育难题,集思广益,多方借鉴,力求全面彻底解决。

　　本辑为"四特教育系列丛书"之《课堂教学与管理艺术》。

　　目前,在我国的学校教育中,课堂教学仍然是一种主要的教育教学活动,要想有效地提高课堂教学质量与效果效率,就必须充分尊重和应用教育科学理论,系统学习、研究、提高课堂教学艺术水平,这不仅是对课堂教学的客观要求,而且是教育教学研究的发展趋势之一。因此,有志于从事教育事业去当一名教师的教育专业学生,都有必要去学习、研究课堂教学艺术,为今后做一名合格的教师进行充分的准备。本书把教育教学理论和教育教学实践有机地结合起来,系统地研究课堂教学的规律和实践,研究教学过程中的各种实际问题。

　　本书还有另一个很明确的目的,那就是:确立班级管理的专业地位,提升师生教学质量。我们分别从学生、教师(班主任)的角度分别进行说明。班级管理是门艺术,大凡艺术殿堂的攀登,都需要自觉的奉献;班级管理又是门科学,涉及科学领域的探索,必依赖智慧的涌动。希望本书的出版,能为工作在第一线的广大中小学班主任提供一个支点,同时,能唤起一部分对班主任工作感兴趣的专家学者的热情,共同来研究这个新课题,让班主任班组管理这项至关重要的工作,更具科学性和艺术性。这也是本书编写的意义所在。

　　本辑共20分册,具体内容如下:

　　1.《怎样把课说好》

　　"说课"是深化教育改革,探讨教学方法,实践教学手段,提高教育教学业务水平的一种好方法,也是教师进一步学习教育理论,用科学的手段指导教学实践,提高教学科研水平,增强教学基本功的一项重要方法。本书主要从说课准备、精心设计与组织说课材料、幽默为教法服务、情感学法说课、辅助教学程序、互动教学目标、应对说课失误和总结说课经验等方面来进行铺垫和阐述。我们站在说课者的角度,多层次地模拟了说课中遇到的各种问题,并提出了相应的改进措施,希望教师在说课中少走弯路,对于日后的说课教学能起到更大的帮助。

　　2.《怎样设计教学情境》

　　本书着重探讨了如何使新课程提倡的自主学习、探究学习、合作学习真正进入到课堂之中。通过介绍西方课堂设计的理论和教学策略,总结国内课堂教学改革的成功经验,为教师进行有效的课堂设计提供切实的指导和帮助。

3.《怎样把课备好》

备课能力是一个教师最基本的业务能力。备课是教师教学活动的一个重要组成部分,也是上好一堂课的前提和重要保证。教师要上好课,首先必须备好课,备课是一项深入细致的工作,是教师达成良好教学效果的关键。教师备课最需要用"心"、用"情"、用"力"和重"思"。

4.《怎样把课上好》

课堂动了,学生活了,互动、对话成为课堂教学的常态了,课堂上出现一系列变动不居的场景也就在情理之中了。教师根据课堂教学中生成的各种资源,形成后续的、新的教学行为。动态成为常态,生成成为过程,这些教学的新要求,是上课时教师需要加以灵活掌握的,也是本书所要介绍的。希望通过本书,教师不仅能获得教学的新理念,同时能获得基本的教学策略。

5.《走出教学雷区》

由于学识、经验、能力、性格、思维等诸方面的限制,教师由于认识和行动上产生了偏差,在教学过程中走入误区在所难免。本书列举了日常教学工作中教师常出现的一些问题甚至错误,分析这些问题产生的根源及这些问题在教学中的呈现形式,提出解决的方案,引导教师避免或者走出误区,通过"行动—反思—再行动—再反思",引导教师做一个反思型教师。促进教师在专业化的道路上更快的成长和进步。

6.《让学生出类拔萃》

在学校里,尖子生往往是重点培养对象,集"万千宠爱于一身"。但是作为教师,不能被尖子生"一俊遮百丑"而忽视对他们的培训和教育。教师应该正确认识和了解尖子生,做好培优工作,积极引导,严格要求,满足他们强烈的求知欲,充分施展其才能并通过尖子生积极进取的态度、较好的学习方法影响和帮助其他同学共同发展,使全体学生成绩不断地推进。

对尖子生的培养是一项艰巨而漫长但又极具乐趣的工程,希望通过本书的学习,我们的教师都能发现千里马,精心、尽力培养,让他们跑得更快、更远!

7.《一对一教学》

在中国,"一刀切"式的教学方法普遍存在于课堂中,然而,每个学生特点各异,只有建立在了解学生基础上的个性化教学才能使学生受益无穷。

不是薪新的课本、新潮的教学技巧,也不是最新的教学设备,唯有优秀的教师才是学生成功的关键。坚信我们有责任坚持不懈地寻找和发现优秀的孩子,我们也要认识到每一个孩子都与众不同。本书致力于了解我们的学生并找到适合各个学生的教学方法,因材施教。

8.《让课堂动起来》

教师如何形成新的课堂教学艺术技巧、如何让课堂变得更加生动有趣,这正是本书论述的要旨所在。

教师要上好一堂课,除了要有热情与高度的责任感之外,还要有渊博的知识和一定的讲课技巧,教师必须认真备课、多动脑、多想办法,有了一定的授课技巧,课堂就会时时呈现出精彩!

9.《不怒自威》

本书以清新的笔调、详实的案例向教师娓娓道来：要树立起自己的威信，教师除了要师德高尚、敬业爱生，专业精湛、诚实守信、仪表得当，还要宽严有度、教管有方、赏罚分明、公平公正。只有这样，学生对教师才能心悦诚服，也只有这样，教师才不会在"学生难管"的哀叹中失落教育的权威。

10.《好学生是怎样炼成的》

行为变为习惯，习惯养成性格，性格决定命运。一个动作，一种行为，多次重复，就能进入人的潜意识，变成习惯性动作。习惯对每个人梦想的实现，命运的选择起到了决定性作用。青少年正处于一个习惯的塑造和培养期，养成良好的习惯会让每个孩子都成为好学生，会使其受益终生。

11.《与差生说拜拜》

本书以新颖的创作手法和情真意切的教育语言从多个方面阐述了怎样对后进生进行转化，如何正确认识后进生，坚守对后进生的教育之爱，唤起后进生向上的信心，解开后进生的"心结"，有针对性地解决后进生的"问题"行为，加大对后进生的学法指导，提升后进生的自身能力，善用工作技巧来解决后进生问题，走出教育后进生的误区。本书有较强的可读性、针对性、实用性和操作性，对教师转化后进生的教育工作有实际性的参考和切实有效的帮助。

12.《从管到不管》

课堂管理艺术和技巧是以学生发展为本的，是教师教学智慧的新表征，是教学实践和经验概括和理性提升，本书所阐述的艺术和技巧是简约的，实用的，可操作的，可借鉴的。教师通过本书的阅读和借鉴，能够在新课程实践探索的道路上，不断更新课堂管理理念，优化课堂管理行为，形成新的教学本领和新的课堂管理艺术，让课堂教学焕发出生命的活力。

13.《把握好教学心理》

为了帮助读者成为"有意识的教师"，作者提出了若干问题以引导学生思考和学习，并列举大量课堂实例，作为实践范例。本书鼓励教师去思考学生是如何发展和学习的；鼓励教师在教学之前和教学过程中做出决策；鼓励教师思考如何证明学生正在进行学习、正在迈向成功。本书反映了当前有关的新理论与新进展，所介绍的各种研究结论在课堂实践中得到了验证与应用。该书所倡导的兼收并蓄的均衡教学为教学的专业化发展奠定了基础。

14.《完美的班规》

优秀的班集体需要制订切实可行、行之有效的好班规。本书采用了通俗的创作方法，把死板的道理鲜活化，把教条的写法改变为以案例为主，分析、评点为辅，把最先进的教育理念和方法融入有趣的情境中。经典的案例，情境式的叙述，流畅的语言，充满感情的评述，发人深省的剖析，娓娓道来、深入浅出，让教师更充分地领会先进、有效的教育方法。

15.《让问题学生不再成问题》

班级里总有那么些学生：有的顶撞老师，经常迟到；有的迷恋网络，偷拿钱物，早恋；有的对同学暴力相向，甚至离家出走；教师在他们身上花费很多精力，然而收效甚微。教育这些学生，需要耐心，更需要教育的智慧。

本书是一部针对这一现象为教师提供方法的教育研究专著，也是一部关于问题学生的教育学通俗读物。本书以教师最头痛的问题学生为突破口，努力在这个问题上把智慧型教育理论化、具体化、可操作化，且适当规范化。这既是教育问题学生的一本"医书"，也是教师科学思维方式的培训教材。

16.《消除师生间的鸿沟》

本书在编写中，尽力以轻松的笔调来"海阔天空"地谈论教育中的师生关系这一敏感问题，以求能让读者在阅读中有快乐、有启发、有思辨。本书每一篇章采用夹叙夹议的编写风格，叙述的是事例，议论的是道理。为了最终能让读者更广泛、更深刻地明白教育道理，本书一般通过"生活事例——生活道理——教育道理——教育案例"这种内外结合、纵横交错的行文方式，实现"顺理成章"的阅读品质。

17.《用活动管理班级》

随着社会和教育的发展，我们对班级的认识也经历着一个相应的发展历程。班主任的角色定位与对班级性质的认识应该是相匹配的。班级活动作为班级功能主要的承载体，在功能、形式和内容上同样需要在新课程背景下重新定位。本书紧扣班主任专业化发展这一核心理念，从班主任实际工作需要出发，由案例导入理论问题，又理论联系实践，突出案例教学与活动的组织和设计；不仅贯彻教育部提出的针对性、实效性、创新性、操作性等原则，而且便于进行系统、有选择性的培训。

18.《学生奖惩艺术》

现在的学校普遍提倡激励教育，少用惩罚性处罚手段，认为处罚只能打击学生的自尊心，使学生丧失上进和改正缺点的动力。但是，激励不是万能的。教育不能没有处罚，没有处罚的教育是不完整的教育。本书针对教师如何奖励和处罚学生进行了系统而深入的分析和探讨，并提出了解决这一问题的新思路、可供实际操作的新方案，内容翔实，个案丰富，对中小学教师颇有启发意义。本书体例科学，内容生动活泼，语言简洁明快，针对性强，具有很强的系统性、实用性、实践性和指导性。

19.《永葆教育激情》

谁偷走了中小学教师的激情？生命中不能承受之重对教师起到了什么影响？教师职业倦怠的原因在哪里？克服倦怠的具体行动有哪些？如何正确认识和驾驭工作压力？……这些问题就是本书要为你回答的。本书对教师的职业倦怠进行了系统而深入的分析和探讨，并提出了解决这一问题的新思路、可供实际操作的新方案，内容翔实，教案丰富，对中小学教师颇有启发意义。

20.《超级班级管理法》

班级管理是门艺术，大凡艺术殿堂的攀登，都需要自觉的奉献；班级管理又是门科学，涉及科学领域的探索，必依赖智慧的涌动。本书是多位优秀班主任集思广益、辛勤笔耕的结晶。一是实用性，所选的问题都来自班主任的实际工作，容易引起班主任的同感。二是可操作性，提出的应对方法都简便易行。三是时代性，所选问题与当前课程改革，与学生实际相结合具有浓厚的时代气息。

由于时间、经验的关系，本书在编写等方面，必定存在不足和错误之处，衷心希望各界读者、一线教师及教育界人士批评指正。

编者

C目录

ONTENTS

第一章

掌握课堂教学方法

课堂教学有效性的审视

关于现代课堂教学的研究，最为关注的是课堂教学的有效性。新课程实验已经进行了七年多的时间，在此期间，我们接触了许多新的教学理念，同样我们也在实践中进行了多年的研究与探索，所以，当我们重新审视教师课堂教学的时候，我们需要结合理念与实践，更加有效地理解课堂、反思课堂和分析课堂。本章着重从几个方面，结合案例，对有效的课堂教学，或者说好的课堂教学，进行了分析与审视，以期帮助教师更好地把握课堂、透视课堂，更好地开展教学实践，提高课堂教学的内涵与质量。

一、资源支撑

教师在教学中最容易出现的问题就是我们所谓的"平淡课堂"问题，教师一堂课讲下来，该完成的任务顺利完成了，教学活动的组织、各个教学环节的安排、知识与问题的讲解都比较顺利，没有什么明显的问题，给人的感觉，这是一堂顺利的课，但仔细品味，却总觉着有些平淡，不够厚重，不够深刻。其直接原因是教师的讲解往往局限于对教学内容的平面化解读，换句话说，对教学内容的平面化解读是导致"平淡课堂"的通常表现。那么有的教师为什么经常会不自觉地出现这一问题呢？其中的原因很复杂，但最为主要的就是教师的课堂教学缺乏教学资源意识，缺乏有效的教学资源的支撑，思路展不开，分析深入不下去，从而导致了课堂教学表面上顺顺利利，实际上平平淡淡。

现代课堂教学强调教学的有效性，因而也特别强调教学资源的支撑，这主要有两个方面的问题需要解决：

（1）教学的资源意识。现代教师教学，应该具有较强的教学资源意识，教师应该明白，资源是教学的必要条件，资源是对教师课堂教学的有效支撑，没有教学资源支撑的课堂，极有可能是平淡的、低效的课堂。从一定意义上讲，谁占有了丰富的教学资源，谁的教学就有了可靠的支撑和保障，这正如我们写文章，只有占有了丰富、翔实的资料，才有可能写出好的文章。

（2）要具有较强的教学资源开发能力。资源是宝贵的，它不会自动地呈现在我们面前，这需要我们去寻找、去发现、去开发，也只有我们自己用心去开发的资源，才是真正属于我们自己的，我们才能真正地熟悉它、

了解它，才能更有效地使用资源，为自己的教学服务。

一般来说，教学资源的开发，比较有针对性的主要有四条途径：

（1）有关的书籍、报刊中的教学资源，也就是我们通常所说的文本资源。这一方面需要教师结合教学内容去寻找自己所需要的资源；另一方面，关键是养成平时阅读的习惯，资源是我们教学的财富，而财富就需要平时一点一滴的积累。

（2）网络资源。随着现代网络技术的发展，网络教学资源越来越丰富，已成为教师寻找、开发教学资源的主要途径。对于现代的教师来讲，如果不善于使用网络资源，所受到的局限就太大了。

（3）学生的资源。学生的思维、观点，学生的经验、差异，本身就是极其宝贵的教学资源。忽视学生自身的资源，不仅会直接影响到教学的效果，而且从某种意义上说明教师的教学观、学生观存在一定的问题。

（4）课堂上即时生成的教学资源。这种资源不可预知，但随时都有可能发生，这需要教师的教学机智和教学智慧，才能有效地把握它、使用它，而且往往会收到意想不到的教学效果。有人形容这叫做"难以预约的精彩"，但实际上这种精彩虽然难以预约，也绝不是凭空发生的，它肯定是有条件的，因而也一定是有规律的。

同时，教师开发和积累教学资源的过程，是一个发现问题、提高认识、拓展思路的过程；是一个在感知和认识教学资源的过程中，进一步加深对教学内容理解的过程；是一个与教学资源对话和反思自我的过程。因此资源不仅是课堂教学的支撑材料，也是教师自身专业发展的许多因素得以滋养和发展的重要基础。

二、沟通交流

以学科知识为中心的教学观念往往把学生和知识分离开来，认为知识是外在于学生的，学生学习的目的就是要把外在的知识学为己有，但是外在的知识是不容易被学生掌握的，这就需要发挥教师的作用，教师首先需要对知识进行加工，然后再传授给学生。这样，教师对知识的加工程度就直接影响到学生对知识的接受、吸收和消化，因此，人们往往自然地把目光投向了教师，教师则不遗余力地想方设法对知识进行精细的加工，突出重点与难点，理清知识间的逻辑关系，运用各种方法与技巧，清楚明白地把知识传授给学生，学生在教师的精细讲解之下，则比较容易地吸收和消化知识。这样似乎就产生了一种定律，即谁能把知识讲授得最清楚、最明

白，谁就是最好的教师，教学过程就是教师与学生之间的一种授受过程，只有教师清楚明白地讲授，才有利于学生清楚明白地接受。

现代教学理论认为，上述观念存在着许多问题，其中最主要的问题之一，就是学生单纯作为知识的接受者，教学活动中缺乏师生之间的沟通与交流，教师的主导地位稳固，而学生的主体作用却难以发挥。

现代教学理论认为，教学过程虽不排除师生之间的授受关系，但也不能以此来概括教学过程的全部，现代意义上的教学，不是教师对学生的单向传递过程，师生双方是教学活动共同的参加者和合作者，教学过程是师生之间沟通与交流的过程，是师生双方互动的过程。正如日本教育家木下百合子指出的：教学过程是师生双方分享智慧与情感的过程，在沟通中，师生双方分享彼此的思考、见解、知识、经验，交流情感与理念，求得新发现，实现教学相长，共同发展。

师生之间在教学过程中沟通与交流的实现，有一个共同的前提与基础，这就是必须要建立教学过程中民主与平等的师生关系，如果师生之间的关系不是民主与平等的，而是一种权威与服从、支配与被支配的关系，是不可能有真正意义上的沟通与交流的。

沟通与交流的过程，也是一个分享的过程，在沟通与交流中，师生双方分享彼此的智慧与情感，交流彼此的思考、见解、知识、经验，最终实现的是教学相长。

三、教会学习

传统的教学极为重视单纯的知识教学，学生学习是学知识，教师教学是教知识，考试是考知识，从而使教育走入了知识中心的误区，似乎有了知识就有了一切。实际上知识并不能代表一切，知识也不一定就能改变命运，特别是在当今时代，单纯以知识为中心的教学与强调培养人的创新精神和创新能力为主的教育要求很不一致。

上世纪末，联合国教科文组织专门成立了"国际 21 世纪教育委员会"，1996 年该委员会向联合国教科文组织提交了一份名为《教育——财富蕴藏其中》的报告，明确提出 21 世纪的教育必须围绕学生的四种基本的学习能力或未来教育的四大支柱来重新设计，即强调学生应"学会求知（learning to know）、学会做事（learning to do）、学会合作（learning to live together）、学会发展（learning to be）"。此报告成为 21 世纪各国教育改革和发展的重要文件。"四个学会"的核心是强调培养学生的学习能力，而

首当其冲的就是强调使学生学会学习、学会求知。

周济部长在全国基础教育课程改革电视电话会议上的报告中也特别指出："在当今知识发展日新月异的时代，如果只强调学生学习知识，那么学生要学的知识太多了，学生无力承受。"有人也曾形象地说："拥有了知识，只是拥有了过去，因为知识代表的是历史，只有掌握了方法，才是教学生真正地拥抱明天"。我国《基础教育课程改革纲要》（试行）中明确提出了"知识与技能、过程与方法、情感、态度和价值观"的"三维"课程目标，"教会学生学习"因而也成为了新课程所追求的重要教学理念之一。

我们过去常说："教师要给学生一杯水，自己要有一桶水。"按照"教会学生学习"的教学理念，这个例子也许会引导教学走入一个误区，不是教师要给学生一杯水，自己就要有一桶水，如此推论，即使教师有更多的水，也可能满足不了学生的需要，真正意义上的教学，是教师要教会学生"找水"的本领，当学生需要水的时候，他不只是知道跟老师要水喝，他还有办法自己找到水。

四、经验基础

建构主义教学论认为，人对知识的掌握不是被动地接受，而是通过自己的经验主动建构的，教学的目的是促进学生在经验的基础上主动建构知识，而不是复制知识。教学只有建立在学生经验的基础上，才能有利于学生主动地建构知识，并获得对知识的深刻的理解与把握，才能体验知识真实的价值，增强对知识的情感，激发对学习生活的兴趣。

学生是以完成学习任务为主要责任的人，但学生也是活生生的现实社会中的人。但在日常的教育教学活动中，学生的生活空间却受到了极大的限制，基本上被限制在学校、教室、家庭三点连线式的狭小的空间之内，在学校是以教室为中心开展以学习为主的活动，回家以后是以家庭为中心进行知识的复习与练习，很少有机会深入社会，接触自然，体验真实的社会生活。生活空间的限制，也就是经验的限制，失去了宽广的生活空间，也就失去了丰富的经验与体验。

在教学过程中，忽视学生的经验基础，远离学生的生活世界，就知识而论知识，为知识而学知识的现象十分严重，使知识变成了空中楼阁式的知识，使教学成为脱离学生经验的封闭式的教学，不仅使知识本身容易失去其实际的价值和意义，也容易使学生的学习活动变得枯燥乏味，失去对学习的情感与兴趣。同时，脱离经验基础的学习，也使学生对知识的掌握产生了许多的困难。

联系到现实的教学实践，强调学生的经验是教学的基础，在日常的教育教

学活动中，应特别注重以下几个方面：一是尽可能拓展学生的生活空间，把丰富学生的经验看作是学习活动的重要组成部分和重要基础，让学生的学习始于课堂，走出课堂，融入真实社会，获得丰富而真实的经历与体验；二是开足、开全课程，重视综合实践课程的开设，把它作为学校课程有机的重要组成部分，注重挖掘和充分利用各种课程资源，丰富和充实实践活动的内容；三是以学生的经验为基础，加强教学的改革，注重知识与学生经验的联系，注重学生的经验在学生学习过程中的作用；四是教师要注意参与和指导学生的社会实践，在参与中指导学生，在指导中拓展学生经验的深度与广度，增强体验的真实感和有效性，在共同的活动中加深对学生生活与经验的了解；五是加强考试改革，注重考试的内容与形式要亲近学生的体验、贴近学生的生活、联系学生的经验，注重考查学生利用基本知识分析解决实际问题的能力与水平。

五、情感教学

情感的流失是传统教育教学的一大问题。《人民教育》2001年第10期曾发表晓谕的文章《教育如何面对心理学的研究成果》，其中写到：学校是伴随绝大多数人长大成人的一个重要的空间。多少年来，我们努力使它成为学生的乐园。但是，建立在1.6万余学生样本的调查却表明，无论是小学还是中学，学生一年比一年更加不喜欢学校环境和学习活动。有58.9%的学生选择"假如我可以不上学的话，我会不去上学的"。这说明已有近2/3的学生对学校的生活缺乏情感或失去兴趣。还有一项对初中辍学学生的调查，证明学生辍学的原因是多方面的，但是大部分的辍学学生是在面对家长提供的"可以继续上学读完初中，也可以现在就不上学"的选择时，选择了辍学回家的。

我们在调查中也发现学校里有一种很令人费解的现象，一些在某一学科领域学习优秀，很有发展潜力的学生，当被问及将来是否愿意报考大学的这一专业或将来从事这一专业的研究时，相当一部分学生的回答是否定的。一位专家在谈到人才流失的问题时说，我们注意到了人才的地域性流失，但人才的专业性流失也要警惕。许多学生在中学就是某一学习领域的尖子，考入大学、读研究生，甚至出国深造，但若干年后，许多人居然舍弃自己的专业，另谋出路，说到底，是他们没有真正的专业情感。

我们有些教师，学生从来没有跟他上过课，甚至是刚刚开始学习教师所教的学科，可这些教师用不了多长的时间，学生就对其所教的学科失去了兴趣，甚至对教师本人也缺乏情感。究其原因，是教师在日常的课堂教学中，忽视了情感因素，没有重视情感教学。

苏霍姆林斯基说过："情感是教学丰富的土壤，教师的教学应根植于这片土壤上。"现在，情感教学已经引起了教师的普遍关注，关于情感教学的典型案例越来越多。

六、尊重差异

强调尊重学生的差异，实施差异教学，对许多教师来说，接受这种观念并不困难，但落实到实践层面，差异教学是最难的，因为理念和现实之间的差距比较大。

就像世界上没有完全相同的两片树叶一样，这个世界上也没有完全相同的两个人，因此学生之间是有差异的，从教师的认识和实践体验来讲，他们对这一点是认同的，但观念上的认同和实践操作之间经常是不一致的。具体地讲，我们的教学实践在起点上是认同和承认学生的差异的，但在终点上，我们又往往用统一的要求、统一的尺度来衡量和评判所有的学生，即在终点上我们是否定差异的，而这种终点上对差异的否定，又往往导致教学过程之中对学生差异的否定，因而我们的教学实质上很难有真正意义上的差异教学。差异性教学的缺失，也许是我们教学中最大的问题之一。

从改革开放至今，三十多年的时间，我们对教学的探索和研究不可谓不重视，我们采用各种方法与途径，从各种角度研究教学，我们成立各种组织有针对性地研究教学，但三十多年的研究和探索，总体上并没有突破性的进展，教师的课堂教学也并没有实质性的升华。究其原因，是因为我们探索和研究的重点是针对集体教学的，差异教学的研究一直处于边缘状态，我们提出了许多教学的策略与方法，但绝大多数是针对集体教学而言的。

我们教学的基本组织形式是以班为单位的集体教学，这种教学的组织形式从诞生之日起，就不可避免地固化了一种矛盾，即集体教学和个体差异教学之间的矛盾，这种矛盾是客观存在的，是我们无法回避的，但单纯重视集体教学，重视研究集体教学，忽视个体差异教学，实质上就是回避矛盾，回避的结果正如目前我们面对的现实一样，我们没能很好地解决矛盾，使矛盾之间的对立严重，教学难以取得突破性的进展。

随着社会的进步和教育的改革与发展，差异教学的问题引起了人们普遍的关注，人们已经认识到只研究集体教学，忽视差异教学的研究，是教学研究的重大缺失，因此差异教学问题成为当今教学研究和教学改革的核心问题，应该说是在历史的总结与反思中所取得的重大进步。

但是，教学的研究是不能脱离实践的，教育和教学从本质上来说，是

一种实践的智慧，换句话说，如果没有教师在差异教学实践上的突破，也就不可能有真正意义上的研究性突破。所以，我们强化差异教学的观念与意识，呼吁教师差异教学的实践和探索。

七、创生教学

创生性教学就是追求创造、生成和拓展性的教学。

由于受传统教学习惯的影响，许多教师最容易出现的问题是缺乏创生性教学的观念和意识，没有全面、整体的课程目标观念，教学往往局限在单纯的"双基"上，即使课堂上时间非常宽余，教师仍然要在"双基"上做文章，甚至不惜简单往返式的多次重复。

简单地讲，创生性的教学，就是要在保证"双基"教学任务有效完成的前提下，教师的教学，应该充分发挥自主性和主动性，尽可能地使教学有效地创造、拓展和生成，使学生获得更深的感受、更大的收获。

教师实施创生性的教学，应有针对性地注重以下三个方面：

1. 利用教材资源开展创生性教学

在实施"双基"教学的过程中或"双基"教学任务完成之后，进一步结合教材自身的资源，进行有效的挖掘与开发，开展创生性的教学。教材中的一行文字、一段语意、一个人物、一种背景，画面中的一种鲜花、一片绿地、一片天空、一朵白云，都是可以进一步挖掘、开发的创生性教学资源，只要创意科学，引导有方，激发有力，都可以创造性、生成性地把学生带入一片崭新的天地，引入一种新的境界，激发一种振奋的状态。除此之外，教师一定要注意克服单纯的学科主义和知识教学的局限，品德教育、公民养成、智力开发、情感陶冶、意志培养、实践锻炼、科学修养等等，都是任何一门学科开展创生性教学选择和发展的方向与目标。

2. 利用课外资源开展创生性教学

如果说课内资源是有限的，那么课外资源是一种有效的补充和拓展，甚至更加丰富与生动。教师一定要有资源意识和开发意识，教学本身就是一种开发和生成资源的活动。有效地占有和使用资源，教学才能变得更加丰满与充实，创生才会拥有更加广阔的空间。

3. 利用教学中出现的即时性资源，及时地进行创生与开发

上课是可以提前准备的，但教学过程中即时发生的各种问题与景象是无法预约的。强化资源的意识，充分利用教学中出现的各种即时性资源，创造性地开展教学，经常会使教学产生难得的精彩。

课堂教学的有效组织

课堂教学的组织涉及教与学的关系问题，对此，当前教育界的共识是"教师主导，学生主体"。为了在实践中有效地组织课堂教学，还需要对这一共识进行更加深入的分析。

教与学存在两个关系层次：深层结构与表层结构。所谓教与学关系的深层结构，指的是在教学得以生成和存在的静态的和内隐的逻辑层次上，学是矛盾的主要方面，教是矛盾的次要方面，教的目的、任务、内容依存于学的目的、任务、内容，教的过程要适应于学的过程的内在逻辑。所谓教与学关系的表层结构，指的是在教学得以生成和存在的动态的和外显的逻辑层次上，教师的教在价值引导、动力调控、过程的有效性等方面，直接影响着学生的学，是矛盾的主要方面，学则是矛盾的次要方面，居于被指导的地位。

上述两种相互对立的教与学的关系形态，在具体的教学过程中，根据教学的现实条件和进展而发生不断的转换。从以教对学的适应为主转化为以教对学的引导为主，继而面对新的学情，寻求教对学的重新适应和教对学的深入引导，表现出教与学的矛盾关系的深层结构与表层结构不断转换，课堂教学过程就在这样的不断转化中得以发展和提升。而在这个变动不拘的动态生成过程中要实现对课堂教学的有效组织，至关重要的是对特定时刻教与学矛盾关系状态的明确认识和有效调控，只有做到这一点，才能不断地促进学生的有效的学，并进而实现教师的有效的教。认识到这一点，是教师有效组织课堂教学的观念基础。

从根本上来说，教师有效的教最终是要借助于学生有效的学来实现的，因而学生作为学习活动主体的地位应该在整个课堂教学过程中得到充分的关注。这要求教师在主导与调控课堂教学的过程中，改变传统教学中唱"独角戏"的做法，研究并尊重学生的学习需求、学习风格和学习潜能，让学生参与到教学中来，并采取有效措施充分发挥学生作为学习主体的主观能动性和创造超越性，从而最大限度地提升课堂教学的实效性。

本文力求在深入把握"教师主导"与"学生主体"关系的基础上，尝试对课堂教学的关键环节进行探讨，以实现对课堂教学的有效组织。

一、精心设计，多方准备

课堂教学设计是教师在深入钻研教材的基础上，根据不同学生的特色，创造性地设计教学实施方案，为成功教学绘制蓝图的过程。当前，日益关注动态生成的课堂教学不仅没有否定课前预设的必要性，而且，对教学设计的内容、方法甚至设计的创造性和艺术性都提出了越来越高的要求。

在变动不居、充满变数的课堂教学环境中，许多教师都有这样的体会：即使经过了充分详尽的准备，考虑到有可能发生的种种状况，课堂教学中仍难以避免这样或那样的意外插曲，导致课堂教学陷入极易失控的局面，虽调动起多年的教学经验，但事后反思，仍或多或少留有遗憾。然而，为将这样的遗憾减少到最低限度，为最大限度地提升课堂教学质量，教师所能做的和应该做的仍然是：精心设计，充分估计并多方准备课堂教学。

精心设计课堂教学可以从以下六个方面做起：

1. 了解学生，吃透教材

苏霍姆林斯基说："在教学设计时，如果在自己的眼前没有出现那些机灵的、思路敏捷的米沙和那些头脑迟钝的、理解能力很差的柯里亚的形象，那么这种备课只不过是进行抽象的理论推敲而已。"因而教师要全面了解学生，充分尊重学生的主体性和差异性，同时，深入了解学生心理发展的一般特点，并以此为依据选择教学方法，安排教学结构，营造适合于学生"内在条件"的"外部环境"，从而引导学生的学习进入最佳状态。

解读和分析教材也是教学设计的重要一环。只有吃透教材，教师才能把握教学的重点与难点，并寻找和识别适合学生认知规律的教材因素。研究教材的同时，教师也要摸索并总结出学科自身特殊的内在规律，从而便于在教学过程中引导学生寻求恰当的学科学习方法。

2. 预设目标，关注发展

新课改提出的三维目标，为教师制定课堂教学目标提供了方向性指引。一方面，课堂教学的三维目标应该是一个有机的统一体，不能只顾"知识与技能"而采用简单的"填鸭式"，也不可只重"情感"或"方法"而使课堂教学空洞无物、流于形式；另一方面，课堂教学目标应充分考虑到目标逐渐生成的过程性，这样才能使教师更准确地把握课堂教学的进程。

3. 活化教材，精选内容

针对教学内容，教师首先必须要明确的一个问题是：书本知识即教材，是否就是教学内容的全部？对此，叶圣陶老先生在多年前就有过精辟的论

断：教材无非是个例子，通过这个例子来使学生掌握举一反三的本领。

因而我们只能把教材定位为：为服务于教学而精心打造的、可利用的课程资源，也就是说，教材只是需要教师进一步加工、创造的样本，远非教学内容的全部。

精选教学内容，首先体现在对教材知识的二度开发上。就是说，要使书本知识呈现出生动鲜活的状态，可以从两方面入手，一是挖掘知识本身的丰富意蕴，实现书本知识与历史、生活、社会的沟通；二是寻求知识与学生生活经验的联结点。正如帕克·帕尔默在《教学勇气——漫步教师心灵》中所说："除非教师把教学与学生生命内部的鲜活内核联系起来，与学生内心世界的导师联系起来，否则永远不会'发生'教学。"

精心设计教学内容还要求教师灵活选择与教材相关的鲜活的生活与社会资源。每一个教师都应明确：教材只是学生的小世界，社会和生活才是学生应该学习的真正的教科书。运用这样的教科书，才更有利于培养学生的自主学习、创新学习与发现问题、解决问题的能力，为其健康成长进而顺利融入社会提供强有力的支持。

4. 确定方法，设计流程

设计教学方法既要设计教的方法，又要设计学的方法，两者有机结合，才能提高课堂教学的实效性。为了促进学生的自主发展，学习方式应发生这样的变化，由依赖型学习向自主型学习转变，由传承型学习向创新型学习转变，由认知型学习向全面型学习转变；由知识型学习向意义型学习转变。

为了促进学生的自主发展，教的方式也应发生相应的变化，新课改特别强调变单向灌输的教学方式为注重学生自主探究与合作互动的教学方式，如自主探究教学法、合作学习教学法、尝试教学法等。

设计教学结构与过程则应注意以下三方面：首先，教学流程的设计应符合学生的心理活动规律和认知发展规律，有意识地突显教学过程与节奏的张弛有度，从而始终牵动学生的注意力，维持其学习热情。其次，应注意教学流程的整体性，课堂教学过程各环节之间应协调有序、衔接自然、首尾照应，以体现课堂教学的独特魅力。此外，考虑到课堂教学活动本身的复杂性，教师还应注意教学流程的灵活性，把单一线型的教学流程改成多线型并存的流程，这样，才有可能让更多的学生展示其创新的想法和学习的潜能，从而彰显课堂教学的生机和活力。

5. 设计评价，呼应目标

教学评价的设计应以目标为依据，注意评价对学生发展的激励性功能，

同时突出教学评价在认知、操作、情意等方面的完整性。具体地说，可从以下角度设计评价：学生投入的程度和参与的情况如何，学生的活动量和思维量是否足够，学生是否都在其不同层面上获得了满足感和成功感，师生互动状况如何，学生知识的掌握及其拓展状况怎样等等。

6. 设计留白，估量意外

教学预设的充分不是面面俱到、环环紧扣，而应追求预设而不死板，从大处着眼，从整体入手，粗一些，具有适度的弹性、包容性和自由度，把学习、思考、表达的主动权还给学生，为学生留有自主建构的空间和时间，这样，课堂教学才能充分发挥学生的想象力和创造力，才能让课堂教学充满挑战与创新，充满激情与智慧。

教学过程中，随时都可能出现教师预料不到的情况，即使同样的内容，也有可能因具体情境的不同而出现独特的状况。因而，教师应充分设想到教学进程中可能会出现的种种意外，心中有数，才有可能自如应对。反之，对学生的不同回答，对教学进程中的种种状况，缺乏必要的估量，一旦出现意外情况往往措手不及而疲于应对，从而使课堂教学陷于被动。

二、把握节奏，跌宕有致

课堂教学节奏即课堂教学过程中的富有美感的有规律性的变化，是贯穿于教学艺术结构中的内在律动。通俗地讲，即指课堂教学在内容、速度、方法、评价等方面所显现出的繁与简、难与易、缓与急、张与弛、轻与重等可比成分的连续不断的规律性变化。教师合理地掌握与适当地调节教学节奏，对增进学生学习的有效性，提高教学质量具有重要意义，是有效组织课堂教学的必然要求。

把握课堂教学节奏，可以从以下五个方面着手：

1. 教学进程的起伏变化

教学过程曲折起伏，富于变化，才能引人入胜。教师要精心安排教学的开始、发展、高潮和结局，使教学过程有起有伏形成节奏。同时，对教学进程中"起、承、转、合"的每一个细节都做到缜密考虑，精心设计，使整个教学过程首尾呼应，衔接有序，流转自然，融洽统一，真正把一堂课勾画成一幅和谐精美的"师生风景画"。此外，课堂教学还应动静结合，即学生动手、动脑、动口等的实践活动与学生积极思考、认真钻研的相对安静的活动相互结合，相得益彰，从而提高课堂教学的效率。

2. 教学内容的疏密难易

教学内容的疏密难易即教师在分配教学内容时，在疏与密、难与易、

雅与俗等一系列矛盾关系的把握上，做到灵活得宜，恰到好处，既要保证知识的掌握，又要兼顾学生的感觉与体验，同时最大限度地促进学生的全面发展。

3. 教学情感的跌宕有致

教学活动是师生心灵交汇的活动，有经验的教师总是在课堂活动中给学生的情绪展露留有一隅，并以自己饱满的激情去感染学生，创设积极热烈的课堂情感氛围。不仅如此，学生在课堂里的情绪变化也会影响教学进程和教学实效，如果学生情绪较为低落，即使教师口若悬河地讲解，学生也很难跟着教师的节奏或思路去认真听讲。

4. 教学手段的丰富多变

"文似看山不喜平"，课堂教学也应力避单调重复。如导语与结语的运用、教学情境的营造、教学内容的处理、教学方法的选择等，都应该杜绝一成不变。

教学手段的变换，依托于教学实际，源自于教师的灵感。有时候，教师的精神状态、表情语调、行为举止和教仪教态等非语言因素也可用来控制教学节奏。特定情形下，停顿或重复也可以拿来作为把握课堂节奏的有效手段，关键在于：要以教学为本，运用得当。

5. 教学语言的抑扬顿挫

教学语言属于教学手段的一部分，此处将其单列，是因为教学语言是教学节奏中最直接的表现形式和调控工具，在课堂教学中占有举足轻重的地位。课堂教学语言最忌一个腔调，一种语速，一味平铺直叙，如同一池静水，无波无澜，会使学生大脑皮层很快进入抑制状态，从而严重影响教学效果，而语调的高低和谐，语气的轻重缓急，语速的快慢行止，语言的抑扬顿挫，句式的参差交替，都会给人以错落有致的韵律节奏感，学生的学习热情会随着这富有节奏的语言不断得以调节、转移与强化，学习效果自然也会节节攀升。

三、引领方向，随时调控

在整个课堂教学的推进过程中，教师承担着不可替代的重要作用，如同一艘航船的船长，需要随时把握正确的航行方向，避免偏离甚至背离主航道。从学生发展的角度看，由于其在经验、认知、情感、价值观等方面并不成熟，教师作为引领者的作用，同样也是必不可少的。

课堂教学中，教师引领方向的作用体现为两个方面：

1. 对学生成长与发展方向的引领

课堂教学对学生成长和发展方向的引领，至关重要的是教师在人生意义上的言传身教，以此来感召学生的心灵，培养学生健康的人格，使学生不仅获得了知识的熏染、艺术的享受，更经受了精神的洗礼、价值的引领，从而彰显出课堂教学的人文关爱。正像肖川在《成为有思想的教师》一文中所说："有思想的教师，会对学生的心灵丰满和精神充实有一种自觉而又自然的引领。"

2. 对课堂教学进程的引领

为有效地引领课堂教学的发展方向，教师在课堂上要善于调控。这种调控可以从以下五个方面做起：

（1）调控目标，避免泛化与游离。课堂教学的目标应是具体的，而非泛化的。在对三维目标进行整合的同时，应尽力避免为片面地追求全面性而使目标空泛化，导致什么都要兼顾却什么都是浮光掠影、走马观花。目标的具体性要求将目标分解到学习的每一个环节，并且明确呈现给学生，同时控制好课堂的保底目标，让学生掌握一节课中最核心的知识，进而在保底目标基础上实现不同学生不同层次的发展。

课堂教学目标还应是动态的，而非游离的。目标的实现，不可能一蹴而就，需要在渐变发展的动态过程中，螺旋式地逐步实现。在这一过程中，学生往往会生成各种各样的理解偏差，有可能偏离教学目标的轨道，这时便需要教师的恰当点拨与引导，以防止目标的游移不定，以及由此而导致的学无所获。

（2）调控内容，避免抽象与空洞。课堂教学内容有一大部分来源于教科书，需要教师对其进行必要的加工和调整，增加一些鲜活的因子，以避免因教学内容的抽象性、静态性，而导致学生学习的枯燥乏味。对此，教师可借助于援引社会热点、事实材料或案例，以加强课堂教学与社会生活的关联；也可以通过创设各种生活情境以引发学生的个人体验，从而加强课堂教学与学生经验的关联。

（3）调控情绪，避免压抑与亢奋。心理学研究表明，学习的最佳状态，是情绪处于"中性"状态，过于冷静和过于兴奋，都会影响学习的效果。因而教师应注意随时观察学生的学习情绪，并及时加以调控。当课堂气氛过于沉闷，学生谨小慎微、深感压抑时，教师应有意识地投入自己的情感，营造宽松、安全、自由的课堂氛围，以调动学生参与的积极性。反之，当课堂上群情激昂，不停喊叫，课堂秩序处于失控状态时，学生很难

进行较深层次的思维活动，也不适合对知识的系统化和巩固，这时就需要教师寻求恰当的调控手段，给学生"降温"。

（4）调控生成，避免徒劳与偏失。课堂教学生成的种种状况中，有的是有积极意义的，课堂教学不能置之不理，致使思维的火花一闪即逝；有的则是不利于教学发展的，需要教师灵活机智地加以控制。而对于一些发散性问题，学生活跃的思维可能会生出五花八门的答案，如果教师不能及时调控，以后的课堂生成就会逐渐偏离教学目标的轨道，导致徒劳的辩论，对此，教师要予以关注。

（5）调控手段，避免单调与刻意。灵活多样的教学方法，鲜明生动的现代化教学手段，丰富多彩的课堂活动，不断变化的人员组合方式，甚至板书与教师的语言，都可用来引发学生的学习积极性，使课堂教学更加优化有效。

四、点化生成，强化效果

教师对课堂教学的有效组织不仅体现在对教学活动进程的正确把握和对学生发展方向的恰当引领上，更表现在教师对动态生成的课堂教学过程的自如驾驭和创造性举措上。相比较而言，后者更能让学生体味到学习和成长的乐趣，更能显现出由于教师高超的教学机智而带给课堂教学的独特的创造性和艺术魅力。

在充满了师生、生生多维互动的教学过程中，教师出神入化地驾驭教学进程的教学行为，往往表现为巧妙及时地捕捉某些瞬间行为或细节，进行恰到好处的点拨和引导，从而化腐朽为神奇，化平淡为精彩。当前，随着学生主体性和创造意识的逐渐觉醒，他们对教师组织和驾驭课堂教学能力的要求和期待也越来越高，教师只有不断提升自己的教学能力和教育机智，才能在课堂教学中立足于智慧生成的至高点，准确地把握并捕捉知识的生长点和教学的生成点，并且灵活调整教学行为，应学生而动，应情境而变，不断创造教学的亮点，描绘出一个又一个不曾预约的美妙课堂的情景。

一节有效组织的课堂教学如同一支节奏和谐、优美动人的课堂进行曲，为了淋漓尽致地发挥这一进行曲对学生的感染、启迪和促进发展的作用，教师不可忽视有效组织课堂教学的最后一环：对课堂教学效果的巩固与强化。这可以从以下四个方面做起：

1. 给学生的自主学习留下空间

让学生自主参与课堂教学活动是提高课堂效率的有效途径。苏霍姆林斯基说过："人的内心有一种根深蒂固的需要，总感到自己是一个发现者、

探索者、探寻者。"这要求教师首先摆正自己的位置，把学习的自主权还给学生，同时努力创设主动探索的空间，让每一个学生都能获得动脑思考、动手操作、动口表达、动笔尝试的机会与体验。

给学生的自主学习留下空间，还要求教师不能做"教匠"，把任何问题都讲深讲透，而应提倡和鼓励学生的"异想天开"、"标新立异"、"纵横驰骋"，甚至"无中生有"。课堂应成为思维无禁区，让学生在畅想、畅言的过程中逐渐产生探索与创造的信心和能力，而作为教师所能做的，就是像爱护幼苗一样呵护和培植他们的探索意识，并以足够的耐心和宽容去期待、肯定和激励他们的点滴进步。

2. 充分利用课堂教学中的非智力因素，以情促智

非智力因素是有效教学的关键。所谓非智力因素，是指除了智力因素之外，影响智力活动和智力发展的那些具有动力作用的个性心理因素，包括动机、兴趣、情绪、性格、意志等，通常用"情商"来衡量，它决定着人进行活动的积极程度。课堂教学中师生的非智力因素可以转化为学生学习的巨大动力，在整个教学过程中具有维持、控制和调节学习状态的作用，因而教师应该对其予以重视，做到以情促智。

3. 及时反馈，以评激智

课堂评价是巩固与强化课堂教学效果的重要环节，通过恰当的评价，可以激起学生继续学习的热情与克服困难的勇气和信念。为此教师要根据每个学生的具体情况，确定其最近发展区，明确其努力的目标与方向，并形成对每个学生的合理而积极的期待。教师要在课堂评价中通过多种渠道表达对学生的期望和激励，尤其是对处于学习弱势中的学生，教师在评价中要给予更多的关爱和体贴。

4. 追求余味无穷的教学效果

有经验的教师往往善于营造耐人寻味的课堂教学环境，他们的教学常常使学生不仅身处其间时如沐春风，而且在走出课堂以后，还会时常感觉颇受教益，引人深思，如同一首优美和谐的课堂进行曲，余音绕梁，令人回味无穷。其课堂教学的效果，必然在这反复不断的咀嚼与回味中得到了有力的强化。

营造这种耐人寻味的教学效果的方式是丰富多样的，可以是对知识的巧妙拓展和深化，对某一课堂细节的传神处理，课堂结束时的一个悬念，也可以是教师充满情感的语言渲染，别具一格的情境的创设，甚至一句话，一个表情，一个动作，一张幻灯片，一个优美的画面等等，只要运用得当，引导

得法，点拨到位，都可以为课堂教学的有效组织添上精彩的一笔。当然，这其中的匠心独运之处，看似简单自然，实则正是教师丰富的教育机智与深厚的教育功力的体现，是教师长期不断反思、不懈进取的积淀，非一朝一夕所能达到，对此，每一个教师都应保持清醒的认识。

五、合作学习

教学方式是师生在教学过程中，为完成教学任务、实现教学目的而采用的教与学相互作用的活动方式。新的课程标准提倡改变原有的满堂灌的教学方式，灵活运用多种教学组织形式，采用自主、探究、合作的教学、学习方式，以培养学生主动学习的能力和敢于创新的精神，并着力于学生的可持续发展。

本部分主要以合作学习为例，结合新课程的实践经验，尝试对课堂教学的有效组织进行具体的探讨。因受篇幅所限难以全面阐述，仅希望以此为契机，引发广大教师对提高课堂教学实效的进一步探索。

合作学习是一种小组学习的形式，一般指学生在异质小组中彼此互助，共同完成学习任务，并以小组总体表现为奖励依据的课堂教学方式。合作学习在形式上是学生座位排列由过去的秧田式变成合围而坐，但其实质是学生间建立起积极的相互依存关系，每一小组成员不仅自己要主动学习，还有责任帮助其他同学学习，以全组每一个同学都学好为目标。教师根据小组的总体表现进行小组奖励，学生是同自己过去比较而获奖励。

合作学习不仅有利于提高学生的学业成绩，而且能促进学生的情感发展，满足学生的交往需求。尤其重要的是，合作学习使个别差异在集体教学中的积极作用得以充分地发挥出来，使每个学生都能在合作互动中实现不同程度的发展，这与新课程所倡导的关注每一个学生的全面发展的理念是非常吻合的。

合作学习运用方式很多，近年来得到肯定的主要有以下六种：

1. 学生小组成绩分工制

具体做法是：将学生分成 4～5 人一组，先由教师讲授新教材，并对练习作业给予适当提示，接着以小组为单位做练习作业，然后对所学材料进行测验，测验须独立完成，试卷由教师当堂批完或课后尽快批完，并把个人得分转化为小组总分。每个学生对小组做出的分数贡献，是由该生此次测验分数超过自己过去测验平均分数的部分决定。如低于过去平均分者最低得 5 分，最高分得 10 分，测验成绩优异者无论其以往测验成绩如何，一律得到

10分。

2. 小组游戏竞赛法

具体做法是：先将学生分成5~6人一组，教师对某一学习单元作初步的讲解，然后将练习作业发给每个学习小组。小组成员共同思考练习，相互提出问题，直到每个人都认为自己已经掌握为止。接着开展竞赛性小组游戏，一般每周举行一次，用以检查与作业练习相类似的知识技能。每一游戏小组均由3名学生组成，其成员从各学习小组中挑选。为保证竞赛的公平性，前一次测验或竞赛成绩最高的3名学生被安排在一号桌，得分次高的3名学生安排在2号桌，依次类推。每张竞赛桌上的优胜者均为其所在小组赢得相同的积分点数。这就意味着，不管是优等生还是差生，均有机会取得成功，为所在小组做出贡献。参加游戏的学生在竞赛中得的分数转化为团体总分，以此决定小组的优胜名次。

3. 切块拼接法

具体做法是：将学生分成5~6人一组，把一项学习任务分割成几个部分或片段，每个学生负责掌握其中一个部分或片段。随后，把分在不同小组中而学习同一部分任务的学生集中起来，组成一个个"专家组"，共同学习和研究所承担的任务以至掌握。然后全部学生都回到自己的小组中去，分别就自己掌握的那部分内容教给同组其他同学，至此，达到对学习任务的全面掌握。一个学习单元结束后进行测验，检查每个学生对学习任务的掌握情况。每个学生的测验成绩单独计分，小组之间不进行比较。切块拼接法是将合作与学习任务挂钩的一种教学策略。

4. 切块拼接2法

切块拼接2法是斯莱文博士在切块拼接法的基础上改良而成的。其改进主要体现在两方面：首先，要求全体学生都先了解学习的总任务，但集中要解决的问题仍然是分配给他们的子任务，这样保证了每个学生既观整体，又精局部。其次，切块拼接2法引进了"学生小组成绩分工制"的测验计分方法，将分数归组，鼓励小组间的竞争，鼓励个人不断超越自我。经过以上改进，任务关联性虽有所降低，但奖励关联性却大大提高了。

5. 共同学习法

具体做法是：将学生分成4~5人一组，共同学习统一分配的教材。小组共交一份报告单或答卷。褒奖也是以小组为单位进行，根据小组平均分计算个人成绩。

6. 小组调查法

具体做法是：将学生分成2~6人一组，先由教师根据各个小组不同的

情况提供有关学习课题，由小组将课题再分解的子课题落实到每个学生身上。小组成员通过合作成功收集资料，共同讨论，集思广益，协同准备向全班汇报或呈现学习结果。汇报方式不能照篇宣读，而是采用短文、演示、实验、展览、小测验、竞赛等生动有趣的形式，以引起全班同学的关注与好奇。最后教师或学生自己就各小组对全班的贡献做出评价。小组调查法在发挥学生的自主性方面尤为突出，任务的关联性也很强。

合作学习的运用形式虽多种多样，在实践中每种形式的侧重点也各有不同，但对于任何形式的合作学习来说，有五个基本因素是不可缺少的：

（1）积极互赖：学生们知道他们不仅要为自己的学习负责，而且要为其所在小组的其他同学的学习负责。

（2）个体责任：每个学生都必须显示出对分配作业的掌握。

（3）面对面的积极互动：学生有机会互相解释所学的知识，有机会相互帮助去理解和完成作业。

（4）社交技能：期望所有的学生都能进行有效的沟通，建立并维持小组成员之间的相互信任，有效地解决组内的冲突。

（5）小组加工：各小组必须定期地评价共同活动情况是否良好、应怎样提高其有效性。

不同的合作学习方式，实施步骤也不尽相同。例如：笔者在课堂上使用共学式合作学习方式时，主要采取的操作步骤是：

1. 教学目标的具体化

在上课前有两类目标需要具体化：一类是认知目标，设计时要考虑学生的现有水平和最近发展区；另一类是合作技能目标，教师需明确一堂课要强调的合作技能是什么。

2. 教学前的准备

首先，需要建立合作小组。教师要根据教学目标的需要首先确定小组的规模，一般以 2～6 人为宜。规模应尽量地小，以保证每个小组成员都能参与达成小组目标的过程。然后将全班学生按组内异质、组间同质的原则，根据学生性别比例、兴趣、倾向、学习水平、交往技能、守纪律情况等合理搭配，组成小组。小组一旦成立，就保持一段时间相对稳定，直到他们取得成功，或者学完一个单元、章节后再调整小组成员。

其次，是座位的安排。应尽量使合作学习小组成员能共用学习材料，彼此看得见对方的眼睛，彼此不必提高嗓门影响别人，并在温和的气氛中交换意见。围坐成圈通常是最好的一种安排方式。各小组应留出一条使教师能通行的

通道。同时各小组之间应保持一定的距离，不至于相互干扰各自的学习。

再次，设计教学材料以提高学生的互赖性。进行合作学习必须先将设计好的学习材料分到小组，使学生都参与学习并达成学习目标。要通过分配材料，将学生置于一种"荣辱与共"的互赖情景之中，可采用三种方式：①材料的互赖：每个小组只给一份材料，在初用合作学习的过程中，运用此法可取得较好的效果。在这种情况下，学生们不得不一起合作，以取得成功。②信息互赖：教师可以给每个小组成员不同的书和材料，让他们进行总结概括，也可以把材料按照切块拼接法进行安排，使每个学生都承担一部分完成任务所需要的材料。这种方法可以促使每个小组成员都参与活动，以取得小组的成功。③建立对立面促进互赖：教师可以把材料设计成具有组间竞争性的竞赛形式，以此为基础促进小组成员之间的互赖感。上述这三种方式不必同时使用，可以灵活选择使用。

最后，分配角色以确保互赖。积极互赖还可以通过在组内分配互补和有内在关联的角色来实现，每个学生都分到一个促使小组有效活动的角色。这些角色包括：总结人、检查人、发言人、精确性裁判、联络员、记录员、观察者等，分配这些角色是教给学生合作技巧促进学生之间的积极互赖的有效方法。

3. 构建活动任务和积极互赖

教师要首先向学生解释学习任务，使学生明确教学目标；其次，教师要让学生明确其个人责任及小组合作的目标，并建立起组内与组间的合作交流关系。此外，教师还应从操作意义上，提出适合小组学习的具体行为要求。

4. 监控合作学习的有效性，介入活动并向学生提供帮助

教师在合作学习的课堂上不是无事可做，而是很忙的，必须做好如下工作：观察合作小组的情况，了解学生在干什么，有没有问题；做好巡回指导，向学生讲授必要的技能，并回答学生提出的各种问题，在知识上、技术上给以援助，但不能代替他们思考；介入一些小组的活动，并提出建议，暗示解题途径，提供更有效的合作方法；与学生交流，及时反馈；做好总结，鼓励和引导学生提出新的问题等。

5. 做好课堂评价

可以着重从以下方面评价：小组活动方式，小组活动的秩序，组员参与情况，活动结果的汇报水平，对其他组意见的补充修正，组员学习的效果等。

课堂教学的方法和艺术

"君子务本，本立而道生。"寻求课堂教学的方法和艺术，不可忘掉一个最根本的事实：任何方法和艺术都是为课堂教学的实效服务的。每一次课堂教学要达成的目标和最终取得的实效，应该成为每一名教师教学生活中反复思考的问题，简言之：任何时候，学校和教师都会期望有效教学。

所谓有效教学，就是教师与学生在特定的环境和条件下，基于预定的课程教学目标，通过交流与互动所达成的有效果和有效益的教学。它的核心是达到课程与教学目标，它的表现形式是教的有效与学的积极。当前，从大的层面看，判定有效教学的根据应是教学目标的达成与每一个学生不同程度的能力的提升及人格的成长等。从小的层面看，单就学生能力的提升这一方面，又可划分为许多具体的领域，每一领域还可分出许多更为具体的水平指标。所有这些，都应成为有效课堂教学所关注的目标。而方法和艺术如果不能有助于某种程度地达成这样的目标，无论怎样新颖和巧妙都只能弃之不用。

进入本文之前，还有一个必须要明确的问题：即教学方法与教学艺术的关系。佐藤正夫在《教学原理》一书中对方法所作的界定是："规定从某一初试条件引出某一目标的可能运作体系时，其特定部门的规则体系。"由此可以看出方法是行为规则体系，因而教学方法就是教学行为的规则体系。教学方法来自于教学实践，来自于教师在课堂教学活动中的具体行为表现。所有的教学方法都是对大量的具有某种共同特征的教学行为的抽象和概括，所以，从根本上看，教学方法是抽象的和静态的行为，当方法从实践中抽象出来，就成为客观精神产品中的一种，其存在不再依托于教学实践。

仅仅掌握了教学方法，还不能算是拥有了教学的艺术。只有出神入化地综合运用各种教学方法，才称得上拥有了课堂教学的艺术，或者说，同从实践中抽象出来的教学方法相比，教学艺术才是灵动的、实践的，教学艺术永远与教学实践紧密相连。同样的教学方法，不同的教师运用起来会产生不同的教学实践的形态，这源于教师对教育教学的个性化解读和程度风格不等的教育机智。人们常说的"教学有法而无定法"即是教学艺术的体现。

因而方法只是方法，对方法的个人化解读和应用才是实践的艺术。更进

一步说，最有效的包罗万象的放之四海而皆准的教学方法是不存在的，每位教师都必须在对各种教学方法的深入认识和准确把握的基础上，结合日积月累的教学实践和教育智慧，用心揣摩，不断总结，才能形成具有鲜明情感性、形象性、创造性和独特性的个人特色的教学艺术。从这个角度上看，本文所探讨的课堂教学的方法也只是从当前教学实践中抽象出来的共性的、静态的东西，要使它们转化为促进有效教学的力量，还需要广大教师在丰富多彩的教学实践中，为其注入生机和活力。

一、发掘课堂提问的潜力

课堂教学中，教师最熟悉、使用最频繁的一种教学手段即课堂提问。然而用得多并不能说明用得有效，事实上，当前的课堂教学中充斥着大量的无效提问。比如，表面性的提问：形式上热闹轰烈，实则空洞无益；习惯性的提问：未经精心设计，随便发问，发问不少，而收效甚微；惩罚性的提问：因为某些学生心不在焉而突然发问，易激发学生的恐慌，进而产生抵触逆反心理。诸如此类的提问，充其量是有提问之形而无提问之实，只能称为"假"提问。

那么，什么样的提问才是"真"提问，才能称作有效性课堂提问？有效性提问是指提出的问题能使学生产生怀疑、困惑、焦虑、探索的心理状态，这种心理状态又驱使他们积极思考，不断提出问题和解决问题。教师的有效性提问是指教师根据课堂教学的目标和内容，创设良好的教学环境和氛围，有计划性、有针对性、创造性地激发学生主动地参与探究，不断提出问题、解决问题的课堂提问方式。课堂提问是一项设疑、激趣、引思的综合性教学方法，在课堂教学中蕴含多方面的潜能：它是联系老师、学生和教材的纽带，是开启学生智慧之门的钥匙，是信息输出与反馈的桥梁，是课堂教学不断推进的动力，是引导学生一步步登上知识殿堂的阶梯。有效的课堂提问应具有以下特征：

1. 科学性

课堂提问的科学性首先要求教师在了解学生的心理需求、认知发展水平的前提下吃透教材，这样才能在教学内容与学生实际发展状况之间找到恰当的结合点，从而真正从学生出发，科学合理地设计问题。

课堂提问的科学性还体现为三个"适合"，即适时、适量、适度。适时即教师的提问要选择合适的时机，并适时反馈、及时点拨。适量即教师恰到好处地掌握提问的频率，使问题的设置疏密相间。适度即所提问题的

难度要适中，不可太难而让学生有望而生畏之感，也不可太易而使学生不动脑筋就能轻易解答。这里的度应体现为问题对学生的要求恰好落在学生的"最近发展区"之内。正像有位教育家所说："要把知识的果实放在让学生跳一跳才能够得着的位置。"这样的提问才能激发学生的好奇心和积极性，一旦学生通过努力获得问题的答案，必然会感到由衷的喜悦，从而大大增强学习的信心。

2. 启发性

启发性提问是教师充分调动学生的经验、认知、情感、态度，促进学生积极思考，主动探究，并不断提升其思维水平和探究能力的过程。运用启发性提问，教师可以引发学生的认知冲突，激起他们的探究欲望；也可以层层设问，使学生的思维得以不断地拓宽或加深；还可以旁敲侧击、融会贯通，使学生在举一反三、推陈出新中实现智慧水平的跨越。

启发性的问题是有针对性的问题，可以针对学习的重点、难点、热点提问，针对不同层次学生的不同状况提问，针对同一问题的不同深度提问，针对课堂教学推进的不同环节提问，针对种种特定的教学情境提问；启发性的问题也是具有一定探究性的问题，通过问题的设置，引导学生自主探究解决问题的方法；启发性的问题还是具有开放性的问题，同一个知识点可以让学生从不同角度多途径思考，纵横联想所学知识，为其创新思维和拓宽思维空间打下良好的基础。

3. 创造性

课堂提问的创造性体现为两个方面：即教师提出问题的创造性和学生解答问题的创造性。从教师提出问题的角度看，课堂提问的创造性是指教师充分发挥自身的教育智慧而灵活、机智、巧妙地提出问题，从而显示出教师教育活动的创造性。从学生解答问题的角度看，课堂提问的创造性体现为能够激起学生思维的活跃性，使其多向联想，从而创造性地提出自己的独特见解，体现出学生学习活动中的创造性。创造性是课堂提问有效性中含金量最高的指标，是培养学生求异思维和创新品质的灵魂。教师的创造性提问可以积极影响学生的思维，并进而促进学生创造性水平的不断提高。

4. 激励性

课堂提问的激励性体现在对学生情感、态度、兴趣、学习动机等的关注上。激励要以对每一个学生的真切的爱为出发点，善于发现学生的潜能与闪光点，恰当设问，并对学生的回答作富有特色的个性化评价，从而使其因深切感受教师对自己的关爱和期待而焕发出进取的热情和力量。同时，激励还

要给每一个问题的解答和每一个学生的发展与提升创设宽广的空间，使学生能够充分展示其作为学习主体的主动性、创造性和超越性。

事实上，对于有效课堂提问的上述特征，许多教师还是有所认识的，只是对于如何在课堂中去实施有效课堂提问，往往感到无从下手。对此，不妨从以下五个方面做起：

1. 精设提问点

设置提问点可以依据学生的兴趣和原有经验，以引发学生的思考乐趣；可以抓住教学的重点、难点设问，以体现教学的目的性；可以在知识的生长点、思维的发散点设问，以实现对学生思维的延伸与拓展；还可以在看似微不足道的细节处设问，引导学生捕捉细节中的亮点，用细节打动学生，打造精益求精的课堂教学情境。

2. 智选提问时

课堂提问虽然重要，但不可"满堂问"，那样的话，反而会分散学生的注意力，使其不得要领，难以实现好的教学效果。何时提问才能既体现教学意图，又能启发学生的积极性呢？对此先哲孔子的话最具指导意义："不愤不启，不悱不发"。即当学生处于"愤"、"悱"的状态时，当其"心求通而未得"时，教师的及时提问与点拨，能最大限度地激起学生"学而知不足"的求知欲，调动其积极思维的主观能动性。

此外，实际提问时，还应考虑有关提问时间的一些细节。有些老师往往先叫学生后发问，或先发问后紧接着叫学生回答，这样不仅没有思考的时间，而且也没能面向全体学生，其结果必然影响学生思维的积极性。恰当的做法应该是先提问，根据提出问题的难度留出适当的时间让学生思考，然后叫学生回答。另外，每节课提问的时间要根据需要确定，切不可形成固定的僵化模式，如总是在讲课前复习提问，或总是在下课前总结提问等。

3. 善用提问法

问题提出的方式影响问题的解决，同样的问题，不同的设问方式，往往会引发学生不同程度的反应，对教学实效的影响是各不相同的。从内容角度来说，提问的方式有知识型问题、理解型问题、应用型问题、分析型问题、综合型问题、评价型问题等。从形式与策略角度来看，提问的方式更是多姿多彩：可以从正面设问，也可以从反面设问；可以先引导激励，再适度提问，也可以先用问题设置悬念，再逐步引导；对于令学生一时无所适从的问题可以进行选择性提问，而对于学生格外熟悉、已有所认识的题目，则可逐层深入地进行引申性提问；对于刚进入状态的学生，可以进

行记忆性、巩固性提问，而对于已经在深入思考的学生，则可以稍加难度，再次激发其认知与思维的冲突……

4. 巧布提问境

美国心理学家和教育家布卢姆认为，学生在接受提问与思考答问的过程中交替地攀登两个梯子，"一个梯子代表认知行为和认知目标，另一个梯子代表情绪和情感目标"，"通过交替地攀登这两个梯子，就可能达到某些复杂的目的"。课堂教学中的巧布提问境，即在感情和认知两方面为学生提供借以攀登的"梯子"，从而使他们的答问过程不只是单一的思维过程，而成为伴有丰富的情感体验，具有较强的情感激励性的认知过程，是一个情知统一的思维品质的提高过程。

5. 强化提问果

对于课堂提问的反应与解答，教师应及时给予恰当评判或必要的引导，从而强化学生在认知上的进步以及提出和解决问题的积极态度和方法，对于解答过程中显现出来的问题与错误，也应明确指出，以免影响以后的学习。

教师对课堂提问的评价与强化可重点关注两个方面：一是学生的认知水平，二是学生的学习态度和方法、情感。不论哪一方面，教师的评价用语都应尽可能具体而明确，使学生随时把握自己的水平程度、进步与不足，从而确立明确恰当的学习目标。

强化课堂提问的效果，可以通过发挥课堂评价的激励性作用来实现，在这方面，教师对学生的真诚的态度和善意的期待会起到难以估量的促进作用。

二、创设有效的课堂教学情境

情境教学即人为地创设特定的富有典型意义的情境，作用于学生的感知，引起学生观察、思维、想象等一系列的智力活动。同时，由于情境本身具有丰富的实感，鲜明的形象，伴以教师情感的抒发、渲染，可激发起学生的情绪、情感。这样，主客观的一致，智力因素、非智力因素的和谐，使整个情境成为一个可以多向折射的"心理场"，学生置身于这样特定的"心理场"中，其认知能力及心理品质必然会得到协同发展，而且发展的效果、速度，要优于那种未经过人为精心创设的自然环境对其发展的影响。

借鉴我国古代文艺理论中的"意境"概念，我们可以认为，课堂教学情境是客观的物境和主观的师生情感与价值观两方面的有机融合。影响课

堂教学情境的客观的物境体现在教室的布局与装饰、色彩与光线、角落的摆设以及自然环境等方面，是教学活动必须凭借的一个平台，在这个平台上，没有人规定我们必须要如何才正确，只要有利于课堂教学的环境我们都可以拿过来。例如出于教学的需要而改变桌椅的摆设，把规规矩矩的方阵变成富有曲线的圆形或别的什么形状。这样的面貌一新会让学生眼前一亮，继而进入学习的兴奋状态。同时，教师从高高在上的讲台上走下来，与学生距离拉近，无形中增进了师生在教学中的交流。其他如光线的调节、色彩的变换，物品的摆设，道具的使用，甚至季节的变化，碰巧遇上合适的天气状况，偶然的自然景观，甚至飞过窗前的小鸟，只要与教学相关，运用得当，都可以信手拈来用作创设课堂情境的资料。只要用心思索，必定能在有限的空间里创造出有利于课堂教学的更好的人文环境！

创设有效的课堂教学情境主要还应在师生的主观因素上下功夫，作为课堂教学主导的教师的主观能动性和情感态度无疑是最重要的因素。教师可以从以下四方面创设有利的课堂教学情境：

（1）以真挚浓烈的情感架设师生心灵对话的桥梁，在浸润着真情实感的课堂教学情境中，师生共享学习的愉悦。陶行知先生说过："真教育是心心相印的活动，唯独从心里发出来的，才能达到人心灵深处。"聆听许多优秀教师讲课，仿佛置身于一个师生真诚交流的驿站，其中充溢着激动、兴奋与智慧，时常让人感到生命的涌动与成长。

赞可夫认为"智力活动是在情绪高涨的气氛里进行的"，高效的课堂需要师生焕发生命的激情，因为只有激情才能激起学生渴求知识努力学习的强烈愿望，才能调动学生探究问题的主动性和积极性，最终帮助学生更好地学习与发展。而教师的激情来源于对教育事业和孩子们的真爱，用一位教师的话说，教师走进教室就像演员走进摄影棚，立刻进入角色，用自己的满腔热情和对学生的关心、对事业的追求以及对工作的责任感，去激发学生相应的情感体验，使师生的情感产生共鸣，从而强化学生认知学习的成果和不懈进取的信念。

（2）以求真向善蕴含美的课堂内容启迪学生的美好天性，使其兴趣盎然地投入到闪耀着真善美的光辉的课堂情境之中，纵情体验的同时，必然伴有思维的跳跃、灵感的闪现和创新潜能的发挥。苏霍姆林斯基说："我一千次地相信，没有一条富有诗意的和感情的和审美的清泉，就不可能有学生全面的智力发展。学生思想的天性本身要求富有诗意的创造，美与活生生的思维，如同太阳与花儿一样，有机地联系在一起。"因而教师应具备追求真善

美的品质与在课堂上发掘真善美的资源的能力。

（3）以对课堂节奏的自如把握推进教学情境的不断转换，始终维系学生的学习热情，提高课堂实效的同时，彰显课堂教学的艺术魅力。有经验的教师都非常讲究对教学节奏的控制，其课堂教学情境往往跌宕起伏，张弛有度。

课堂教学之初，一个引人入胜的开场，不仅迎合学生求新奇的心理，又能在最短时间内把学生的注意力引到课堂上来。一节课的结尾也要精心设计，一句画龙点睛的话，一个简洁明了的总结，一个课外的拓展，一个悬念，甚至一句笑话，一个姿势都可以使你的课堂"言有尽而意无穷"，给学生留下深刻鲜明的印象。反之，长时间机械重复的"好，这节课到此结束"，会使课堂里的许多意味变得索然寡淡。

对课堂节奏的把握还体现在对教学进度的快慢变换，对教学内容的疏密间隔，对课堂气氛的张弛错落，以及对学生情绪注意力和思维的灵活适当的调控上，这要求教师在备课时，应多研究教育教学的规律和学生的心理，不断培养自己的教育机智，只有这样，面对变化多样的课堂，教师才能更好地把握课堂节奏，营造积极良好的教学情境，从而大大增强课堂教学的实效。

（4）在课堂教学细节上倾注教师的责任感和对教育事业、对学生的无限热爱，营造春风化雨般的课堂教学情境，使学生在温暖和谐的气氛中主动汲取成长的养料，并滋长出自身成长的不竭的动力。课堂教学细节的体现是多种多样的：可以是板书，或条理分明或精巧别致；可以是肢体语言，一个赞许的眼神，一个肯定的手势，一个信任的微笑；可以是教师的仪表，庄重、整洁、优雅得体的着装，文雅大方、赏心悦目的举止；也可以是教学进程中师生的任何其他言语行为，或意料之外的一个小插曲等等。细节虽小，却可以营造浓浓的情感气氛，极大地吸引学生的注意力，使他们产生浓厚的学习兴趣和强烈的求知欲望，使课堂显现出无尽的生机与活力。

三、教学法中的生力军：直观性教学法

所谓直观性教学法，就是采用直观恰当的图形、图表、实物、语言或借助媒体等相关手段，将学生从被动的学习状态中解放出来，通过动眼、动手、动口、动耳、动脑，真正让课堂活起来，让学生切实参与到课堂中来，充分挖掘学生的观察能力、想象能力、表达能力、动手能力，最终提高学生的思维和创造能力。

对于基础教育阶段的课堂教学而言，直观性教学具有不可替代的重要位

置，因为中小学生处于由形象思维向抽象思维的过渡阶段，对于教材中的许多抽象性、系统性强的知识常常因为缺乏敏感性而无所适从。运用直观性教学则可以充分满足其认知的需求。同时，中小学生正处于长身体的关键时期，大量抽象、客观知识的精细讲授，无疑会加重他们的学习负担，甚至导致厌学情绪，不利于其身心健康发展，而运用直观性教学则既愉悦其身心，又可以使其在轻松的氛围里富有成效地完成学习任务。

新的教育理念也对中小学课堂提出了直观性教学的要求。教育部《基础教育课程改革纲要（试行）》中要求"改变课程内容'难、繁、偏、旧'和过于注重书本知识的现状，加强课程内容与学生生活以及现代社会和科技发展的联系……改变课程实施过于强调接受学习、死记硬背、机械训练的现状，倡导学生主动参与、乐于探究、勤于动手，培养学生搜集和处理信息的能力、获取新知识的能力、分析和解决问题的能力以及交流与合作的能力"。而直观性教学以其特有的形象性、生动性以及与生活和社会实际的天然关联，必将对引发学生的学习热情、探究兴趣，并进而大大提升学生的动手能力、生活能力和创新能力，产生积极持久的促进作用。

总结当前的课堂教学实践，可将直观性教学法按其形态划分为以下五类：

1. 实物和模型直观

课堂教学尤其是科学类课程中经常会涉及一些抽象枯燥或学生从没见过的知识或事物，教师长时间的详尽重复的描述往往仍然难解学生的困惑和迷茫，每当这种时候，有经验的教师就会充分发挥实物、模型与教具的神奇魔力，令学生新奇、兴奋不已。如立体几何中"三条直线两两垂直相交"的道理，对于刚学几何缺乏空间想象力的学生来说，一时很难理解，教师灵活地引导看教室的墙角，会令学生茅塞顿开；生物课上，老师带来模拟的人体骨架，学生在恐怖之中会对人体 206 块骨头的结构产生清晰、永久的记忆；讲分数时，老师带一块分有八个格的巧克力，掰下一块放到嘴里，就可以吃掉一个生动形象的分数……

2. 图像和媒体直观

图像和媒体直观即教学中充分利用影音、图像等直观形式，诠释教材内容，以激起学生的学习兴趣，使学生把认知活动和情感活动结合起来的一种教学方式。多媒体、幻灯片、图片，直观新颖，容易调动学生的情趣，而且信息容量大，使教学内容丰富多彩。对于生物、地理、语文等课程来说，利用图像和媒体直观来解析知识内容，远比只靠语言文字解析容

易得多，效果也好得多。

运用这种直观性教学法须注意的是，多媒体画面和图像往往色彩鲜明、容量丰富，容易分散学生的注意力，使其不能充分关注所学的知识。这就需要教师在运用这种直观教学法时配以准确、简明的提示和引导，以增强课堂教学的导向性和实效性。运用多媒体和图像直观还应把握一个"度"，不可喧宾夺主，如果只想利用与教学内容相关的课件来吸引学生的注意力，引入新课，那么，放映时间不宜太长，三五分钟就可以了。另外，有些教师在制作过程中为求吸引学生注意力，一味追求美观、花哨，而失去了知识的准确性、客观性，这就大大偏离了为教学服务的根本目的。

板书也常常被教师用来作为一种简明醒目的直观性教学方式。数学老师公正严谨的立体图形，语文老师精巧别致的课文结构图，音乐老师意随韵转的音符谱号，美术老师潇洒优雅的闲闲几笔，无不具有一种简明流畅、美妙诱人的艺术魅力。尽管当前多媒体技术已涌入课堂，但作为课堂教学的重要组成部分，作为教师的微型教案，板书以其提纲挈领、画龙点睛的内容，自如挥洒、各具风格的形式，创造出具有丰富美感的教学情境，给学生带来美的享受、情的陶冶和学识的增长，具有其他教学手段无法比拟的优势。

3. 语言直观

语言，作为一种符号，其本质是抽象的。但形象化的语言，绘声绘色地描述一个物体、一个事件、一种情境，能够唤起学生的想象，激起学生的兴趣，提高学习的效率。从这个意义上说，语言也是一种很好的直观。

4. 情境直观

情境直观教学法可以有多种表现形式，如模拟教学、游戏教学、表演式教学、妙引材料进行教学等。运用情境直观教学法，能够活跃课堂气氛，充分激起学生的学习主动性与创新精神。对于那些性格内向、有自卑感的学生来说，这种教学法还能够帮助他们逐渐克服消极心理和性格弱点，以积极健康的心态参与到课堂活动中来。

不可忽视的是，如果学生过多地关注情境，就会忽略课堂学习的内容，为避免这种负面效应，教师在实践中应把握好自身作为课堂教学主导的导向作用，精选符合学生年龄和需求的情境直观方式，在教学过程中，随时观察、及时总结并恰当评价学生参与的具体状况，引导其学习的方向，强化其学习的动机，促其以更加积极的心态参与到课堂活动中来。

5. 实物操作教学法

实物操作教学法是指教师指导学生在课堂上利用实物进行与课堂内容

相关的实验，以活跃课堂气氛，并加深学生对所学知识的印象的一种培养学生实际能力的方法。这种教学方法让学生在动中促思，在玩中长知，在乐中成才，同时逐渐培养学生的探究热情和执着精神。当前，由于种种原因，从总体上我国学生在动手操作与实践探究方面表现欠缺，这更彰显了实物操作教学法在我国当前教育领域的现实意义。

实物操作教学法有两个鲜明的优点——直观性和趣味性，切合大多数学生喜欢动手的特性，能把学生的注意力牢牢地锁在课堂上，即使操作中会遭遇这样那样的挫折，也不会打消他们的兴趣和积极性，相反，还会激发他们为揭开谜底探究到底的决心，他们会尝试各种办法，直至找到自己满意的答案。由此可见，实物操作教学法对学生的益处，已大大超出了课堂教学的时域限制，会在学生以后的人格发展中留下敢于探究、执着踏实、不断进步、勇攀高峰的印迹。

四、课堂资源的有效开发

课堂教学资源在课堂教学活动中具有重要的意义，它是课堂教学开展的基本条件和主要的支持因素。

对于每一次课堂教学来说，课堂教学资源可以大体按照时间线索作这样的划分：上课之前就已客观存在的原初性资源，如环境、教材、历史、文化以及师生已有的知识储备和生活经验；在课堂教学发生的此时、此地、此境的特有氛围自然形成的现有资源，如参与人员、教室光线、师生精神状态等；在课堂教学不断推进过程中动态生成的生成性资源，如师生、生生交流过程中的疑惑、困难、错误或正确的认识、独特体验、创新性思维等；有待生成的可能性资源，即下一刻可能发生的状况及偶发事件，是具有巨大开发价值的潜力性资源。当然，在不断推进、变化多端的课堂教学过程中，这样的划分只能是相对而言的，随着课堂教学的逐渐展开和深入，可能性资源会不断转化为生成性资源，并成为特定时刻已经拥有的现有资源，而所有这一切在下一个课堂教学之初必将又成为师生已有的原初性资源，如此循环往复，不断提升，越来越多的课堂教学资源化为师生成长的源源不断的养料和动力，课堂教学的实效性得以充分而完美的体现。

然而，实际教学中，尽管在理念上广大教师已充分认识到开发、共享资源的重要意义，但在变动不拘、稍纵即逝的课堂教学现场，许多教师仍然会感到心有余而力不足，其结果往往是课堂教学中的宝贵资源不能被很好地加以利用。

那么，在课堂教学的有限时空中，对于这样一座存在于师生身边的储量丰富的矿山，教师如何挖掘，才能使之服务于教学并最大限度地发挥其促进师生共同成长的巨大作用呢？

教师观念的转变无疑是至关重要的。这不仅指教师应确立广泛意义上的课程资源观，具有开发和利用课堂教学资源的鲜明意识，还要求教师对与之共历课堂教学生活的学生拥有正确、恰当的评判，不可低估学生独特的生活经验和创造性发展潜能，尊重学生，共谋发展，这样才能避免因主观认识上的偏差而导致大量鲜活的课堂教学资源的荒废。

在实践中，对于那些静态性资源及师生已有经验，只要具备一定的课程资源意识，充分发挥学生的积极性，教师利用起来并不困难。而对于动态性资源，无论是事先预设的材料、过程、方法，还是课堂教学活动中所蕴含或生成的氛围、环境、信息或机会，挖掘捕捉起来，往往有较大难度。从某种程度上可以说，捕捉和巧用生成性动态资源，是一个教师拥有教学智慧和教学艺术的重要体现，也是一个教师成熟的标志。因而对于这种处于动态生成中的课堂教学资源，教师不可轻视。

在动态生成的课堂教学环境中，教师必须对以下资源予以重视：

1. 一般反馈性资源

即课堂教学中学生对教学内容的反应，或者说对知识与技能的准备、学习、理解和掌握的状况。一般通过两种形式表现出来：学生发言或提问的语言形式，以及学生表情体态动作的非语言形式。对此，教师要通过"医生"式的诊断加以了解，并施以相应的"治疗"。这种医生式的诊断主要靠及时的观察和快速的决断。教师可在讲课过程中有意注意学生的情绪、参与课堂活动的程度、师生交流中的语言信息等，借以判断学生的认知、思维状况，并据此反思或调整自己的教学设计。如当学生出现情绪低落、启而不发、反应麻木时，教师可反思自己的设计是否合理，点拨是否到位，是否超出了学生的最近发展区；当学生学习被动、思路闭塞、缺少创建时，教师可反思自己是否摆正了学生学习主体的地位，是否将自己的观点强加给学生，是否没有给学生的自主发展留下空间等。

2. 差异性动态资源

学生之间的差异性是客观存在的。既有生活经验和知识储备等方面的基础性差异，又有学习能力与学习风格等方面的操作性差异，学习动机方面的动力性差异，更有潜在优势领域方面的方向性差异。所有这些差异又引发学生在自身参与课堂教学活动的不同环节如形成活动意向、参与课堂活动、实

现意义建构、获得个体体验等方面的巨大差别。课堂教学对待学生个体差异的正确态度只能是：承认并尊重它，把它作为一种可利用的教学资源。

3. 错误性动态资源

一位教师说过这样的话："教 $3+2=5$ 的老师是合格老师，教 $3+2=?$ 的老师是好老师，而教 $3+2=6$ 的老师才是优秀老师。"可见，教师完全没有必要视错误为毒蛇猛兽而避之唯恐不及，或者对错误大加指责。相反，只要引导得当，许多错误可以变废为宝，甚至成为课堂中一道道亮丽的风景线。

4. 偶发性动态资源

在课堂教学过程中，有时会出现与教学无关的"意外"插曲，对于能促进教学或经过处理能促进教学的随机事件，教师要善于及时捕捉，有效利用，同时恰当调整原有设计，使"意外"最终成为可遇而不可求的教学资源。

此外，课堂教学在对上述资源进行恰当利用和拓展延伸的同时，不可忘记对教材资源的开发、二次开发甚至多次开发，这样可以更加富有成效地提高学生的识记、理解、运用和创新能力。

五、课堂评价　激潜促能

课堂评价在课堂教学中发挥着重要的作用。它可以成为课堂教学的推进剂，使课堂教学向着更高的境界迈进；它又是课堂教学中的调和剂，可以拉近师生、生生之间及文本与学生之间的距离；它还可以成为课堂中的清醒剂，让学生的思维活动能够向着正确的方向进行；它更是发挥学生潜能的促进剂，使学生在课堂教学中焕发出令人惊喜的生机与活力。

随着基础教育教学改革的逐渐深入，课堂教学的发展性评价已成为共识，广大教师普遍认识到并能致力于追求课堂评价的诊断、激励与提升的功能，但是，在实践过程中往往出现把握失度、处理失当的缺憾，值得关注。主要表现为：热闹有余，效度不足；肯定有余，诊断不足；理性有余，感性不足等等。这样的评价不仅难以发挥课堂教学评价应有的功能，而且适得其反，只能称作"假"评价或"伪"评价。

那么，怎样才能在课堂教学中实施切实而有效的"真"评价呢？

对此，有必要重新深入地认识《基础教育课程改革纲要（试行）》中对教育教学评价所做的阐述："建立学生全面发展的评价体系。评价不仅要关注学生的学业成绩，而且要发现和发展学生多方面的潜能，了解学生

发展中的需求，帮助学生认识自我，建立自信。发挥评价的教育功能，促进学生在原有水平上的发展。"

坚持这样的改革方向，总结实践教学在课堂评价方面的经验和教训，我们认为，积极有效的课堂教学评价应该关注以下四个方面：

1. 全面性

对学生的全面评价即从知识、能力、过程、方法、情感等方面对学生的学习进行多元化、多标准评价，这是促进学生全面和谐发展、提高学生综合素质的有效手段。课堂教学中对学生实施全面评价的可行之路是观察，或者说，对学生的观察，本身就是一种评价。如"××很快做完作业，十分自豪地交了上来"，"××学习成绩很好，却对新开设的探究课感到沮丧和无奈"，"××的语文总考不好，但他的诗写得很有感染力"，"班里其他同学经常取笑××"等，这些都是对学生的一种评价。为求观察与评价的全面性和实效性，教师可编制较为详尽具体的多元化课堂观察评价表。当然，如果教师头脑中有较强的评价意识和明确的观察指标，那么就没有必要花费时间和精力去制作和填写这样的表格。

2. 适度性

一方面，鼓励和赞扬是开启学生心理、感情大门的钥匙，能有效增强学生的自信心、参与意识和自主意识，益于学生人格的健康发展。美国著名心理学家威廉·詹姆斯说过："人性最高层的需求就是渴望别人欣赏。"因而身为教师，我们必须明确一点，每一个学生心中都有一种潜在的上进心和荣誉感，甚至是一种虚荣心。教师应成为一个美的发现者，善于在每一个学生尤其是那些学习成绩总是提不上去或性格内向自卑的学生身上发掘各种闪光之处，并及时适当地传递给学生，一旦我们这样做了，一段时间之后，就会惊喜地发现：教育中的罗森泰恩效应的确具有超乎想象的威力！

但另一方面，教师也应看到：一味赞扬、鼓励往往助长学生的自满情绪和浮躁心理，使他们不能及时了解自身的不足和问题所在，久而久之，学生在错误的道路上越走越远，会严重影响后来的学习和发展。因而教师对学生的赞扬应因人因时因情境而异，该大加赞扬时不吝溢美之词，该客观肯定时要公正适度，但在不足与问题面前，则应明确指出，以免危及以后的学习，一旦面对学生的严重错误，更有必要严厉批评，以绝后患。对于课堂上调皮淘气的学生，可以当众批评，而对于一向老实沉着的同学的反常行为，则应谨慎处理，不可当众呵斥。

3. 具体性

课堂教学中教师的每一句评价都应具体明确，不能过于笼统，只说一

句"你真棒""很好"等，这样的简单评价只能使学生听地糊里糊涂，起不到评价的实际意义。教师不妨借鉴这样的课堂评价语言："你倾听得真仔细，这么细微的地方你都注意到了"，"你的思维很独特，能具体说说你的想法吗？"，"读得多有感情啊，尤其是对话读得最出色，读出了不同的语气，大家都被你感动了！"，"你是一位非常负责的材料员，每一次实验后都能把材料整理得整整齐齐！"……这样的课堂评价一方面能使学生感受到老师对自己的尊重，感受到老师确实在认真地观察自己的行为或听自己的发言，另一方面也会使学生认为自己确实拥有老师所说的优点，从而大大增强自信心和学习热情。

具体的课堂评价可以联系学生的个性特长、独特体验或当时的特有情境，从而体现出课堂评价语言的灵活性与艺术性，给人以耳目一新之感。如：一位老师在教《富饶的西沙群岛》时，让学生朗读写海底小动物"窃窃私语"的一段话，一个学生用非常平直、响亮的声音大声朗读，于是老师轻声对他说："嘘，你这样读小动物们会被你吓跑的。"另一位老师，在发现有的学生书写潦草时，幽默地提醒道："瞧这些字，像不像打了败仗的士兵，耷拉耳朵的，缺胳膊少腿的，衣衫不整的……这样的士兵能上战场吗？是不是该军法处置一下？"学生们被逗笑了，而那位被"批评"的同学则开始仔细地观察自己的字迹，开始在小本子上一遍又一遍地练习起来。可见富有特色的评价远比空洞的说教耐人深思。

4. 及时性

课堂教学中，教师应有一双敏锐的眼睛，时时注意观察学生的掌握状况、情绪态度、言谈举止，并及时给予恰当的反馈，从而使课堂教学在一种积极热烈的良性互动中不断得以推进，也使所有学生都能获得不同程度的启迪和提升。

及时性评价要求教师对学生的课堂行为具有较高的敏感度，要多观察，并善于发现问题，准确把握学生的思维和情绪状态。同时，教师还应不断提升自己的应变能力，这样才能对学生的种种反应做出及时而恰当的评价。

需要特别指出的是，课堂教学中，在没有弄清问题的实质，没有看清学生的真实意图之前，教师的及时性评价准确地说，应该体现为一种恰当而及时的应对措施，这种表现为宽容、忍耐和期待的延迟性评价，与评价的及时性并不抵触。

课堂教学问题诊断与解决

当前课程改革的根本目标是：培养学生的创新精神和创新能力，以学生的发展为本，注重学生全面素质的提高。在这样的课程理念下，课堂教学发生了重大变革，教学过程成了"沟通、理解和创新"的师生多元互动过程，教师的"教"不再是"灌输"和"填充"；学生的"学"不仅仅是"接受"和"吸收"，更重要的是对问题进行分析和思考，把知识变成自己的"学识"，变成自己的"主见"，变成自己的"思想"。但目前仍有教师受"传统课堂教学模式"的影响，依然以"教"为主，主张"重复产生技能"，使"学生学得苦，教师教得累"，可谓是"穿新鞋，走老路"，师生做了不少低效和无效劳动。总体来说，在实施新课改后课堂教学的现状并不像预计的那么乐观，无论是在课堂导入、讲授、突发问题调控还是作业布置等方面，均存在着一些不可忽视的问题。发现问题、正确诊断问题产生的原因并提出有效的解决策略是推进高质量课堂的必经之路。

一、课堂导入问题诊断与解决

"好的开头是成功的一半"。在课堂教学中，好的导入，可以激发学生的学习兴趣，引人入胜。"转轴拨弦三两声，未成曲调先有情"，好的导入，犹如"春色初展，鲜花含露，叫人钟情。"教学中的导入环节，是教师向学生引入新知识，使学生迅速进入新课学习状态的活动方式，也是课堂教学的第一关。因此，课堂上导入的设计影响着整堂课的教学基调，甚至关乎最终的成败。

（一）课堂导入问题诊断

如何导入新课是一项需要精心设计并且实行起来难度颇高的教学艺术。在现实课堂导入环节中，主要存在以下问题：

一是不设导入，课堂枯燥乏味。

二是导入方法太单调，没有根据教学内容的特点和学生的实际及教师自身的特点去选择导入方式。

三是忽视导入培养学生情感的积极作用，形式呆板，缺少新意，难以激发学生的学习兴趣。

四是导入的问题过于浅白，内容过于平淡、大众化，不易诱发学生产生新问题，难以促成学生进行深度思考和探究性学习。

五是导入或转弯抹角，或喧宾夺主，或过分渲染，看似形式新颖，作用却不突出。

（二）课堂教学中常用的导入方法

在教学实践中，我们大都有这样的体会，导入的形式与教学内容之间更多地体现为一种构思，一种创造，一种艺术。导入的方法不可千篇一律，应综合考虑教学内容、学情和师情等因素。

常用的课堂导入方法主要有：

1. 简介导入法

简介导入法就是教师在开始上课时把本节课的教学意图和内容简单地向学生进行介绍，让学生明确本节课的学习的目标。这是传统的导入法。

2. 设疑导入法

这是最常用的导入方式。它通过提出一些与新课内容有关的、学生已经了解的有趣问题，激发起学生想要了解该问题的好奇心，进而导入新课。设疑导入法又可以分为析题导入法、悬念导入法、以旧引新法等。

3. 情境导入法

情境导入法就是利用语言、设备、环境、活动、音乐、绘画等各种手段，营造一种符合教学需要的情境，以激发学生兴趣，诱发思维，使学生处于积极的学习状态的方法。

4. 直观导入法

直观导入法就是在导入新课时，运用幻灯、录音等现代化教学手段，借助实物、图片等，引起学生的兴趣，唤起学生的求知欲。直观导入又可分为实物启示法、教具演示法、图示描述法、多媒体展示法和实验导入法等。

5. 趣味导入法

趣味导入法就是在导入新课时，突出情趣，使学生轻松快乐地学习。主要有游戏导入法、谜语导入法、故事导入法、歌谣导入法和生活导入法等。

二、课堂讲授问题诊断与解决

讲授法是历史最悠久、运用最广泛的一种传统的教学方法。讲授法是指教师运用精练生动的口头言语，系统地向学生传授科学文化知识、发展

智力，解决学生学习中的疑难困惑、培养学生学会学习的能力的一种方式。随着新课程的推行，原有的教学方法、教学模式、教学内容等受到了冲击与挑战。新课程理念强调以学生的发展为本，强调学生自主探索知识的经历和获得新知识的体验，强调教师是教学活动的组织者、引导者和合作者。那么，是不是说讲授法就过时了呢？答案是否定的。但是，新课程呼唤新的讲授法，需要讲授法的再生。为此，教师需要正视当前课堂讲授中存在的问题。

（一）课堂讲授存在问题诊断

同其他方法一样，讲授法有它的优点也有它的不足。近年来人们对讲授法的质疑、批评和指责之声日风增高，但这不是讲授法自身的问题，而是教师在运用过程中出现的问题。其主要表现有：

1. 囿于教材，唯教参为尊

"教学难点"怎样确定？是根据教参的提示，还是教师备课过程中的认识，还是学生在学习过程中遇到的问题？多少年来，很多教师仅信任两本书：教材和教参，一切唯教参为准。随着时代发展，学生越来越聪明，获得信息的渠道越来越多，得到的资源越来越丰富，如果教师还停留在"唯相对滞后的教参为准"的传统教学水平上的话，教师就失去了让学生接受的资本，课堂也就失去了鲜活的个性，失去了它应有的教育性和生命力。

2. 不考虑学情，一"讲"到底

受传统的"知识中心、教师中心、课堂中心"观念的影响，不少教师重教轻学，往往只考虑自己怎样讲得全面、透彻、精彩，认为只有这样，学生才能掌握得越多、越好。长此以往，教师就会产生一种心理定式，觉得不讲不放心，不讲学生就学不到东西，于是注入式、填鸭式、满堂灌愈演愈烈。学生也不知不觉形成了依赖心理，不主动读书、思考，一切等老师来讲。正是这种期待和依赖心理严重地削弱了学生学习的主动性、独立性和创造性。这是目前讲授法运用过程中存在的一种相当普遍的病症，也是危害性较大的病症。

3. 教学语言拖沓无序，游离教学内容

马卡连柯说过"同样的教学方法，因为语言不同，就可能相差二十倍"。与一堂好课使人心旷神怡、余音在耳相反，有些教师课堂上不断地重复、不停地唠叨，与其说是讲给学生听，不如说讲给他们自己听。有的教师为显示课堂"厚度"，信口开河，胡拉硬扯，"联系"起来便脱离主

题，一发不可收拾，使学习滑向闲聊，使学生如坠云雾之中，少有所得。

4. 讲授的"度"把握不当

课堂上教师该讲多长时间？谁说了算？上级规定说了算还是视需要而定？显然应该是后者。是学生的心理发展需要、知识结构的需要（不同教材的难易有别，不同学科的特征各异）、课堂的需要（动态的、生成的课堂）、课型的需要说了算。总之，课堂讲授时间的长短，要视课堂教学的实际需要而定。面面俱到，蜻蜓点水，会失之于浅；信马由缰，随心所欲，会失之于滥；超纲脱本，必失之于深。因此，课堂教学中的"讲"，必须有一个适宜的"度"。

5. 重预设，轻生成

预设是教师对教学的整体设计所达到结果的预测，主体是教师。生成就是建构与生长，是师生、生生在交往与对话中产生的超出教师预设之外的新情况、新问题，生成的主体是学生。有的教师在教学设计中，把内容分解到细小的点，在教学实施中提出强化微观知识点学习的要求，学生很少有自主思考的时间，生成知识的机会自然就少了。还有的教师甚至把教学设计定位在零起点上，一切从"零"开始，使学生的生成降到了"冰点凝固"。

（二）课堂讲授存在问题的解决策略

1. 学科渗透，知识整合，课外扩展

叶圣陶曾说："教育的最后目标是使各个部分分立的课程能发生的影响纠结在一起，构成了有机体似的境界，让学生的身心都沉浸其中。"教师在处理教材时，应立足于本学科素养的培养，以本学科的知识、能力为主体，尽可能地吸收各相关学科的知识或背景材料，把它们作为教学资源的生成点，引导学生运用各种方法、经由不同途径进行探究，使各科教材资源得到创造性应用。拓展就是根据课堂教学的实际需要，对教材内容进行适当补充和增加，让教学不仅停留在掌握课内知识的水平上，更主要的是通过课内的学习引发学生更多的课外思考，向社会和现实生活延伸。成功的教学表现为既立足于教材，又不局限于教材；既立足于课堂，又不局限于课堂。

2. 以学定教

从根本上讲，课堂教学的核心是学生的学习，教是为了学，为了学生更好地学。"以学定教"就是在课堂教学中，教师教什么、怎么教，要根据学生的实际情况而定，并在教学过程中加以调整，进行二次备课甚至多次备课。这样的课堂是生成性的课堂，课前的教案只是一种预案，而每一

堂课就成为一种不可重复的创造性劳动。

3. 语言精练、准确，做到深入浅出

语言精练是指教学语言要少而精。这要求教师能提纲挈领地表达基本原理、主要观点、重点和难点等。语言准确，能保证达意传情，富有教育性。课堂教学要能达到深入浅出，要求教师既要能准确、流畅地使用口头语言，还要尽量使用非逻辑思维技巧，用易懂的语言表达复杂、深奥的知识。

4. 掌握教学节奏，提高教学效率

从学生学习时的注意力变化来看，根据试验和经验，在45分钟的一节课里，分为五个阶段：第一，0~5分钟，注意力分散；第二，6~15分钟，注意力比较集中；第三，16~20分钟，疲劳，注意力较分散；第四，21~40分钟，注意力集中；第五，40~45分钟，疲劳，注意力分散。根据以上变化规律，教学的节奏在开头5分钟可以松弛些；在第二阶段加强紧张度，让学生学到新的知识；在第三段可再把节奏放松，减轻学生的负担；第四段是一节课的黄金时间，学生的注意力有可能高度集中，教学节奏应该适度加强、加紧、加快，重点和难点可在此段突破，讲的力度要深；最后5分钟节奏应自然放慢。

三、课堂突出事件问题诊断与解决

课堂突发事件，是指在课堂教学过程中突然发生的，与课堂教学目的无直接关系而出乎教师意料之外的，直接影响和干扰正常教学的事件与情况。美国著名教育家布卢姆曾说："人们无法预料教学所产生的效果的全部范围。没有预料不到的成果，教学也就成不了一种艺术。"课堂教学是一个动态生成的过程，无论教师课前怎样精心设计和准备，在具体实施过程中总是充满着意想不到的变数，因为教师面对的是一个个活生生的有个性的学生。对突发事件的处理最能反映一个教师的临场应变能力和教育机智。

（一）课堂突发事件问题诊断

动态生成的课堂，打破了旧的课堂秩序与平衡，这对已经习惯于过去那种四平八稳、师问生答的"控制式"课堂来说，无疑是严峻的挑战。教师如果缺乏深厚的专业学识和教学智慧，就无法有效调控突发事件，将影响课堂教学秩序和效率。课堂突发事件主要有以下几种情况：

1. 教师失误

教师失误一般分为两种情况：一种是由于教师业务方面的原因，如口齿不清，声音低，表达能力差，板书、讲解错误或实验操作错误等引起的学生的反应；另一种情况是面对课堂突发事件，教师处理失当引起的。

2. 学生纠纷

课堂上个别学生因有矛盾没有处理好或控制不住自己的情绪，于是发生敌视、口角、投掷异物、争执，你推我搡，甚至大大出手。

3. 学生出风头、制造恶作剧

有的学生课堂自制力差，爱出风头，或在教师讲课时提出不该提的问题，有意为难老师；或在回答问题时故意答非所问，引起其他同学注意哄堂大笑；或与下面同学打闹、嬉笑等。有的学生因为对教师的某些做法不满或抱有成见，而在课堂上伺机发难或故意捣乱。

4. 外部干扰

它主要是指与教学无关的人、事、物和自然现象影响了课堂的正常秩序。

（二）课堂突发事件的解决策略

当课堂上出现突发事件时，教师应该如何妥善处理？概括地说，应因势利导，随机应变。具体说，常用的方法有以下几种：

1. 冷处理法（悬挂法）

冷处理法是对突发事件采取淡化的方式，暂时"搁置"起来，或稍作处理，留待以后再从容处理的方法。这种方法多用在生生、师生之间发生了争执对立或课堂教学中个别学生严重违纪的情况下。此时，学生多半头脑发热，情绪不稳，很难接受教育甚至产生严重的逆反情绪；而教师容易心理失衡，如果贸然"热处理"，难免发生失误或效果不好。

2. 巧妙暗示法

巧妙暗示法是用一种含蓄隐密的方式提示对方。与当众批评相比，暗示法更易被学生接受，因为它满足了人的"自尊的需要"。

3. 因势利导法

处理突发事件时，教师要注意发现和挖掘事件本身所表现出来的积极意义，然后顺势把学生引向正路，或逆势把学生拉回正轨。

4. 将错就错法

教师在教学过程中难免疏忽或失误，如果能够借"错"生智，则不失为一种良好的教学机智。

5. 借题发挥法

借题发挥法把课堂教学中的突发事件巧妙地融进课堂教学中，利用意外情况，借题发挥加以引导。

四、学生作业问题诊断与解决

学生作业，又称课业，一般包括学生课堂内的练习和课外的家庭作业。作业是课堂教学的延续，是学生在学校期间最重要、最经常的学习活动。它是教师教学活动的一个重要环节，既是教师获得反馈信息的主要手段，是教师及时调整教学的依据，又是学生学习过程中的一个重要组成部分，对于学生巩固课堂知识，形成基本技能技巧，同时进行创造性劳动，发展和培养综合能力等有重要作用。但现实生活中教师为作业所累，学生为作业所苦，整天有写不完的作业，稍有懈怠就可能完不成作业，而出现一懈而不可收拾的尴尬和学习成绩的狂跌。学生的课业已经远远超出学生的生理和心理承受能力，成为沉重的负担。因此，研究教师布置多少作业、什么形式的作业、难易程度如何、多长时间能完成等问题是非常有必要的，而其中尤为重要的一个部分是作业形式的设计。

（一）学生作业存在问题诊断

清代教育家颜元说："讲之功有限，习之功无已。"作业是教学中不可或缺的关键环节，起着监控、巩固和反馈的作用，可为什么一提起作业来学生苦不堪言，教师无奈厌烦呢？学生作业究竟存在哪些问题？

1. 作业量超大，作业时间超长

2009 月 2 月 10 日在山东省普通高中素质教育专题培训会上，省教育厅基础教育处处长指出：目前中小学在规范办学行为方面存在七大问题，其中有一项就是关于学生课业的："用海量作业占据学生课余时间。……眼下，海量作业成为新问题。今年寒假里，一个中学语文老师居然给学生布置了 77 张卷子。"一高中生说："我们的学习任务太重了，每天起早贪黑地学还是学不完。高中都是赶进度，给高考复习腾时间，每天有好多作业要做。"

2. 考试频繁

虽然在《〈减轻中小学生过重课业负担的若干意见〉的通知》中明确规定："小学和初中每学期只在期末进行一次学科考试，禁止举行期末学科考试以外的任何学科考试或变相的学科考试。义务教育阶段一律不得进行区域性学科会考。"而实际上，多数学校各种名目的考试仍然十分频繁。

一高二学生说:"小考几乎天天有,有时一天多达2至3科,挤占的都是晚自习或晚饭后晚自习前的时间。而有些考试、测验的试卷老师既不批改、也不讲评,只是交给科代表一份答案,组织对一对答案。"

3. 作业单调重复

由于中考、高考竞争的压力和自身的原因,教师教学向应试技巧、增加学习时间和作业量方面倾斜,强调"重复是技能之母",对学生进行高强度训练。对语文、数学、外语甚至物理、化学等学科,学生不但有同步练习册、单元检测卷,还有不同名目的习题集,毕业班还有各类试卷。这种单调反复的练习,让学生苦不堪言。

4. 学习压力大,睡眠严重不足

尽管目前学生在校时间已得到了有效控制,但学习状态非常紧张,除了体育课、规定时间的活动课和短暂的课间休息,学生几乎没有什么自由活动时间。午间的两个小时,学生不能午休,还被要求做作业或自修,有的还有教师或学生管着。有的学校甚至有一条不成文的规定:学生午间不得在校园里游荡,必须在教室里自修。很少看到课间有学生在开展体育活动,有些学校的体育场平时还上了锁,禁止学生入内活动。而每次考完试后就会有更多的改抄背写的任务。由于各科课业实在太多,一天跟着一天转,有的学生就只有熬夜,不少住校高中生熬到夜里一两点,有的学生害怕熬夜被通报,往往是夜里三四点自备照明工具在被窝里学,睡眠时间严重不足,学生视力也受到严重影响。

(二) 学生作业问题的解决策略

新课程标准要求教学活动能够充分发挥师生双方在教学中的主动性和创造性。为此,教师应根据学生好奇、好胜和求知欲强的特点,在作业的题型、层次、形式及自主性等方面推陈出新。具体表现为:

1. 明确目的,力争轻负高效

教师布置作业的目的是诊断教学问题,了解学生掌握情况,巩固深化学习内容。除此之外,小学生和初高中生有所不同,小学生做作业主要是培养其对学习的积极态度,形成良好习惯,掌握完成作业的方法;初、高中生做作业的主要目的是提高学习成绩,培养解决实际问题的能力。

2. 难易适度,数量适当

既有一定挑战性又确保至少80% ~ 90%的学生能正确完成的适量的作业会让学生体会到过程的有趣和完成后的满足。

3. 分层设计，必做、选做学生择

一般来讲，教师应在承认差异、尊重差异的基础上利用差异，留给学生能完成且有选择余地的作业，便于学生发挥特长，提高能力。

4. 学生自主设计，体现"趣"

俗语说"百学趣当先"，有了浓厚的学习兴趣，学生就会有强烈的学习动力，越学越愿学。可由学生自己设计作业，使学生在轻松、愉快的氛围中完成对知识的巩固。作业的"趣"主要表现在三个方面：第一，"趣"体现在内容上。作业应从学生中来，贴近生活，语言儿童化，尽量丰富多彩。除书上内容，还可选择课外的内容；第二，"趣"体现在形式上。作业可设计求同、求异练习，顺向与逆向练习，操作练习等，还可以设计猜谜语、讲故事、做游戏和各类小竞赛等；第三，"趣"体现在结论上。允许有多元的答案，充分尊重学生的见解。

5. 形式多样，体现"活"

问题的关键不是"零作业"而是作业要"活"，形式多样化。作业大体可分为五种类型：①实践作业：指有教师指导的或独立的观察、实验、绘画作业及各种动手能力的作业；②书面作业：抄写、回答、计算、写作文、随笔、小论文等；③口头、听力练习；④表演作业；⑤综合性作业：把听、说、读、写、问与唱、画、游戏、制作、参观、访问等多种形式巧妙结合，集语文、绘画、书法、诗歌于一体。教师应根据教学需要灵活安排学生作业。

课堂教学反思

　　心理学家斯伯纳认为，没有反思的经验是狭隘的经验，至多只能形成肤浅的知识，只有经过反思，教师的经验才能上升到一定高度，对后继行为产生影响。正是在这个意义上，他提出了著名的教师发展公式：成长＝经验＋反思。可见反思在教师专业发展中的重要地位。

　　当前，我国的基础教育课程改革也日益显现出教师成为研究者、做反思型教师的必要性。在这样的形势下，教师需要重新审视自己的职业角色，把反思作为自己职业生涯的重要组成部分，深入领会反思的内涵，在不断的反思中提升自己的教育能力和教育智慧，并形成自己对教育教学的独特认识和个性化教学风格。

　　课堂教学反思是教师对自己教学活动的再认识、再思考、再探索和再创造，即教师以自己的教学活动为思考对象，对教学理念与决策、教学手段与方法、教学行为与细节、教学过程与结果等进行审视和分析的活动。它是一种通过提高教师的自我觉察水平进而促使教师主动提升教学能力的有效途径。

　　课堂教学反思应该是自觉的和主动的反思。自觉不同于自发，一个处于自发教学状态中的教师，其教学思想往往是模糊的，其教学行为常常是盲目的，这样的教师至多只能成为一个合格的教师，永远不能成为优秀的教师。课堂教学反思也不能是被动的和被迫的，人在被动或被迫环境下思维处于被动和受压抑的状态，闪光的灵感和睿智的思想不会降临。相反，命令或任务的催逼只能把大多数人赶进形式主义的窠臼里，其结果往往是得到许多雷同的"思想垃圾"，这样的反思没有实质意义。

　　课堂教学反思应该是基于问题的反思。问题是反思的前提，有效的反思不是课后例行公事般地回忆上课情况，而是通过反思从教学行为中发现问题并解决问题，这也是反思的最终目的所在。提出问题的能力是教师教育教学素养的重要体现，优秀的教师都有很强的问题意识，他们对课堂教学有高度的敏感性和洞察力，能从大家都司空见惯、习以为常的教育事件中提出有价值的问题。

　　课堂教学反思应该是具有探索性和发展性的反思。教学反思的过程其实

就是教师对自己的教学实践进行理性探索的过程，而探索的过程就是对自己的教学实践重新审视，重新理解，重新优化。因此，反思者必须要有质疑、分析、论证、解疑，最后达到升华的心理过程。可以说，没有探索，就谈不上反思。同时教学反思的目的是为了更好地总结教学的成功经验和失败的教训，一步步地从感性走向理性，从实践上升到理论，从经验上升到规律，从而达到孔子所说的"随心所欲不逾矩"的境界。而这个过程，必然要伴随着对反思对象的再认识和再创造，必然是一个发展的过程。

课堂教学反思还应该是具有真实性和深刻性的反思。教学反思来源于鲜活生动的课堂教学生活，必然蕴含着丰富多样的生活体验、思想情感和人生的思索，这也是许多课堂教学反思读来令人倍感亲切的主要原因。同时，这种对过去教学经历的再认识，决不是肤浅、重复的认知。反思的价值取决于反思的深度，有效的反思是一种研究，是一种探索，是思有所得，思有所获。它深入内心，触及灵魂，重塑教育教学观念，从而大大改善教师的教学行为，提升教师的教学能力。

深刻理解课堂教学反思的内涵还须正确把握以下关系：

（1）回顾与前瞻。课堂教学反思回顾过去是为了在新的起点着眼未来，因而在重新审视和理解教学的基础上，教学反思必然追求对过去教学的超越、优化与创新。

（2）课内与课外。表面看来，教学反思以课堂内的教学活动为对象，但其反思的视野决不仅仅限于课堂之内。"台上一刻钟，台下十年功"，教师在课堂教学上的表现是教师在课堂之外修炼的结果。另一方面，影响学生学习与成长的因素并不全在课堂之内，学生的家庭背景、生活经验、个性特长、兴趣需要等都有必要进入教学反思的视野。

（3）行为与思想。课堂教学反思不能仅仅就事论事，仅仅反思教学行为是不够的，思想决定行为，行为背后的理论、理念也是反思的内容。

一节课的时间虽然很短，然而对其进行教学反思的视野却极为广阔。教学目标的确立、教学内容的安排、教学方法的选择、教学过程的推进、问题的设计、策略的运用、学生的状况、教师的评价，甚至师生的言行举止、教学的片段细节等等，都可以成为课堂教学反思的内容。只要有"心"，教师必然会对许许多多看似繁杂琐碎的教学事件产生浓厚的研究兴趣；只要用"心"，教师必然能够探寻到一条适合不同学生学习与成长的独特路径，也必然能够践行一条具有个性化特色的专业成长之路。

本文在新课改实践中撷取了少量课堂教学反思的典型案例，并对其按

照不同切入点和视角进行了简要的整理和阐述，期望能对广大教师的课堂教学反思有所启发和帮助。

一、反思课堂教学的成功之处

教师每次上课总有一些精彩之处，如：有时课堂气氛特别活跃；有时教师信手拈来，成功地运用了某种十分称心的教学方法；有时教师灵机一动，有了解决问题的妙想；有时教学效果超越了预先设计的目标，引起了学生异乎寻常的共鸣；有时课堂教学中的某一应变措施特别得当；有时开展"双边"活动取得意外的成功；有时某些教育思想得到了有效的渗透；有时备课时未曾考虑到，而在课堂上突然闪现出灵感的火花等等。这些都是教师应该及时总结的内容，是提高课堂教学实效、促进自身专业成长的宝贵资源。优秀的教师往往善于从这些宝贵的资源中总结经验，启迪智慧，积累优势，提高教学能力，从反思走向成功。

具体地说，反思课堂成功之处的必要性体现在以下三个方面：

（1）反思课堂成功之处，可以及时总结经验，巩固成果。有些成功之处，可能是特定情景下教学机智的突然闪现，如果不及时总结，过后可能就无法追踪。一次成功未必能次次成功，成功的经验需要及时整理和反思。因而教师在每次课堂教学之后不妨想一想，教学的成功之处在哪里，为什么能够成功，能否更成功等等。

（2）反思课堂成功之处，可以把经验升华为理论。有效的反思可以帮助教师挖掘经验背后蕴含的原理，建构教育理论，从而使经验具有更广阔的实用性，更好地发挥对教学实践的指导作用。

（3）反思成功之处，有助于增强教学实践的合理性，并形成教师独特的个人化教学风格。课堂教学的成功往往是因为教师掌握了某种教学方法，解决了某一个教学问题，通过反思，可以把这种教学技巧标准化和模式化，用以解决同类问题。这种问题解决模式的形成过程也就是教师个性化教学风格的确立过程。

捕捉与反思课堂教学中的成功之处，大体可以从以下两方面着手：

1. 成功的课堂教学行为

直接决定教师课堂教学行为效率的因素是教学技能，在传统课堂教学中经常运用的教学技能有：导入技能、语言技能、提问技能、讲解技能、变化技能、强化技能、演示技能、板书技能、结束技能、课堂组织技能等，反思教学行为可以从思考这些基本技能的课堂运用状况开始。

数学是比较抽象的学科，平铺直叙的讲述很难使学生产生学习热情。教师在导入新课时，若能利用学生的好奇心设置悬念，就会激发学生钻研和探究的欲望。运用悬念法导入新课，当老师讲完这个悬念后，学生已被对数的魅力所吸引，不仅迫切想要了解对数及运算法，也增强了运用数学眼光来看世界、运用数学头脑来想问题的意识。所以这一堂课的导入是非常成功的，本案例中教师已经掌握了娴熟的导入技能。

2. 科学的课堂教学理念

理念是隐藏在教育教学行为背后的指导思想，成功的教学行为有赖于先进的教学理念，因而，与对教学行为的反思相比，对教育理念的反思属于更高层次的行为。

二、反思课堂教学的失败之处

教育是一项系统工程，教学过程的复杂性也是人所共知的。面对五花八门的教学内容、千姿百态的教学对象和千变万化的教学情境，教师在课堂教学中出现失误和失败是自然和常有的事情，特别是对年轻教师来说，课堂教学失败更是难以避免的。

心理学家波斯纳这样说过反思的重要性：如果一个教师仅仅满足于获得经验而不对经验进行深入的思考，那么，即使是有20年的教学经验，也许只是一年工作的20次重复，除非是善于从经验中吸取教意，否则就不可能有什么改进，永远只能停留在一个新手型教师的水平。对于这一观点，恐怕不会有人提出反对，然而在实践当中，尤其是在失败面前，要做到坦然面对，并能深刻反思，则需要教师具备一定的气魄和勇气。从一定程度上说，这也是优秀教师之所以优秀的关键原因。

因而，以一种良好的心态，正确地对待失败，是有效反思的前提。这一良好的心态可以具体化为以下三个方面：

1. 开放的心态

反思失败的过程是自我批判、自我否定的过程，而人本身又都有自我价值保护的倾向，所以承认自我失败、进行自我否定是需要有勇气的。但如果否认失败，拒绝反思，也就拒绝了成长的机会，也就等于堵死了专业发展的道路。

事实上，即使一些有经验的优秀教师，在课堂教学中也难免会出现疏漏或失误，也难以保证每堂课都是成功的。因而，我们没有必要掩耳盗铃、自欺欺人，要敢于承认人非圣贤，孰能无过，对待课堂教学要有一个

开放的心态，这样才能使自己的专业成长之路更加宽广。

2. 认真的心态

对待课堂教学失败，我们必须保持严肃认真的态度。失败并不必然是成功之母，如果失败之后还是置之不理、依然故我，那只能导致一错再错、重蹈覆辙。

3. 积极的心态

课堂教学是一种"遗憾的艺术"，即使经过了精心设计与多方准备，仍难保万无一失，对此，教师只能保持积极审慎的态度，随时随地进行反思，及时查漏补缺，不断调整教学方案，从而最大限度地确保课堂教学的实效性。

对课堂教学失败的反思，可以从确定问题开始，这样，反思才能"有的放矢"。其次，进行原因诊断，弄清问题发生的原因。课堂失败的常见原因有：课前准备得不充分、课堂教学设计得不科学、电教演示得不妥当、教学重难点突出得不理想、教学步骤安排得不合理、解题过程的繁杂、习题布置的过量及教师的过激语言伤害了学生的自尊、某种行为挫伤学生的积极性、某个眼神带给学生的尴尬……最后，针对问题出现的原因，采取相应的措施，并付诸行动。

三、反思课堂教学的精彩之处

回顾学生时代，有多少堂课我们仍然历历在目，有多少堂课我们仍然激动不已，有多少堂课我们仍能刻骨铭心……这些课堂的具体形态可能是多姿多彩、千差万别的，但却都有一个共同的特征，那就是：精彩纷呈。

精彩的课堂是学生的期待。精彩的课堂当然可以给学生以知识，但绝不仅仅限于知识。精彩的课堂可以让学生领略山川锦绣、河海壮观的大自然之美；精彩的课可以让学生了解社会的复杂性，感受集体的温暖；精彩的课堂更可以让学生体会人类意志的坚韧，与超越自我的崇高感。这样的课堂，谁不向往？

精彩的课堂是教师的梦想。教师的职业理想是桃李满天下，而实现它的主要场所就是课堂。课堂精彩与不精彩，影响教师职业生涯的成败，关乎教师人生价值的实现。哪个教师不梦想打造精彩的每一堂课呢！

精彩课堂是稀缺的，因为精彩难以预约，难以模仿，但是它还是可以琢磨的，可以追求的。每个教师在教学中都会有精彩片段，多琢磨琢磨这些精彩片段，从中反思更有提升价值的东西，会使我们从片段精彩走向整

体精彩，从暂时精彩走向持久的精彩。

通过精彩的语文课，我们可以看到如下教学闪光点：

1. 精心设问，教师教得轻松

在这堂普通的小学阅读课中，教师摒弃了长篇分析，经过精心的概括和提炼，只提了六个问题。整堂课中，教师真正把学习的主动权还给了学生，以学生为主体，教师成为了课堂教学的组织者、参与者，成为了学生学习的引导者、合作者。在教学过程中，教师教得很轻松，他更多地是把问题抛给了学生，由他们自己去发现、体会、感悟。

2. 和谐氛围，学生学得愉快

在这堂阅读课中，课堂气氛活跃，师生关系融洽，学生始终积极、快乐地学习。教师的问题就像是一块块强力的磁铁，深深地吸引着孩子们。孩子们在教师的引导下，自由、真实地表达着内心的想法。在学习中，他们更多的是被关注、被尊重、被赞赏。毫无疑问地说，他们是快乐的，不仅能体会到学习的乐趣，而且能真切地感受到成功的喜悦。

3. 渗透德育，关注学生全面发展

针对学生的回答，教师都恰到好处地作了小结。这既是教学任务的延续，又是思想教育的渗透。通过前两个问题，学生明白了从小应该守时、讲究礼仪；第三个问题，学生明白了，后妈不是坏人，只是她们还不能够像爱自己的孩子一样去爱其他的孩子；第四个问题，学生明白了无论走到哪里，都离不开朋友的帮助；第五个问题，学生懂得了没有一个人可以阻止你爱自己，如果你觉得别人不够爱你，你要加倍地爱自己，如果别人没有给你机会，你应该加倍地给自己机会，如果你们真的爱自己，就会为自己找到自己需要的东西；第六个问题，学生懂得了伟大的作家也有出错的时候，所以，出错不是什么可怕的事情。一切都是那么自然，而这又是学生真真实实的收获。想想自己平时的教学，无非是到总结全文的时候，告诉学生要向文中的主人公学习，学习他们的高贵品质和崇高精神，这样灌输式的思想教育真的有用吗？

4. 真诚激励，树立学生的自信心

在阅读教学过程中，教师对学生没有大声的呵斥和严厉的批评，更多的是出自内心的真诚的激励和赏识。教师充满真情的激励语言，激发了学生的学习积极性，树立了他们的自信心。尤其是学生回答完最后一个问题后，教师这样评价他们"天哪，你们太棒了！你们看，就是伟大的作家也有出错的时候，所以，出错不是什么可怕的事情。我担保，如果你们当中

谁将来要当作家，一定比这个作家更棒！你们相信吗?"孩子们是一片欢呼雀跃。的确，教师真诚的一句评价也许会让学生自信地面对学习和生活，从而改变他的一生。

5. 深度挖掘教材，为我所用

《灰姑娘》是德国作家格林写的，德国精神并不同于美国精神，特别在格林的时代，其封建意识要强得多，这体现在灰姑娘因其美丽、聪明与善良而被王子娶的故事模式里。这位美国教师没有局限于《灰姑娘》故事中的德国精神，而是巧妙地利用它的某些情节，创造性地提出六个问题，将德国精神转为鼓励和强调个人本位，崇尚自信、平等、开拓创造的美国精神。

四、反思课堂教学的平淡之处

精彩的课堂是教师孜孜以求的目标，然而精彩课堂的炼成不是一日之功，特别是对新手教师而言，课堂的精彩之处乏陈可述，而平淡之处倒是比比皆是。平淡也许是教师专业发展过程中的一个常态，而课堂教学反思不失为走出这种常态的方法。下面对课堂上常见的平淡之处进行反思。

1. 沉闷的课堂

学生本是朝气蓬勃的群体，课下他们有说有笑、活泼好动、生龙活虎；然而，一旦到了课堂之上常常就表情严肃、沉默寡言，思维缓慢，沉闷呆板。

2. 僵化的教育模式

课堂应该是生动活泼、精彩纷呈的，然而沉闷呆板、平平淡淡的课堂仍然是主流，这种现象的普遍性足以表明，其根源决不是个别教师的技能欠缺、水平低下，而应该是超出教师个人之外的深层次原因。

实际上，我们目前的教育思想仍然是传统教育思想，教学模式仍是传统教学模式。传统的教育教学思想和模式才是导致目前课堂格局的主要原因。传统教育的主要思想要点是三个中心，即教师中心、课堂中心、书本中心。体现在课堂上必然是教师讲、学生听的一言堂式的教学模式。

所以，要从根本上改变平平淡淡的课堂局面，就得从根本上寻找原因，反思和重塑教学行为背后的教育理念，采用以学生为主体，并能充分发挥教师主导作用的教学模式。

五、反思课堂教学的意外之处

在教学过程中出现意外事件是必然的。教学活动是一个复杂的过程，构成教学系统的主体是具有主观能动性的学生，他们生活经历不同、知识

背景各异，思维活跃，乐于表现，这些因素教师很难完全知悉，再优秀的教师也无法事前预设课堂里的一切教学活动。

课堂教学意外事件的发生无法阻止，其实，也无须阻止。那种试图排除意外因素，阻止意外课堂教学事件发生的观点，是一种陈旧的传统课堂教学观。这种教学观认为教学是预成性的，教学目标、内容、方法及过程都是预定好的，教学只须依照教案按部就班地进行就可以了，这种预成性教学过分强调预设和封闭，从而使课堂教学变得机械、沉闷和程式化，缺乏生气和乐趣，缺乏对智慧的挑战和对好奇心的刺激，使师生的生命力在课堂中得不到充分展现和发挥。

封闭导致僵化，只有开放，才有可能使教学充满活力。在新课改背景下，我们需要建立一种开放与生成的课堂教学观。开放就是教师要使课堂向学生的实际情况开放，充分展现和接纳学生的独特经验、思考与灵感，并借机引发学生思考，开展讨论，生成新的知识。

在开放与生成的课堂教学观下，意外事件的出现不是坏事，它很可能是学生学习的契机，是学生的一个新的成长点。教师没必要惧怕和排斥意外教学事件，而应该持一种欢迎和利用的态度。正如苏霍姆林斯基所说："教育的技巧并不在于能预见到课的所有细节，而在于根据当时的具体情况，巧妙地在学生不知不觉之中做出相应的变动。"

当意外事件出现的时候，教师可以依次考虑以下措施：

第一是"宽容"。容忍学生提出不同的观点和意见。我们应该有这样的观念：学生的问题没有不该提的，即使在我们看来很幼稚，或很怪异。如果我们处于学生所处的位置，一样会提出同样的问题。

第二是"倾听"。及时地汲取学生传输的信息，迅速地"筛选、触发、拨动"，从而转化为师生共同的营养。

第三是"判断"。学生的发言，有研究的价值吗？有研究的必要吗？如果真的是一些无关紧要的、离题十万八千里的话题，教师可以一下带过，话锋一转，步入正题；但如果教师判断的结果是"有价值"，那么就要进入下一步了。

第四是"思考和互动"。即促使师生之间各种不同观点交接碰撞，引发学生对这一信息进行更深层次的思考。

第五是"提升"。通过师生、生生之间的平等对话，使学生改变原有知识结构，并把课堂建构成一个美好的精神家园，使课堂充满生命的活力，从而体现出教师敢于突破预设教案而产生的积极的学习效应。

工欲善其事，必先利其器

作为教师，除了要有必需的知识储备外，掌握教学的方法技能也是至关重要的——它在某种程度上决定着课堂教学的成败。在课堂教学中，教师都有哪些必备的专业技能呢？它们都有怎样的作用和要求？教师该如何运用它们？课堂教学要达标，专业技能首先就得过关。

一、掌握语言的艺术

马卡连柯说过这样一句话："同样的教学方法，因为语言不同，效果就可能相差20倍。"没有好的语言表达，再丰富的内容，再明确的概念，再要紧的重点，再清晰的脉络也无济于事。作为一名老师，要想上好课，就必须首先掌握语言的艺术。

在讲课中，对教师在语言上的要求有3个层次：清楚、得当、艺术。

所谓清楚，是指教师所讲的每一句话，特别是重要的话，都能送到每一个学生的耳朵里。这是最基本的要求。这一要求做不到，其他要求都谈不上。

所谓得当，一是指用词准确，用语恰当。二是指讲话的速度不快不慢，声音不高不低，情绪不急不缓。既要在关键时刻有激情，也要注意在大部分时间里心平气和，自然流畅。

所谓艺术，是指在做到上述两层的基础上，再做到语言简捷、精辟、生动、幽默、有哲理，使学生终生不忘。这是对语言的高层次要求。

那么，语言的艺术性一般都有哪些特征呢？

1. 针对性

针对性就是针对不同的教育对象、教学环境运用不同的教学语言，即因材施教。教师的语言要因人而异，有针对性地进行变化。

《论语·颜渊》中记载，樊迟、司马牛、仲弓和颜渊均曾向孔子问"仁"，孔子做出了四种不同的回答：

樊迟问仁。子曰："爱人"。

司马牛问仁。子曰："仁者，其言也讱"。

仲弓问仁。子曰:"出门如见大宾,使民如承大祭。己所不欲,勿施于人。在邦无怨,在家无怨。"

颜渊问仁。子曰:"克己复礼为仁,一日克己复礼,天下归仁焉。……非礼勿视,非礼勿听,非礼勿言,非礼勿动。"

樊迟的资质较愚钝,孔子对他就只讲"仁"的最基本概念——"爱人";司马牛因"多言而躁",孔子就告诫他:做一个仁人要说话谨慎,不要急于表态;仲弓对人不够谦恭,不能体谅别人,孔子就教他忠恕之道,要能将心比心推己及人;颜渊是孔门第一大弟子,已有很高的德行,所以孔子就用仁的最高标准来要求他——视、听、言、行,一举一动都要合乎礼的规范。总之,根据学生的基础和个性的不同,孔子对同一问题做出了4种深浅不一的回答,既切合教学对象的思想实际,又体现出教学内容的层次性。

2. 启发性

启发性是指教师在课堂上要从学生想弄懂却难以弄懂,想说清却难以说清的地方开始,有步骤地引导学生去弄懂、去说清。不直接告诉学生答案,而是抓住学生思维过程中的矛盾,启发诱导,步步深入,将对话引向正轨,得出正确的结论。

请看苏格拉底帮助某青年认清正义与非正义问题的一番经典对话:

苏问:虚伪应归于哪一类?

答:应归入非正义类。

苏问:偷盗、欺骗、奴役等应归入哪一类?

答:非正义类。

苏问:如果一个将军惩罚了那些极大地伤害了其国家利益的敌人,并对他们加以奴役这能说是非正义吗?

答:不能。

苏问:如果他偷走敌人的财物或在作战中欺骗了敌人,这种行为怎么看呢?

答:这当然正确,但我指的是不欺骗朋友。

苏格拉底:那好吧,我们就专门讨论朋友间的问题。假如一位将军所统率的军队已经丧失了士气,精神面临崩溃,他欺骗自己的士兵说援军马上就到,从而鼓舞起斗志取得胜利,这种行为该如何理解?

答：应算是正义的。

苏问：如果一个孩子有病不肯吃药，父亲骗他说药不苦、很好吃，哄他吃下去了，结果治好了病，这种行为该属于哪一类呢？

答：应属于正义类。

苏格拉底仍不罢休，又问：如果一个人发了疯，他的朋友怕他自杀，偷走了他的刀子和利器，这种偷盗行为是正义的吗？

答：是，他们也应属于这一类。

苏问：你不是认为朋友之间不能欺骗吗？

答：请允许我收回我刚才说过的话。

3. 审美性

"言之无文，行而不远"，教师的语言还要具有美学价值，内容美，形式美，体现出教师的人格魅力。下面是全国特级教师于漪在讲鲁迅的小说《孔乙己》时的一段导语：

有人说，古希腊的悲剧是命运的悲剧，莎士比亚的悲剧是人物性格的悲剧，易卜生的悲剧是社会问题的悲剧。看悲剧催人泪下。《孔乙己》这篇小说写了孔乙己悲惨的一生，可我们读了以后，眼泪不会夺眶而出，而是感到内心一阵痛楚。那么，孔乙己的悲剧，到底是命运的悲剧，性格的悲剧，还是社会问题的悲剧呢？

这段导语涉及的知识面广，深刻而优美，几句话就创设出意境深远的教学情境，足见教师本人的语言素养和文化内涵。然而，作为教师，若想让自己的语言具有审美性、艺术性，并非一朝一夕可以成就的，而要在教学和学习中，不断地丰富自己，提高自身修为。

前苏联教育家苏霍姆林斯基说过："教师的语言是什么东西也不可取代的感化学生心灵的一种手段。教育的艺术首先应包括说话的艺术——跟人的心灵打交道的艺术。"教学语言是教师教学的基本功和必要素养，巧妙地铺设语言的阶梯，可以让学生学得深刻，记得牢固，进而达到举一反三、触类旁通的效果。

二、掌握课堂沟通技巧

有人说，一个教师在教学上的成功，只有15%是由于他的专业知识，85%要靠他的沟通技巧。学生首先是通过与教师的人际关系的感受，来决

定是否喜欢教师所教的学科，是否愿意遵守这个教师提出的要求，是否喜欢学习和参与教师所提供的各种活动的。

沟通是人与人之间的信息交流过程，也是人与人之间发生相互联系的最主要形式。课堂教学活动也是教师与学生之间的一种特定沟通。师生之间的有效沟通是有效课堂教学的保证。

某校甲、乙两位教师，同时在上鲁迅的《祝福》。教师甲采用一般的讲读方法，促使学生理解课文的内涵，但从课堂中学生的情感感染上看，显得很平淡。教师乙则先从师生的谈话开始，谈话的内容是从师生共同拥有的生活经验开始的。谈话过程大致如下：

教师："大家知道老师姓什么中，名叫什么吗？"

学生很快齐声说："老师姓黄，名为国强。"

"你爸爸希望你长大为国家富强出力吧。"一位学生在座位上随意地说。

教师："对。老师有姓有名，你们每个同学也都有姓有名。那么，昨天老师让你们预习的《祝福》这一课，讲述了祥林嫂的悲惨人生，你们有没有找到祥林嫂姓什么，名叫什么呀？"

学生："没有，人家就叫她祥林嫂。"

学生："她嫁到丈夫家，她丈夫名叫祥林，所以大家就叫她祥林嫂。"

教师："对呀！封建社会下的女性，一嫁到丈夫家，连自己的姓和名都没有了。老师这里还有一个问题，祥林嫂第二次改嫁给山上的贺老六，那么应该叫贺六嫂呀。大家从课文里找一找，有人叫她贺六嫂吗？"

学生："没有，课文中是这样写的，'鲁镇上的人仍然叫她祥林嫂'。"

教师："那是为什么？"

学生："我想，大家已经叫习惯了。"

学生："我想鲁镇上的人不赞同她改嫁。"

教师："我们从鲁镇上的人们仍然叫她祥林嫂可以看出，当地的人是不赞同她改嫁的。在封建社会里，男人可以有几个老婆，但大多数女人当丈夫死后只能守寡。可见在封建社会之下的男女是处于不平等地位的。"

教师乙拿一个人的姓和名作为课文的切入点，促使学生更具体地理解了鲁迅笔下祥林嫂的命运，从而促使学生的情感更好地接近作者的情感。课堂的有效性之一就是要看课堂中通过师生之间的沟通，最后能否使学生

和作者产生情感上的共鸣。

那么，教师如何在课堂上和学生进行有效沟通呢？

1. 通过表演，促进沟通。

表演是学生喜闻乐见的形式。通过表演，有利于学生敞开心扉，倾吐真情。有时无法直接用语言表达的内容，通过形象的表演让学生在表演中感悟课文内容，领略课文乐趣。

有位老师在讲《所见》这首袁枚所写的小诗时，在读通古诗的基础上，让学生演一演诗中的牧童也来捕一回蝉。学生们表演得可谓是淋漓尽致：骑在"黄牛"上，唱着歌儿，忽然听到树上传来了蝉叫声，很想捉蝉，就闭上嘴巴屏住呼吸站在那儿。表演完之后，他让学生说说，你觉得这个小男孩怎么样？答案丰富多彩：有的说，我觉得小男孩做事情很小心翼翼，在捕蝉的时候很小心；有的说，我觉得小男孩很可爱，他骑在牛背上的样子多好看啊；还有的说，我觉得小男孩很调皮，很喜欢捉知了。你瞧他是去放牛的，走到半路上，他就去捕蝉了。

原本是一首单调的小诗，通过表演，学生对诗意的理解已经无须老师过多的分析，而且俨然成为一个个小评说员了。

2. 通过质疑，促进沟通。

在教学实践中，引导学生质疑不仅可以帮助学生深入地理解课文，更可以借此来激发学生的发言欲，让师生沟通在课堂上如行云流水。

例如在教贺知章的《回乡偶书》，在读熟古诗学会生字之后，一位老师这样问学生：读了诗句你有什么疑问吗？有一个小女孩说：他为什么要离家出走呢？是呀中，他为什么要离家出走呢？老师马上出示了"他或许是因为_____而离家"的句式让学生们大胆猜测。对于自己的疑问学生们很感兴趣，有的说或许是因为到外面去赚钱，有的说或许是因为学本领等等。之后，一个小男孩说：那他为什么还要回来呢？是啊，出去这么长时间了，为什么还要回来呢？于是老师又板书了"他是因为_____而回家"的句式让学生尽情想象。学生们讲到了是因为想家、想亲人、赚了钱、想来看看家乡的景色。这不正是"叶落归根"么！最后老师向孩子们讲述了贺知章的生平，讲述了这种让人无法释怀的"乡情"！

在质疑、解疑的过程里学生和老师都面临着让人无法预料的问题与答案，此时的情绪是高涨的，思维是活跃的，智慧的灵光在这儿闪耀。

要做一个好的教师，提高教学质量，首先必须进行有效沟通。面对复杂的教学环境和师生群体关系，教师只有进行有效的课堂沟通，才能增强

师生协作，完成教学任务，从而达到教学目标。

三、规范的板书板图

板书是教师上课时为帮助学生理解、掌握知识，在黑板上书写的凝结简练的文字、图形、符号等，它是用来传递教学信息的一种言语活动方式，又称为教学书面语言。板书是课堂教学的重要手段，它与教学语言的有效结合，可以使学生的视觉跟听觉配合，更好地感知教师讲授的内容。

（一）板书的作用

1. 突出教学重点与难点

板书的内容通常为教学的重点、难点，并且在关键的地方一般都有标志，比如用不同颜色的笔书写和绘画，便于学生理解和把握学习的主要内容。

2. 集中学生的注意力，激发学习兴趣

板书在文字、符号、线条、图表、图形的组合和呈现时间、颜色差异等方面的独特吸引力，能够吸引学生的注意力，激发学习兴趣，并且使学生受到艺术的熏陶和思维的训练。同时，板书、板画使学生的听觉刺激和视觉刺激巧妙结合，避免由于单调的听觉刺激导致的疲倦和分心，兼顾学生的有意注意和无意注意，从而引导和控制学生的思路。

3. 有助于启发思维，突破难点

富有直观性的板书，能代替或再现教师的演示，启发学生思维。好的板书，能用静态的文字，引发学生积极而有效的思考活动。

甲、乙、丙、丁和小江一起比赛象棋，每两个人都要赛一盘。到现在为止，甲已经赛了四盘，乙赛了三盘，丙赛了二盘，丁赛了一盘，问小江赛了几盘？

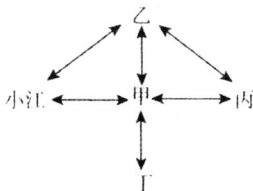

这是一道推理性的应用题，单靠文字，小学生难以理解，而上面这则

板书仅仅用了6个字、几条线就把5个人的赛棋关系表达清楚了。

4. 概括要点，便于记忆

教师的板书反映的是一节课的内容，它往往将所教授的材料浓缩成纲要的形式，并将难点、重点、要点、线索等有条理地呈现给学生，有利于学生理解基本概念、定义、定理，当堂巩固知识。教师板书的内容往往就是学生课堂笔记的主要内容，这无疑对学生的课后复习起引导、提示作用。

下面是《1749—1814年的法国》一课的板书

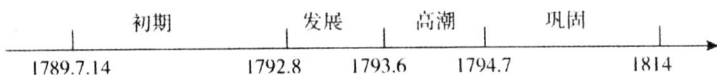

这则板书精练简要，清晰地呈现教学内容，便于学生理解、记忆。

5. 有助于学生树立文章脉络或教学内容的发展线索

一则好的板书，常常以精炼的文字辅以线条、箭头等符号将教材的重要内容及作者的思路，清晰地展现出来。

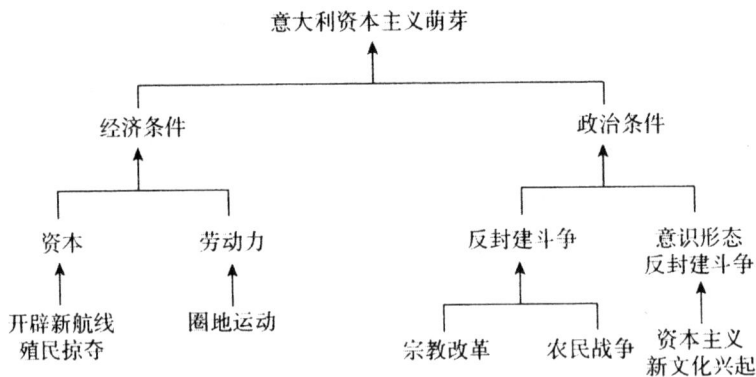

（二）板书的形式

板书的形式随教学目标、教学内容、学生年龄特征及学习特点的不同而不同。选择适当的板书类型是增强教学效果的重要一环。常用的板书类型主要有以下几种：

1. 提纲式

这类板书适用于内容比较多，结构和层次比较清楚的教学内容。它的

特点是：条理清楚、从属关系分明，给人以清晰完整的印象，便于学生对教材内容和知识体系的理解和记忆。

请看下例：

植物学《光合作用》第二节的板书：

三、光合作用的实质

1. 公式：

$$二氧化碳 + 水 \xrightarrow[\text{叶绿体}]{\text{光}} 淀粉 + 氧气$$

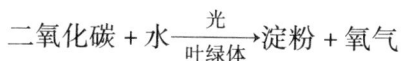

（原料）　　　（条件）（产物）

2. 实质：

物质转化过程：无机物→有机物

能量转化过程：光能→贮藏在有机物中

四、光合作用的意义

五、外界作用对光合作用的影响

六、光合作用的原理在农业生产上的应用

---

2. 词语式

词语式板书通过摘录、排列教学内容中几个含有内在联系的关键性词语，将教学的主要内容、结构集中地展现出来。它的特点是简明扼要，富有启发性，能够引起学生连贯性的思考和对教学内容的整体把握与理解，有利于学生思维能力的培养。

下面是小学语文第四册第 2 课《骄傲的孔雀》一文的板书：

$$美丽 \longrightarrow 骄傲 \longrightarrow \begin{cases} 昂 \\ 挺 \longrightarrow 跌（失败） \\ 拖 \end{cases}$$

3. 表格式

表格式板书是将教学内容的要点与彼此间的联系以表格的形式呈现的一种板书。这类板书能将教材多变的内容梳理成简明的框架结构，增强教学内容的整体感与透明度，同时还可以加深对事物的特征及其本质的认识。

下面是表格式板书的一个例子：

数学质数、质因数、互质数相比的板书

	说明	举例
质数	只能被 1 和它本身整除，只看它本身。	2、3、5、7
质因数	具有双重身份，本身是质数，又是一个合数的因数。	$30 = 2 \times 3 \times 5$
互质数	互质数几个数的最大公约数是 1，但这几个数的本身不一定是质数。	4 和 17，8 和 9

4. 线索式

线索式板书是围绕某一教学主线，抓住重点，运用线条和箭头等符号，把教学内容的结构、脉络清晰地展现出来的板书。一般应用于游记、参观记这类记叙文，以及情节比较复杂的课文。这种板书指导性强，能把复杂的过程化繁为简，有助于学生理清文章的结构，了解作者的思路，便于理解、记忆和回忆。

请看下面这例蛔虫生活史板书：

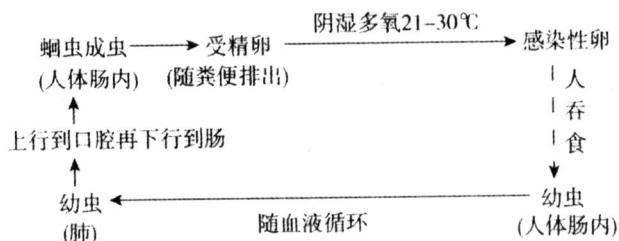

5. 关系图式

关系图式板书是借助具有一定意义的线条、箭头、符号和文字组成某种文字图形的板书方法。它的特点是形象直观地展示教学内容，能将分散的相关知识系统化，便于学生发现事物之间的联系，有助于逻辑思维能力的培养。

下面是《东郭先生和狼》一文的板书：（见下页）

6. 图文式

图文式是指教师边讲边把教学内容所涉及的事物形态、结构等用单线图画出来，形象直观地展现在学生面前的一种板书方法。这种板书图文并茂，容易引起学生的注意，激发学习兴趣，能够较好地培养学生的观察能力以及思维能力。

东郭先生和狼

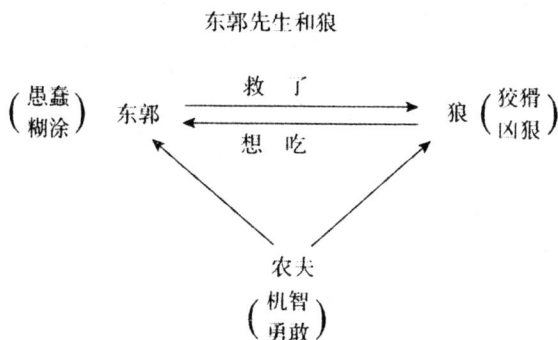

下面是一位教师在讲解循环系统时所画的淋巴形成示意图：

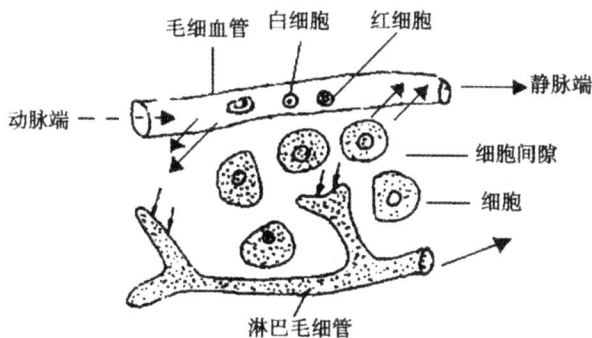

　　精心设计的板书浓缩着教师备课的精华。直观的板书，可以补充教师语言讲解的不足，展示教与学的思路，帮助学生理清教学内容的层次，把握重点，突破难点。它能够启发学生的智慧，并能给学生美的享受。特级教师斯霞曾深有体会地说："好的板书对于提纲挈领地了解课文内容，对于把握住课文的关键问题，起着很大的作用。"一个教师的板书好坏，直接影响到课堂教学的效率和质量。

四、常见教学演示方法

　　演示是指教师在传授知识时，运用各种直观教具、实验以及现代教学媒体传递信息的一种教学行为方式。它可以使学生获得生动而直观的感性知识，加深对教学内容的认识，同时培养学生观察和思维能力，开发潜能，减轻学习的疲劳程度，提高学习效率。

　　常见的演示类型有以下几种：

　　1. 实物、标本和模型演示

　　在教学过程中，演示实物、标本和模型的目的是使学生充分感知教学

内容所反映的主要事物，了解其形态和结构的基本特征，获得对有关事物的直接的感性认识。为了使学生的观察更有效，教师在恰当地使用演示技能的同时，还要注意以下问题：

（1）材料的演示要与语言讲解相结合。教师把实物、标本、模型等展示给学生之后，要做相应的讲解；在学生观察时，教师要给学生留下思考的余地。讲解要与演示有机地结合，与学生的思维有机地结合。

（2）实物的演示与其他演示手段相结合。实物和标本所表现出来的现象，有时在结构上界线不清，影响学生清晰而准确地感知。为了深化学生的直观感觉，加深对所学知识的理解，凡是外部结构界线不清的，内部结构和生理过程难于观察的，都应配合挂图、黑板画、幻灯、投影、电视录像等演示手段，从而引导学生的观察向深入发展。

（3）模型的演示要做必要的说明，一般可按标本的演示方法进行。但是有时它的大小比例以及表示颜色等与实物有所不同，必须向学生交代清楚。

2. 挂图演示

挂图是教学中最早使用的一种教学辅助手段。它不但制作方法简单，而且使用灵活方便，不受地点条件的限制。挂图是教学中最常用的直观教具，在演示时注意以下问题：

（1）把握好演示时间。挂图不能在课前就展示给学生，以免分散注意力。上课前应把挂图背面朝外挂在挂图架上或黑板上，需要时再挂在明显的位置上让学生观察，使用完毕再把它反过去或取下来放回原处。这样，学生就不至于被挂图分散注意力，观察时也会有一种新鲜感。

（2）挂图、语言、文字有机结合。教师在演示过程中，一方面要进行必要的讲解，另一方面还要板书，使语言、图像、文字密切结合，发挥多种符号的作用，帮助学生理解。教师应注意采用缩短挂图与板书间距离的办法，在图的旁边对应图中各部分的位置写板书，使这三者配合得既恰当又自然。

（3）画略图或使用辅助图配合主图。挂图的大小是有限的，尤其是在图形比较复杂的时候，不管多大的挂图都难免有个别细小的部分，不易被学生看清楚。如果在挂图上没有局部放大内容时，教师就应当在讲解中再在黑板上画一些略图，或使用辅助挂图，把局部放大，帮助学生配合主图看清一些重要而细小的部分。

3. 幻灯、投影演示

幻灯、投影演示即使用幻灯机、投影仪进行的演示。它能够化抽象为

具体、化虚为实、化大为小，向学生提供相关事物丰富的感性材料。使用幻灯、投影演示时应该注意以下问题：

（1）要保证画面的质量。幻灯、投影放映出来的画面要求清晰、色彩鲜明，能够引人入胜；如果画面模糊、色调暗淡，会使学生产生厌烦情绪。

（2）演示时间不宜过长。幻灯、投影的演示虽然容易吸引学生的注意，激发学习的兴趣，但长时间演示会使学生产生视觉疲劳，因此，每次演示的时间不宜过长。同时，演示的次数要适量，不能过于频繁。

（3）室内局部遮光。幻灯机、投影仪虽然亮度较高，但在演示时仍需有一定的遮光条件。一般采用局部遮光的办法，把靠近银幕的窗户遮挡起来。这样，既不影响学生看书或做笔记，又不会太影响放映效果。

4. 实验演示

在课堂教学中，为了使学生对教学内容获得直观的感性认识，有时也采用实验演示的方法。实验演示具体可分为获取新知识的实验演示和验证、巩固知识的实验演示两种。

获取新知识的实验演示，是教师向学生讲解，传授新知识之前所进行的与之有关的实验演示。在演示时，教师要先详细说明实验条件，在学生看到实验现象后，启发、引导学生对实验现象进行分析、解释，从而得到正确的结论。

验证、巩固知识的实验演示，是在教师先向学生教授知识，学生掌握以后，再进行的实验演示。演示之前教师要向学生说明要做什么实验，引导学生运用刚学过的知识预测将产生什么结果，再开始实验。实验完毕后让学生说明为什么会产生这样的结果，用所学的知识来解释实验现象。

做好准备，再进课堂

要想上好课，课前准备绝不可少。上课前不仅要钻研教材，分析教学目标，准备教案，而且还要修饰仪表，调整情绪，这样才能确保课堂上自如地发挥。

一、不做准备不登讲台

场景一：教室内静悄悄地，学生们睁着双眼聚精会神地专心听讲着，活动进行得有条不紊。到了该讲故事的时候了，只见老师随手拿出了准备好的参考教材照着样本讲了起来，一会儿看看书本，一会儿看看学生，故事就这样讲述着……

场景二：离上课只有 10 分钟了，老师正在找寻着这一节课的教具。呀，昨天本来在家里准备好的青菜、胡萝卜等今天忘记带来了，怎么办呢？就用图片代替吧，赶快找……

尊敬的各位老师，亲爱的读者们，您上课时碰到过上述状况吗？您的课前准备充分吗？

当然，或许由于大家平时的工作量较大，难免有时会准备不足。但是，拿着书本讲故事，本应准备好的教具没准备，确实有些不应该。

漫漫三尺讲台路、白笔黑板写春秋。自从我们走上教师这个岗位，备课上课就和我们结下了不解之缘。教师的生命因学生而精彩、教师的生活因教学而充实。我们永远是用昨天的知识，面对今天的学生，培养明天的人才。怎样才能更好地完成历史赋予教师的使命呢？首先应该解决的问题就是这两个字：备课。

说到备课，可能有的人会不屑一顾，因为这差不多是一个老掉牙的问题了，可是真要提高我们的课堂教学质量，真要让我们的学生在学习知识的同时能够形成相应的能力，就不能不重视备课这个环节。

在苏霍姆林斯基《给教师的建议》一书中，有这样一个故事：

一位有 30 年教龄的历史教师上了一节公开课，课题是《苏联青年的道

德理想》。区培训班的学员、区教育局视导员都来听课。课上得非常出色。听课的教师们和视导员本来打算在课堂进行中写点记录，以便课后提些意见的，可是他们听得入了迷，竟连做记录也忘记了。他们坐在那里，屏息静气地听，完全被课吸引住了，就跟自己也变成了学生一样。

课后，邻校的一位教师对这位历史教师说："是的，您把自己的全部心血都倾注给自己的学生了。您的每一句话都具有极大的感染力。不过，我想请教您：您花了多少时间来备这节课？不止一个小时吧？"

那位历史教师说："对这节课，我准备了一辈子。而且，总的来说，对每一节课，我都是用终生的时间来备课的。不过，对这个课题的直接准备，或者说现场准备，只用了大约15分钟。"

"对这节课，我准备了一辈子。"许多人第一次阅读这个故事时，都被这句话深深地震撼了。想想我们自己也是一名教师，每天都要备课，每天都要拿着教科书去课堂上课，可是我们为备课花了多少时间呢？课堂进度老是赶不上去，学生的成绩不见提高，教学评估得分低……所有这些我们有没有想过自己在备课上的原因呢？

我们都上过很多节课，有时会感到一堂课上得很轻松很愉快，教师教的愉快，学生也学得高兴，这是为什么？因为我们备好课了，心中有数了。不备课能不能上课？也能上，有时候我们会有这样的感觉：这点知识还不好讲吗？小孩子还不好糊弄吗？可是课堂上会怎么样？在这样的课堂上我们的语言会干瘪苍白，我们的思维会如无源之水，无本之木，怎么教都觉得内容冗长乏味，怎么上都提不起精神，更别说调动起学生的学习兴趣了。

备课是一个再创造的过程，在此期间，教师不但要备知识，还要从学生的实际出发，了解他们已有的知识储备，努力寻找能够激发他们学习兴趣的切入点。在对教材的把握上，首先对本学科的有关概念要正确理解，并能随时了解本学科理论前沿的动态和发展，始终把最新最科学的知识传授给学生，并善于将学科知识与现实社会、学生生活实际相结合进行教学。其次，教师还要具备基本的社会知识和生活常识，有相关学科领域的知识储备，并能灵活地把各知识点联系起来。

曾经有一位资深老师说："备课备不好，倒不如不上课，否则就是白费心机。"作为一名老师，我们每天都必须花费大量的时间在备课上，认认真真地去钻研教材和教法，不满意就不收工。虽然辛苦，但事实一定会

证明这样做是值得的。

二、研究教材是关键

备课的实质是把课本知识转化成教学内容，教学内容与教材内容是两个不同的概念，备课不能将教材内容不经加工，直接照抄到教案本上，教师必须深入地钻研教材，吃透教材，对教材的系统结构及内部关联都要清楚地了解。大体看看，泛泛阅读，一知半解，要想驾驭全部教学内容，有效地提高教学质量，都是不可能办到的。

苏霍姆林斯基说："教师越是能够运用自如地掌握教材，那么他的讲述越是情感鲜明，学生听课花在抠教科书上的时间就越少。"

教材是教师和学生进行教学活动的凭借材料，是教学信息沟通的中介媒体。钻研好教材是备课、上课、达成教学目标、完成教学任务的基础和前提。

在研究教材的过程中，我们必须遵循以下的基本要求：

（1）理解。确保把教材中的每一句话都弄懂，充分掌握论点、论据。

（2）精通。掌握教材的知识结构，包括层次、关系（内在关系、外在联系）；把握重点、难点和关键。

（3）转化。把教材上的内容化为自己的东西，在讲课过程中有感情地进行自我表述。

首先，要想吃透教材要尊重教材。

首先要尊重教材，因为现行的实验教材是由教材专家、教研专家、教学专家经过反复推敲、实验编制而成的。尊重教材就意味着要研究编排意图，要理解表面材料背后所隐藏的丰富内涵。要做到字斟句酌，深入浅出。而没有对教材的"深入"，就不会有课堂教学的"浅出"。

例如：苏教版五年级《真分数和假分数》一课中例2、例3是以学生对"分数单位"的理解为基础，通过涂色的操作，使学生经历假分数的产生过程，再说说涂色时的思考过程。让学生说清楚每个分数的分数单位以及各有几个这样的分数单位，从而帮助学生正确理解真分数和假分数的含义。有位老师是这样上的：要求学生动手操作，用涂色部分表示$\frac{5}{8}$、$\frac{5}{5}$、$\frac{5}{4}$、$\frac{7}{5}$、$\frac{1}{2}$、$\frac{9}{9}$、$\frac{2}{3}$、$\frac{13}{2}$，在让学生分类，结果学生用了20分钟才涂色完毕。浪费很多时间，没有收到预设的效果。原因在于：老师没有很好地理

解教材。

优秀教师和平庸教师的最大区别就在于：优秀教师把复杂的内容教得非常简单，平庸教师则把简单的内容教得非常复杂。这其中的关键就在于对教材的研究深度存在差异；

其次，要从实际出发，科学地创造性地使用教材。

所谓科学灵活地使用教材，就是对教材进行学习化的加工，使教材本身承载着的数学思想、数学意识、数学情感、数学方法等功能都释放出来，变成学生易于接受和乐于接受的信息。这就是说要结合生活实际去选用教材。不能教材有什么教师就教什么，教材怎么写教师就怎么讲。

例如：苏教版五年级数学实践活动中的数字与编码。有位老师就把原来教材中的邮政编码改为身份证，在学生充分收集数据的基础上从四张身份证号码的辨别中引出新课：

五年级数学（苏教版）《数字与编码》。

下面这些身份证号码可能是小明家哪些人的？你能说说你猜测的理由吗？

A. 442000194508245737　　　B. 442000197104195458

C. 442000197202024226　　　D. 442000194907184823

要让教学内容对学生的数学学习充满吸引力和诱惑力，学习材料的现实性、趣味性和挑战性应是首当其冲的。因此，教师在选择素材时要将视角更多地投向现实生活，努力去发掘那些存在于学生身边的同时又暗含着某种数学现象或数学规律的实际问题，来建构学生数学学习的内容体系。

比如下面这道《已知一个数，求它的几分之几是多少》的六年级应用题：

例：人体内的血液占人体重的$\frac{3}{10}$，小明的体重30千克，他体内的血液有多少千克？

人体内的血液占人体重的$\frac{3}{10}$，雅典奥运会的举重冠军唐功红体重130.5千克，请你猜一猜她体内的血液有多少千克？

再次，要改变教材的呈现方式

现行教材"专家式"编排，在没有进入教学过程之前，只是处于知识储备状态，是静态的、抽象的。因此，我们在设计教学过程时，要努力将静态的转化为动态的，抽象的转化为具体的，应该把课本中的例题、讲解、结论等书面东西转化为学生能够亲身参加的活生生的数学活动——这些活动包括概念的抽象过程，公式的推导过程，算法的思维过程，法则的归纳过程，规律的概括过程。这些内容的呈现方式，不是由教师说出来、端出来，而是通过学生的观察、操作、感悟等一系列活动进行再创造而得出来的。

比如五年级《体积与体积计算》一课：

从乌鸦喝水想起，它为什么往瓶子里装石子呢？

三、明确教学目标

一堂好课必须有明确的教学目标，没有明确目标的课不是好课。要有明确的教学目标，就离不开对教学目标的深入分析。

以九年义务教育六年制小学数学课本第六册"年、月、日"这一节为例，大纲对这一节的教学要求是属于等层的"认识水平"。因此，我们确定本课的学习目标为：

（1）通过学生自己探索，知道时间单位年、月、日，知道大月，小月，平年，闰年的知识，记住各月的天数和闰年的判断方法。

（2）通过观察，讨论，游戏活动，猜测验证，发挥学生探究能力，观察思考能力和创造力。

（3）通过网络教学，激发学生学习兴趣。使学生从小养成热爱科学，乐于学习科学的情感，并受到一定的爱国主义教育。

但仅有目标是不够的，还必须符合课程标准的要求，符合素质教育的要求，符合学生的实际情况，在知识、能力、情感态度、价值观等方面与学生的认知水平、心理特征、能力基础相适应，既面向全体，又关注差异，具有层次性。

下面我们来看一个优秀的教学目标分析案例：

【来源】《地球的震颤——地震》
【概述】本节课属于北京市义务教育课程改革实验教材《地理》七年级上册，第二章《我们生活的地方—北京市》中第五节——《地震的威

胁》中的一段内容，包括“北京是地震多发区”、“地震的发生”、“防震和抗震”三部分，“北京是地震多发区”包括中国和世界地震带的分布和地震的危害，其中“地震的危害”是重点内容，“防灾减灾”是重点也是难点，要求学生通过教师提供的资料和小组协作学习、探究、讨论，能选择正确的方法在地震前、地震中、地震后保护自己，脱离险境。本节课是在教材的基础上进行深入探讨和拓展。

本节课的设计尽量体现贴近学生生活实际，学习对生活有用的地理的思想。通过学习，达到指导学生生活，万一灾难来临时，学生能够运用所学知识，保证自己的生命安全，把灾害减到最小的程度的目的。

防灾减灾，作为普通的中学生能够做些什么，是我们这节课重点要研究和解决的问题。

【教学目标分析】

1. 知识与技能

（1）举例说明地震的危害，包括直接危害和间接危害；

（2）复述出地震的原因；

（3）能够区分可以避免的地震和无法避免的地震的类型；

（4）举例说明在地震的不同阶段（地震前、地震中、地震后）正确保护自己的方法。

2. 过程与方法

（1）以任务驱动的形式体验“猜测——试验并收集试验数据——分析试验结果”的探究活动过程；

（2）通过阅读文字资料、观看音像资料，思考、探究、协作学习，能够从相关信息中提取有用信息，并对信息进行归纳、条理化；

（3）在小组讨论交流中，能够清楚地表达自己，并能够学会对他人的意见进行评估和借鉴；

（4）当处于地震的不同阶段时，能选择正确的方法保护自己的安全；

（5）在与实际生活紧密相关的问题的探究解决过程中增强对地理学习的兴趣。

3. 情感态度价值观

（1）通过对可避免地震成因的分析，增强对环境、资源的保护意识；

（2）树立正确的防灾减灾意识，培养面对灾难沉着冷静的态度；

（3）树立珍爱生命、关爱生命的态度。

一个好的教学目标至少要满足以下 2 个条件：

（1）从学生的角度来讲，教学目标不应指向教师的教学行为，而应该是以学生的学习结果作为体现的方式。另外，学生的学习结果也要具有一定的层次性，不能过于笼统、含糊。

（2）从教学目标本身的角度来讲，教学目标要力求明确、具体，可以观察和测量。另外，教学目标要体现规范性、科学性、系统性和渐进性，既体现课程目标的要求，又反映当代教育科学和心理科学等的研究成果，各个单元或章节以及整个学科的教学目标之间既自成体系，又前后联系，逐渐递进。

向学生教授正式内容之前，先做好对教学目标的分析吧！

四、教案编写，有章可循

一份以大连理工大学、东北财经大学等 4 所高校大学生为对象的调查问卷显示，超过 65% 的学生认为自己身边的老师不称职，应该变变样。"现在多数老师上课都不准备教案，甚至常常连书都不拿。"在调查中，大三学生小孙颇有代表性地表达了他们的不满，"我经常逃课，就是因为有些课实在太无聊。老师从不备课，上课照着教材低头念，到了考试就画画书，实在学不到真正的知识！"

教师要上好课，真正尽到自己"传道授业解惑"的责任，首先就必须要有充分的准备，认真备好课。而编写教案则是备好课的重要方面。

教案是进行教学的方案，它体现了教学过程的计划性，是贯彻教学大纲，提高教学质量的重要保证。编写教案的过程，是进一步钻研教材、明确教学目的、考虑教学对象、教学内容与方法的过程。它可以使教学内容具有系统性、科学性和针对性。

教案的基本内容一般包括：

1. 课题计划（一篇课文或一章节内容的教学计划）。它包括：

（1）课题名称；

（2）教学目的与要求（包括教学与教育目的达到的要求）；

（3）教学重难点（重点与难点要明确分开写）；

（4）授课类型及方法；

（5）计划课时。

2. 课时计划（根据实际教学需要分课时写出计划，原则上每 2 节或 3 节写一个课时计划）。包括：

（1）教学要点及要求；

（2）教学过程（应包括教学内容，体现教学步骤及方法，实训、实践环节设计等）；

（3）作业布置（应写明页数、题号及要求）；

（4）小结（指上完课后在教与学方面的经验教训及体会等）。

对教案内容的基本要求有：

（1）教学目的明确；

（2）教学内容充实，科学性强，有先进性；

（3）教学重点突出，难点明确，讲述有对策；

（4）教学方法得当，有启发式考虑，有创新思想和创新能力培养的安排；

（5）电子屏幕显示或板书设计得当；

（6）教学进程合理，思路清晰，逻辑性强；

（7）有课后小结。

教案的详略程度没有一定的规定。详细的可接近讲稿，内容周密全面；简单的可以拟成提纲，只要把教学的基本内容、方法和步骤体现出来即可。或详或略，视具体情况而定。

下面我们以北师大版语文第 7 册《钱被风刮跑以后》为例：

钱被风刮跑以后

一、教材分析：

本文是小学语文北师大版第七册第十个主题单元"金钱"的第二篇主体课文。文章主要记叙了二十多年前，在一个北风凛冽的日子里，"我"骑车撞倒一位低头数钱的老大爷，钱掉地并随风四处飞扬，过路行人纷纷抢钱归还主人的故事，赞誉了人与人之间真诚、友爱、互助的好品德和良好风尚。

二、教学目标：

1. 通过各种识字方法，认识本课 4 个生字；利用观察字形的方法，会写本课 5 个生字；在语言环境中，体会理解"迟疑"和"肯定"，"沉重"和"轻松"。

2. 通过自读感悟，理解课文内容，体会本文按事情发展的先后顺序写

的思路，鼓励学生自述。

3. 通过理解过路行人"抢"被北风吹落的钱，并还给生人的故事，帮助学生树立人与人之间应真诚、友爱、互助的良好品质。

三、教学重点：

品读第5、6自然段，引导学生从人物的动作、神态、语言去感悟人物的内心世界，从"迟疑与肯定""沉重与轻松"中体会人间真情互助友爱的可贵和可敬。

四、教学难点：

理解课文中"抢"字加与不加引号的不同意义。

五、教学课时

一课时

六、教学过程：

（一）质疑导入：

1. 板书课题，齐读。

2. 质疑：读了课题你想知道什么？

（"钱"被风刮跑了以后，发生了什么事。）

（二）学习课文

1. 出示课件，检查生字，正音。"趔趄、诧、蹬、续"

2. 自读课文，想想课文主要讲了一件什么事？指名回答，老师指导学生学习练习用较简练的语言概括文章的主要内容。因本文是叙事的，故从引导学生从时间、地点、人物、事件等要素来叙述。

3. 理清条理：钱为什么被风刮跑——钱被风刮跑以后。

4. 自读学习"钱为什么被风刮跑"部分，指名回答用一句话概括说明。"一月二十日，长春，刮着凛烈的北风，'我'骑车撞了一个低头数钱的老大爷，让钱被风刮跑，心情很慌忙。"

5. 指导学习"钱被风刮跑了以后"部分。

（1）过路行人的动作、神态、语言？（"不约而同地向钱飘走的方向跑去，有人还高喊着：'钱跑了！快抢啊！'"；"从四面八方陆续朝老人走来，把'抢'来的钱一一交在他的手里。"——）

（2）老大爷的动作、神态、语言？（"焦急地拍着大腿说：'风刮人还抢，这可怎么得了！'"；"喜出望外，不住地向众人点头。"——）

（3）"我"的动作、神态、语言？（"我沉重的心情一下子变得轻松了。"——）

（4）自己边读边想几个"抢"字，加引号与不加的含义有何异同。（1. 当时风大，必须动作要快，故用"抢"；2. 这种行为目的是为了老大爷追回钱，它实际是帮助性质的。）

（5）品读 5、6 自然段，通过体会"迟疑"与"肯定"，"沉重"与"轻松"的含义，感悟老大爷和我的心情变化。

6. 再读课文，整体感悟。

7. 鼓励学生按事情发展顺序讲述在风中发生的事。

8. 结合课后习题，感悟文章内容。

课文叙述了二十多年前一件真实的事，谈谈你读后的想法。

（三）作业："假如这件事发生在今天人们会怎么做，说出理由。"

（四）板书：

过路行人："抢"——〉"还"

钱被风刮跑以后　老大爷："迟疑"——〉"肯定"　人与人互助互爱

"我"："沉重"——〉"轻松"

七、教学后记：（略）

　　教案是教师对所要讲的一节（或一次）课设计的教学方案，或理解为教师为所要讲的一节（或一次）课的指导思想和具体的课堂进程写的教学案卷。其目的是使教师在上课前对所要讲的课有一个总体的和具体的规划，以保证课堂教学的质量达到规定的要求。教案的作者和读者都是自己，它除有督促教师制定一个讲课计划外，也可为教师在讲课的现场参阅起提示作用。

五、注意你的仪表

　　一份调查统计显示：受学生喜欢的教师在仪表方面一般都是穿着得体，举止文雅，朴素大方，有风度，有气质；而不受学生喜欢的教师则往往不注意修饰，邋遢，服饰装扮夸张不得体，举止粗俗，缺少修养。教师的仪表已经成了影响他们在学生心目中形象的因素之一。黑格尔也曾说："教师是孩子心中最完美的偶像。"

　　教师要想上好课，知识上的准备是必须的，除此之外，在个人仪表方面也不可忽视。那么，教师该如何注意自己的仪表呢？

1. 具有美感和职业感

学生每天有三分之一以上的时间在学校与各位老师相处，他们好奇地对每位老师进行观察，自觉不自觉地向老师学习。一个班主任带一个班多年后，会发现不少学生说话、风度等与自己有惊人的相似之处。因此教师应该向学生展现自己的美，以提高学生的审美趣味和审美能力。同时，教师的仪表也要与教育教学的情调相适应，既为人师表，又为学生营造宽松和谐的学习氛围。

2. 服饰仪容须朴实得体、整洁高雅

试想：一个手指上套满闪闪发光的戒指，耳朵上挂着长长的耳环，穿着奇装异服，裸露着大腿和胸脯的人，能教育学生们树立正确的人生观吗？教师作为文化和教养的化身，其服饰仪容必须体现出文明和教养，起到楷模和示范作用。在这方面，蔡元培先生为我们作出了良好的表率：每次去学校给学生讲话或上课，他必定要换上洗得十分服帖整洁的衣服，把每一粒纽扣扣上后，还要对着穿衣镜仔细整理。进入讲演厅或教室前，他也要习惯性地整整衣冠，然后从从容容地登上讲台。前苏联教育家马卡连柯要求教育机关中的教师和其他工作人员：必须衣着整洁，头发和胡须都要弄得像样，鞋袜洁净，双手清洁，修好指甲和经常备有手帕。他甚至指出：一个人从口袋里掏出了揉皱的手帕，就没有资格做教师。

3. 言谈举止要谦逊文雅、稳重端庄

教师在课堂上要发言准确，吐字清晰，措词精当，语法正确，无论遣词造句还是判断推理，都要选择最能表达所要讲授内容的言语。切忌语言隐晦、艰涩，转弯抹角，模棱两可。

另外，教师的语言还要求文雅。无论在课堂上还是在课外场合，都要做到文质彬彬，音调适中。要讲事实，摆道理，不强词夺理，哗众取宠。切忌粗言秽语，野话脏话。马卡连柯说："我们要善于这样说话，使孩子们在我们的话里能感受到我们的意志，我们的修养和我们的个性。"

一名优秀的教师，在生活中也许很平庸，但在讲台上一定是光彩照人的。如果一个教师行为轻狭不羁，松松散散，举止无度，不拘小节，则会极大地损坏自身形象，导致学生反感。

4. 态度行为应亲切和蔼、热情大方

捷克教育家夸美纽斯指出："孩子们求学的欲望是由教师激发起来的，假如他们是温和的、是循循善诱的，不是用粗鲁的办法去使学生疏远他们，而是用仁慈的感情与言语去吸引学生；假如他们和善地对待他

们的学生，他们就容易得到学生的好感，学生就宁愿进学校而不愿留在家里。"为此，教师要像父母那样亲切地关怀每一个学生，不仅要关心他们的学习，还要关心他们的生活、爱好、兴趣等方面的情况。要认真处理好学生之间产生的矛盾，不能因关系亲疏远近、家庭差异而偏袒一方。

作为教师，要力求做到仪表整洁、举止安详、表情愉快、风度文雅，在社会伦理道德所统辖的风俗、习惯、礼仪、时尚和社会生活所涉及的规章、制度、纪律及守则等各方面成为学生的典范。

六、调整好情绪进课堂

有一位台湾的同学至今仍对他国中的导师"耿耿于怀"：他国中三年都是同一个导师，在一、二年级的时候，导师和班上同学的相处还算愉快，同学对导师所负责教授的数学吸收的程度也不错，全班平均成绩都能维持在不错的七十分左右。然而，三年级的时候，由于导师怀孕了，脾气变得喜怒无常，常常将自己的情绪发泄在学生身上，造成全班的同学团结起来对抗导师的情况。而由于同学们根本就不想听老师说话，导致全班的数学平均成绩也降到不及格以下。这位老师可能是由于怀孕的生理因素，导致自己情绪的不稳定，但是她没有办法好好管理自己的情绪，不但影响了她自己的私人生活，也影响到学生的心情与学习成果。

现代心理学的研究已证明：愉快、欢乐、适度平稳的情绪能使中枢神经活动处于最佳状态，保证体内各系统的协调一致，充分发挥机体的潜能。因此，一堂好课，教师的心情必然是良好的，教师精神焕发地走上讲台，以精炼简洁的语言、生动形象的比喻、丰富切实的例证、工整适量的板书讲授课堂内容，学生则能聚精会神地聆听教师讲课，开动脑筋认真思考、踊跃发言、大胆回答问题。

教师的任何情绪，都会严重影响自己对知识的讲解和学生对知识的领悟，大大降低课堂教学效果。那么是什么原因使教师情绪不佳呢？分析起来有三种原因：

（1）身体状况会影响情绪。比如一个教师患有某种疾病，或长期的身体虚弱，或休息不好，还有女教师的生理周期等，都会对其情绪产生不良影响。

（2）一个人一天的情绪是不断变化的，人生活于社会之中，其情绪往

往会受一些社会客观因素的影响，如生活、工作中遇到困难，遭受挫折；领导对待自己不公平；同事或夫妻间闹矛盾；工资待遇、住房、职称评定没能满足要求等都会造成情绪不佳。

（3）教师的情绪有时还会受到学生的影响，比如一个教师本来情绪不错，若当他走进教室发现学生乱成一团，满屋狼藉或者黑板没擦时，很好的心情就有可能一落千丈；讲课过程中若有些学生调皮捣蛋，不认真听讲，或者学生死气沉沉等，教师的情绪也会受到不良影响。

针对导致情绪不佳的这些因素，教师在课前应从以下几个方面入手去进行调整：

（1）加强锻炼，强身健体。拥有一个健康的身体就是具备良好情绪的前提。俗话说"身体是革命的本钱"虚弱多病的身体不仅会使自己的情绪不佳，而且还会使干任何工作都感到力不从心。因此，为了能搞好教学工作，在工作之余，应力争抽出时间加强体育锻炼，练就一个健康的身体。

（2）修身养性，泰然处事。社会是复杂的，不尽如人意的事随时都有可能遇到。有些人在失意面前悲观、懊悔，而有些人却能够处理得当，泰然处之。关键还是看一个人在主观上如何看待这些问题。如果我们能够在遇到困难时坚韧不拔、对待他人宽厚仁慈、对待名利不斤斤计较、对待挫折不悲观丧气，那么我们在工作中就能时常保持乐观向上的情绪。当然，要做到性格开朗，泰然处事，决非一朝一夕之功。但只要我们平时注意加强心理素质的培养，增强心理承受能力和行为的控制能力，努力克服自己性格上的弱点，凡事都能想开一点，就一定可以做到乐观向上，泰然处事。

（3）发现问题，适时调整。如何才能不把不好的情绪带进课堂，是教师必须认真对待的问题。一般情况下教师对自己的不佳情绪是能够体会到的，我们一旦发现自己的情绪不佳，就应适时地加以调整，不要让其再继续下去。当课前发现自己的情绪不佳时，可以采取静静地坐一会儿，想想一些开心的事等方式转移一下自己的注意力，同时也放松一下自己，消除疲劳，保持精神饱满。另外也要做好课前的一切准备工作，包括备好课，熟悉教案，对教学全过程做到成竹在胸，避免课堂上出现焦虑。

总之，在课堂教学中，教师只有保持最佳的情绪状态，才能充分发挥自己的教学水平，保持良好和谐的课堂气氛，才会有教学的高效率、高质量。

创建良好的课堂环境

良好的课堂环境可以让学生在课堂上全身心地投入其中，并且从中感受到学习的乐趣。教师的任务就是要努力创建这样一个积极的环境，营造一种良好的学习氛围，让学生在课堂上都有归属感，增强上课的积极性。

一、营造和谐的学习氛围

列宁曾经说过："没有人的情感，不可能，根本不可能实现对真理的执著追求。"教学是师生之间情感与知识的双边交流，只有创造一个宽松和谐的氛围，才能使课程活泼有趣，充满生机，才能激发起学生的学习热情，使学生在课堂中充分发挥主体地位，积极投入到学习之中。

那么，作为教师，如何才能为学生创设一个和谐的学习氛围呢？

1. 善于倾听

教师要善于倾听学生。倾听是一种容纳与尊重。会积极倾听的教师能够将自己全部的注意力都放在学生身上，给予对方最大的、无条件的、真诚的关注，能够用一些恰当的暗示来表达对学生的共鸣和关心。比如点头、身子往前倾、微笑等动作，让学生知道你真心地在听；口头的暗示如"喔"、"是的"、"我懂了"等也能让学生知道你的注意和兴趣。

2. 允许学生插话

学生在做课堂作业时，经常有人站起来发表自己的见解："老师，今天学的'照'这个字，我有个好办法能够记住它。""老师，我还有更好的办法能把铁牛捞起来。""老师，我认为今天学的课文中有个词用得不够准确，我可以给它换个更好的词。""老师……"课堂上经常会有这样的"发现"出现。

学生插话是一种特殊的提问或发现，当学生不由自主地插话的时候，正是他主体意识觉醒，积极思维探究，发现新知识，产生问题的时候。教师要鼓励学生敢于插话，勇于质疑问难。无论是课中还是课后，学生都可以提出自己的疑问，提出自己独特的见解。

3. 让学生动手、动脑

学生在动手的基础上动脑，就一定能促成主观能动意识，培养出创新意

识。经过动手操作，让学生学到了知识，发展了能力，不仅没有把学生捆死在一个模式里，而且充分发挥了他们的想象力，培养了创新意识。

下面是一位老师讲解《游园不值》的案例：

这首古诗配有一幅"一枝红杏出墙来"的彩色插图。在学生了解诗意后，我让他们根据诗句"春色满园关不住，一枝红杏出墙来"，结合插图，充分想象：在作者没有看到的花园里，春天的景色是什么样子的？然后根据自己的想象分小组画出作者没有看到的"满园春色"，并用幻灯打出来，再根据自己画的"满园春色"，向全班同学解说图上画的内容。学生们兴趣盎然，充分发挥各自的特长，能想的想，能画的画，能说的说，课堂气氛非常活跃。通过这一活动，每位学生参与学习的积极性和主动性都得到了充分调动，学生的想象能力、绘画能力和口头表达能力也得到了培养。

4. 让学生感到被重视

学生还需要在课堂上感到自己被重视。学生一旦认为自己在课堂上是无关紧要的，他们就会放弃或失去参与竞争和取得进步的动力。如课堂上的提问，老师大多是选择学习较好的同学回答问题，而且会一节课回答好几次，这势必就严重影响其他同学的自信心和学习积极性。又如教师要读准学生的名字。现在有些学生的名字可能是一些生僻字，这需要教师在课下做好准备。教师能够尽最大的力量认识每一位同学，能在课上准确地叫出每一个人的名字，这最好不过。这一点不仅体现了教师对学生的尊重，而且会让学生觉得自己被尊重。

5. 用体态语表达鼓励、赞许

合适的体态语，可以增进学生的信心。教师在课堂上要面带微笑，对每一个学生都要表现出关注、欣赏的表情，要用眼神表现自己对学生的鼓励赞赏，避免经常皱眉头或板着脸。

6. 消除学生在课堂上的"恐惧感"

学生的身体和精神的承受力是有限的，如果他们在恐惧感中生活太长时间，就很容易焦虑、沮丧、无助，失去对教师的信任。一些学生会选择退学来逃避恐惧，另一些学生则可能变得仇视一切。当学生带着敌意的目光看待周围的环境时，就容易讨厌班级、讨厌教师、讨厌同学。这会降低学生充分实现自我的能力。

因此，在课堂环境中，教师有责任建立一种安全的、彼此接纳的情感氛围，教师要非常了解学生，并且敏感地察觉到学生的个人需要，透过友好而

公平的方式促进课堂的健康氛围，帮助每个同学树立合理的奋斗目标。

二、让学生在课堂上找到归属感

作为教师，面对的学生难免良莠不齐。平时在课堂上我们往往把太多的注意力和赞美之词都放在了那些优等生身上，仿佛只有他们才是这个班级的成员，而忽视了那些所谓的"后进生"，以至于他们成了被"遗忘"的群体，在班级里找不到归属感，当然也就更别提认真学习了。

后进生是一个非常庞大的群体，也是每位教师所必须要面对的。对于后进生的转化工作。也是不可缺少的教育内容之一，因此要正确对待他们，尊重他们的个性和人格，做到因材施教，以求得学生的全面发展。

请看下面这个案例：

小胡，男，入学考试成绩是全班最差的，语文成绩是个位数。通过与他小学老师、同学的联系，了解到他对学习相当厌倦，作业经常不做。但对电脑游戏十分入迷，玩游戏达到出神入化的地步。老师批评他，他会与老师顶撞，同学都看不惯他。小学老师对他的总结性评语是：这是一个双差生。

升入我班一段时间后，我发现小胡不大融入到班级中，下课大部分是与两三个行为习惯、学习成绩不是很好的同学在一起讲什么，每次看到我总是神色慌张地分开。这引起了我的注意。通过与那些学生的交谈，我了解到小胡经常与他们谈论电脑游戏的事情，并多次与同学买卖游戏号。我对这些学生分别进行了批评教育，他们也向我保证以后不玩游戏，也不谈论游戏的事情了。我又多次教育小胡，要求他告别游戏，专注于学习。每次小胡都表示：要痛下决心，戒除游戏瘾。可是，同学反映上来小胡依然每天玩游戏到深夜，成绩也毫无起色。有一次，我看到小胡快速走到一个正在擦黑板的学生身旁说了一句什么话走开了。看着那位学生愕然的神情，我问他小胡对他说什么了，他告诉我小胡说了一句游戏术语，不知他什么意思。看来，小胡对游戏的入迷程度远非我几次谈话就能抵消的，对他我该怎样开展教育工作呢？

不久，为了响应"建设节约型社会"的号召，学校要求每班设一个"节能管理员"，对班级的用电、用水等进行管理。我马上想到了小胡，让他当节能管理员，每节下课对班级的用水、用电进行检查，既能分散他对游戏的注意力，又为班级节约了能源，是两全其美的事情。这样，我先与

小胡说了我的决定，并与他约定：节能工作做得好，给他加德育考核分；做得不好，要撤销他的管理员资格。随后，我在班级中公布了我的决定，并说："我相信小胡一定能胜任这个工作，并得到加分。"这以后的每节下课，小胡总在第一时间检查班级的电灯、吊扇有否关掉，饮水机有否漏水。开始几天，有忘记的，我提醒了他，以后他忘记的次数越来越少。我在班级中隆重表扬了小胡的工作，并把它提高到有集体主义的高度。全班同学第一次向他投去了赞许的目光，小胡红着脸低下了头。以后，小胡对班级的其他事情也变得热心起来，我又看到他与越来越多的同学开始了较正常的交往。我了解到他有时还会在家玩游戏，但在学校里他不再谈论。他的这些转变让我欣喜，我对他的教育充满了信心。

马斯洛的需要层次论告诉我们：人的需要从低级到高级依次是生理的需要、安全的需要、社交的需要、自尊的需要和自我实现的需要，只有低级的需要得到满足之后才会向高级的需要过渡。生活中有些后进生之所以表现出后进的行为，没有自我实现的需要，与某些较低级的需要没有得到满足有关。在上面的这个案例中，这位老师正是通过让小胡担任"节能管理员"，让他融入集体，有归属感，从而满足他归属与爱的需要，之后再设法把他引向更高层次的需要。

卢梭在《爱弥儿》一书中有一句名言："教育必须从了解人心入手。"只有了解人，才能教育人。对后进生的转变工作也同样如此。"每个人都有一颗成为好人的心。"只要教师们都以满腔爱心去关心、信任并帮助他们，积极维护他们的人格与自尊，发现他们的闪光点，给他们改过自新的勇气，后进生是完全可以转化的。一旦他们在课堂上找到了归属感，还有什么能阻止他们认真听你讲课呢？

三、增强课程的趣味性

兴趣是点燃智慧的火花，是克服困难的一种内在的心理因素，是学习知识的动力。学生对他所学的东西一旦有了兴趣，就会不知疲倦，越学越爱学。而现在不少老师在课堂上都是照本宣科，教学设计僵化、死板，教学内容枯燥，根本不能引起学生学习的兴趣。对于学生来说，这样的课堂会使他们失去兴趣，厌烦学习，甚至放弃这门功课。

美国教育学家布鲁纳说过："学习的最好动力是对学习材料的兴趣。"因此，能否激发学生学习的积极性，最大限度地调动学生学习的主动性，

除了要考虑其他诸多因素外，教师还必须对施教的材料或引入或加工，将趣味性融于知识之中，使学习变得轻松、愉快、有趣。

那么，教师如何才能增强课堂的趣味性呢？

1. 让学生亲自动手

学生对于自己动手参与的东西，尤其感兴趣，他们总喜欢在课堂上"做些小动作"。一位初一英语老师在上完教材第八单元《颜色》后，就给学生上了一节"美术课"。在课上她先要求学生把他们所带的颜料的各种颜色用英语说一说，并且同桌互相操练：What colour is it? It's…. 然后再由老师带领大家做一个游戏：Guess? What colour is it? 通过猜一猜的游戏方式继续复习颜色类的单词。等所有的单词都复习完了之后，让学生取出调色盘，并且出示卡片：red + yellow = ? 通过学生自己进行调色得出答案 orange 来。接着采用同样的方法让学生通过调色来得出答案：

red + whire = ?   yellow + ? = green   ? + ? = purple

? + red = brown?   ? = grey + ??   + ? = black

当然除了老师规定要调的颜色之外，她还让学生自己模仿老师进行调色，然后出题提问大家。这样一节课下来，每一个学生都对这些颜色类的单词留下深刻的印象，不仅复习了已学的单词，而且在学生自己调色的过程中还掌握了一些其他颜色的单词，大大扩充了他们的词汇量。

2. 故事表演

学生对有趣的事情总是怀有强烈的好奇心，而模仿和表演是人的天性。因此，在课堂教学中适当的加入故事表演会大大增强课程的趣味性。

下面是一位教师在上《美丽的小路》一课时的案例：

学生自由读课文，分小节抽读课文。

师：美丽的小路是怎样的？为什么不见呢？课文哪几小节讲了这些内容？

自己读读课文 1~8 小节，然后四人小组自己分角色表演一下。

（教室里顿时活跃起来。）

四人小组中学生一人读课文，一人演兔姑娘，一人演鹿先生，一人演鸭先生。

师：哪个小组愿意上来演一演？

教师抽了一个小组，给每个角色戴上头饰。

师：（有些不满意）他们演得好不好？

学生纷纷表示不太满意。

师：哪个组能演得更好？

（学生更加踊跃了。）

通过当堂表演，学生们参与课堂的积极性都得到了极大的提高。

3. 运用多媒体

如果在教学中能运用电视、投影、录音、电影录像剪辑、微机等多媒体手段，由无声变有声，由无色变有色，刺激学生的听觉、视觉，能给学生生动形象的感性认识，使学生有身临其境之感，这对于激发学生的学习兴趣，促使积极思维，会产生积极的作用。一位老师在讲《美国的霸权政策》时，为了凸显"美国侵朝"这个文中内容少、故事情节不多的重点，巧妙地利用电教设备播放了影视《朝鲜战争》的片段，配以幻灯《朝鲜战争形势图》，让其声色交融，图文并茂，变静为动，化抽象为具体。以其动态性、故事性、形象性、直观性刺激学生的感官、思维，既让学生感到"身临其境"，激发了学习兴趣，又使学生在学习中认识到侵朝战争是美国霸权主义政策在亚洲的具体体现，是当代战争的根源。

4. 有趣的设问

在教学过程中，教师如果想办法把一些较为枯燥的文字变成有趣的提问，会大大激发学生的求知欲。例如：鸦片战争前中国是一个版图辽阔的国家，鸦片战争后中国版图渐渐变小。有位老师在讲授俄国侵占我国领土的过程时，在自学提纲中设置了这样的问题：我国如何由一个胖胖的大猪变成一个雄鸡的，同学们，请找出是何人操刀、怎样宰割的？这样的问题大大地增强了学生的兴趣，同时也活跃了课堂气氛。

以上所讲只是诸多方法里的几种，具体如何做还需要大家在实践中发挥聪明才智，自己去构思、设计。针对不同的教学内容，采用不同的教学方式，使课堂呈现出丰富有趣的氛围，调动学生的情绪，充分发挥学生的学习自主性，提高课堂效率。

四、肯定你的学生

有两个 7 岁的男孩，一个叫布鲁斯，一个叫大卫。他们都有一个非常爱他们的妈妈。他们以完全不同的形式开始每天的生活。

布鲁斯每天早晨醒来第一件事，就是听到"起床，布鲁斯！你上学又要迟到了。"

布鲁斯起床后，自己穿好衣服（没穿鞋），进来吃早饭。

妈妈说："你的鞋呢？难道你要光着脚去上学吗？……看你穿的是什么！蓝毛衣配绿 T 恤太难看了……布鲁斯，亲爱的，你的短裤是怎么搞的？怎么撕开了？吃完早饭你去换了，我的孩子不能穿破裤子去上学……倒果汁要小心，别撒得到处都是！"

布鲁斯把果汁倒撒了。

妈妈很生气，边拿来抹布收拾，边说："真拿你没办法。"

布鲁斯嘴里叨叨着什么。

"说什么呢？"妈妈问，"你还叨叨？"

布鲁斯安静地吃完早饭，换上裤子，穿上鞋，收拾好书包，准备去学校。妈妈把他叫住："布鲁斯，又忘拿午饭了。我看脑袋要不是长在你脖子上，你也会忘的。"

布鲁斯拿上午饭，又准备出门，妈妈提醒他："今天在学校表现好点！"

大卫住在马路对面。他每天早晨醒来听到的第一句话是"7 点了，大卫。你想现在起床，还是 5 分钟以后？"大卫翻个身，打了个哈欠，"5 分钟以后。"

接着，他穿好衣服准备过来吃早饭，但还没穿鞋。妈妈说："嗨，你已经穿好了，就剩下鞋没穿了……哦，短裤接缝这里有个洞，快开边了，你是站着我来缝呢，还是脱下来？"大卫想了一下，说："我吃完早饭再换。"然后坐下，开始喝果汁，撒了一些。

"擦桌子的布在水池边上。"妈妈边准备午饭边对大卫说。大卫拿来布擦掉果汁。他吃早饭的时候和妈妈聊了一会儿。吃完了，他换下短裤，穿上鞋，收拾好书包，准备去学校。没带午饭。

妈妈叫住他，"大卫，午饭！"

他跑回来拿午饭，谢过妈妈。妈妈把午饭递给他。说："再见！"

布鲁斯和大卫在同一个班。老师在班上对同学说："孩子们，你们已经知道了，我们下周有哥伦布发现美洲纪念日的演出。我们需要一个志愿者，画一个欢迎横幅挂在教室门口。还需要另外的志愿者在演出结束后，给客人倒柠檬水。最后，我们需要有人去三年级其他班，简单介绍我们的演出活动，邀请他们来观看，告诉他们时间、地点。"

有的孩子很快就举起手来，有的试探性地也举手，也有同学没举手。

故事就到这儿，我们就知道这些。后来发生什么了，大家只能猜。花

点时间想想下面的问题，问问自己：

（1）大卫会举手当志愿者吗？

（2）布鲁斯会吗？

（3）孩子对自己的看法以及他们愿不愿意接受挑战或冒险有什么关系？

（4）孩子对自己的看法以及他们为自己设定什么样的目标又有什么关系？

现在你已经搞清楚自己的想法了。有的孩子想摆脱在家里受到的轻视，愿意在外面世界里接受挑战。也有的孩子在家里受到关注，但仍然怀疑自己的能力，害怕挑战。不管怎么说，在家里得到赞赏的孩子，比起那些得不到赞赏的孩子，他们的自我感觉会更好，更乐于接受生活的挑战，也更愿意为自己设立较高的目标。

赞赏和肯定孩子，会让孩子越来越了解和认可他们的能力。伟大的教育家陶行知先生说过："你的教鞭下有瓦特，你的冷眼中有牛顿，你的讥笑中有爱迪生。"作为老师，应该尊重每一位学生，认可每一位学生。这不仅仅是一个个出自肺腑的赞词，一串串激人上进的心语，也不只是学生成功时会心的微笑，频频的颔首和惊喜的目光。它更应该是教师在学生失败时期待的眼神，挫折时劝勉的良言和犯错时宽容的暖语等等。

哲学家詹姆士精辟地指出："人类本质中最殷切的要求是渴望被肯定。"热情、向上的学生更是如此。教师的肯定是阳光、空气和水，是学生成长不可缺少的养料；教师的肯定是一座桥，能沟通教师与学生的心灵之河；教师的肯定是一种无形的催化剂，能增强学生的自尊、自信、自强；教师的肯定也是实现以人为本的有效途径之一。教师的肯定越多，学生就越显得活泼可爱，学习的劲头就越足。

张弛有度，把握课堂节奏

课堂教学是一门艺术，有其本身特有的节奏。一堂成功的授课，有开端、发展、高潮和结尾等基本步骤。教师从课堂的导入到课程内容的展开，以及结尾的延伸与拓展，要做到运筹在先，成竹在胸，使整节课堂张弛得当，动静适宜，高效有序。这样既减轻学生学习的枯燥乏味，又可提高课堂效率，最重要的是保持了学生的学习兴趣和继续学习的愿望。

一、做好课堂导入

德国教育家阿道尔夫·第斯多惠说过："教学的艺术不在于传授本领，而在于激励，唤醒，鼓舞。"理想的导入是教师经验、学识、智慧和创造的结晶。它就像一把钥匙，开启学生的心扉，营造愉悦的学习氛围，诱发学生的求知欲望和学习兴趣。导入做得好不好，对后面的教学影响很大。

导入的方法很多，下面我们就向大家介绍其中的几种。

1. 直接导入法

直接导入法是最简单和最常用的一种导入方法。它要求教师在上课开始时直接阐明学习目标和要求，以及本节课的教学内容和教学安排，通过简短的语言叙述、设问等引起学生的关注，使学生迅速地进入学习情境。

请看一位老师在讲小学语文第十二册《草原》一课第二课时的导入案例：

师："同学们，上节课我们跟随老舍爷爷访问了内蒙古大草原，那一碧千里、翠色欲流的草原风光是那样令人神往。天涯碧草，美如画卷，已经深深地印在了我们心中。这节课，我们将继续围绕诗句'蒙汉情深何忍别，天涯碧草话斜阳'，去着重体会动态描写，感受蒙汉情深。"

开门见山，直接点题的直接导入，可以使学生迅速进入主题，节省教学时间。

2. 故事导入法

故事导入法是指教师利用学生爱听故事、爱听趣闻轶事的心理，通过讲

述与教学内容有关的故事、寓言、传说等，激发学生兴趣，启迪学生思维，创造情境引出新课，使学生自觉进行新知识学习的一种导入方法。

请看下面的案例：

教师：同学们，你们听说过用手抓飞行中子弹的事吗？

同学们神色惊讶，表示不可思议。

学生：子弹飞得那么快，能用手抓住吗？

教师：第一次世界大战期间，一名法国飞行员，在 2000 米高空飞行时，感觉到有一个小虫似的东西在身边蠕动，伸手一抓，大吃一惊，原来抓到的竟是一颗德国制造的子弹。

同学们个个十分惊疑。

教师：我们今天学的课题"运动和静止"就要探讨这个问题。

采用故事导入时，教师要注意导入的效果不仅与故事本身的趣味性有关，还与讲故事的方式有关。

3. 问题导入法

问题导入法是指教师通过提出富有挑战性的问题使学生产生疑虑，引起学生的联想、思考，从而产生学习和探究欲望的一种导入方法。

请看一位中学物理老师的导入案例：

教师：同学们，咱们班最近参加了拔河比赛，你们说，拔河，从拉绳来看，赢方一端的拉力大，还是输方一端的拉力大？

学生们先是一愣，接着争先恐后地回答：赢方一端的拉力大！

教师：不对！拉绳上两端的拉力一样大！

学生：为什么？为什么？

同学们睁大眼睛惊奇地问道。

教师：因为牛顿第三定律告诉我们：作用力和反作用力相等，今天我们就要来学习这一定律。

问题导入的形式多种多样，可以由教师提问，也可以由学生提问；可以单刀直入，直接提出问题，也可以从侧面提问设置悬疑；可以由直接问句形式来呈现，也可以由"谜语"等形式来呈现。

4. 悬念导入法

悬念导入法是指教师在教学中，创设带有悬念性的问题，给学生造成

一种神秘感，从而激起学生的好奇心和求知欲的一种导入方法。悬念或展示矛盾，或使人困惑，要出乎学生意料，造成学生心理上的焦虑、渴望和兴奋，想尽快知道究竟。

下面是一位语文教师在教李白的《赠汪伦》这首诗时的一个案例：

教师："李白是我国唐代的大诗人，可是他上过一次当，受过一次骗。"

（悬念已成。）

学生："上的什么当？他还会受骗吗？"

教师："这个骗他上当的就是汪伦。"

（同学们面面相觑，悬念更悬。）

教师："汪伦是安徽泾县的一位隐者，他非常喜欢李白的诗，崇拜李白的为人，知道李白爱饮酒，'李白斗酒诗百篇'，还了解李白'三山五岳寻芳遍，一生爱把名山游'，于是写信给李白，信中说：'先生好游乎，此地有千里桃花。先生好酒乎，此地有万家酒店'。"

（教师将"桃花"和"万"字写在黑板上。）

教师："李白和汪伦素不相识，接信后，连忙赶到汪伦那里，汪伦解释道：'桃花者，潭水名也，并没有桃花；万家者，店主人姓万，并没有一万家酒店'。"

（教师在黑板上"桃花"后加一"潭"字，在"万"前加一"姓"字。）

教师："后来，李白与汪伦谈论得很投机，李白离开时，汪伦送了马和布，还同村里人一同送行，李白很受感动，就写了这首诗。诗末说：'桃花潭水深千尺，不及汪伦送我情'。李白要是不上当，就没有这首好诗了。"

（学生们听得津津有味，故事听懂了，诗也记得了。）

利用悬念激发学生的好奇心，引发思考，启迪思维，往往能收到事半功倍的效果。但创设悬念要恰当适度，应结合教学内容及学生的心理承受能力而设置，不可偏离了教学方向。

课堂导入的方法还有很多，这里就不一一列举了。具体应用哪种方法，还需要教师在实践中不断地反思、总结。

二、合理的课堂提问

全国著名特级教师于漪曾经讲过这样一件事情：她在讲《七根火柴》一文时，对无名战士临终前把火柴交给卢进勇这个细节描写，进行过三次教学设计。第一次设计时准备提问学生的问题是"这里运用了什么描写方法？"可是一想到无名战士伟大而崇高的思想境界，这个提问显得是多么苍白无力，于是又改成"无名战士说了哪些话？表现了他怎样的思想境界？"尽管这个问题也可以把学生的思维引向深入，但是这还是只是从问题的表面出发，学生不会从中受到震撼。于是于漪老师又进行了第三次设计，将问题改为："无名战士留给人间最后一个动作是什么？留给人间最后一句话是什么？你从中感受到了无名战士怎样的情怀？"当这个问题提出来以后，学生们争先恐后积极发言，不仅使学生的思维活动得到了有效的训练，还使学生受到了强烈的革命英雄主义教育，收到了非常好的教学效果。

课堂提问可以激发学生的学习兴趣，帮助学生复习巩固所学的知识和技能，给学生提供一个发表看法和沟通、交流的机会，培养学生的思维能力和表达能力。同时，课堂提问还可以活跃课堂气氛，促进师生之间的情感交流，吸引学生的注意，有助于课堂教学活动的顺利进行。合理的课堂提问，是教师上好课的催化剂。

课堂提问的方法主要有以下几种：

1. 知识性提问

知识性提问是考查学生概念、字、词、公式、法则等基础知识记忆情况的提问方式，是一种最简单的提问。在知识性提问中，教师通常使用的关键词：谁、是什么、在哪里、什么时候、有哪些、写出等。

如：

矩形的面积公式是什么？

请大家一起背诵《赠汪伦》：李白乘舟将欲行，忽闻岸上踏歌声。桃花潭水深千尺，不及汪伦送我情。

2. 理解性提问

理解性提问是用来检查学生对已学的知识及技能的理解和掌握情况的提问方式，多用于某个概念、原理讲解之后，或学期课程结束之后。理解性提问是较高级的提问。在理解性提问中，教师经常使用的关键词是：请

你用自己的话叙述、阐述、比较、对照、解释等。

例如：

你能说出水污染对人类的生存有什么影响吗？

用自己的话阐述《小桔灯》这篇课文的中心思想。

你能说明两次国共合作的历史背景有什么不同吗？

3. 应用性提问

应用性提问是检查学生把所学概念、规则和原理等知识应用于新的问题情境中解决问题的能力水平的提问方式。在应用性提问中，教师经常使用的关键词是：应用、运用、分类、分辩、选择、举例等。

请看下面的例子：

运用所学的历史知识分析陈胜、吴广农民起义的起因。

用千分尺测量一根金属丝的直径。

运用所学过的面积公式，计算你家里的面积。

4. 分析性提问

分析性提问是要求学生通过分析知识结构因素，弄清概念之间的关系或者事件的前因后果，最后得出结论的提问方式。在分析性提问中，教师经常使用的关键词是：为什么、哪些因素、什么原理、什么关系、得出结论、论证、证明、分析等。

例如：

我国当前为什么要采取公有制为主体，多种所有制并存的经济制度？

为什么坏血病曾一度是海员的常见病？

《詹天佑》一文讲解后，设计这样一个问题：本文写詹天佑修筑京张铁路的事迹，表现了他是一个爱国工程师，为什么却用很大篇幅写帝国主义的阻挠和自然条件的恶劣，这与文章表现的主题有什么关系？

5. 综合性提问

综合性提问是要求学生发现知识之间的内在联系，并在此基础上使学生把教材内容的概念、规则等重新组合的提问方式。这种提问可以激发学生的想象力和创造力。在综合性提问中，教师经常使用的关键词是：预见、创作、假如……会……、如果……会……、结合……谈……、根据……你能想出……的解决方法、总结等。

假如《项链》中的玛蒂尔德没有把项链弄丢，你推测舞会后她的生活会发生变化吗？会有什么变化？

假如地球上的森林被砍伐光了，地球会发生什么变化？

你能预测一下，地磁极突然颠倒会有什么情况发生吗？

6. 评价性提问

评价性提问是一种要求学生运用准则和标准对观念、作品、方法、资料等作出价值判断，或者进行比较和选择的一种提问方式。它要求学生能提出个人的见解，形成自己的价值观，是最高水平的提问。在评价性提问中，教师经常使用的关键词是：判断、评价、证明、你对……有什么看法等。

请看下例：

通过《项链》这篇文章，你怎样看待法国各阶层人民的生活？

你怎样看待少女贞德的牺牲精神？

你是赞成这个结论还是反对这个结论？原因是什么？

课堂提问是优化课堂教学的必要手段之一，也是教师教学艺术的重要组成部分。恰如其分的提问不但可以活跃课堂气氛，了解学生掌握知识情况，而且可以诱发学生思考，开发学生智能，达到培养学生综合素质的目的。教师要想上好课，合理的课堂提问就是必须具备的一项技能。

三、注意教学过渡

要想提高教学效果，教师不仅要保证整个教学活动的节奏跌宕起伏，错落有致，而且要注重各个教学环节之间有机关联，互相贯通，层层推进。而这就需要教师掌握课程过渡的技巧。

教学过渡一般有 3 项基本要求：过渡要自然，过渡要能引发思考，过渡要因情而异。下面我们就来介绍几种常见的过渡方法。

1. 分析法

这种方式是指将众多的内容及问题进行必要的分析、精简、归纳、总结、梳理，以导出重点要讲的问题，进而使课堂教学的目的任务更为明确。

如有的教师在讲《邓小平理论简明教程》中的"解放思想、实事求是是邓小平理论的精髓"时，首先从邓小平理论产生和形成的思想基础分析，其次从邓小平理论的形成发展的历史起点和逻辑起点分析，再次从邓小平理论发展的内在机制进行分析，最后，进行分析归纳过渡："现在我们把这些问题归纳成一个：那就是为什么邓小平始终把重新确立和坚持解放思想、实事求是的思想路线摆在最重要地位的原因，也是为什么人们把

解放思想、实事求是看作邓小平理论的精髓的原因。下面我们详细学习这个问题。"

这样的课堂过渡语常常会起到纲举目张的作用，承上启下，自然地带出课堂教学的下一个环节。

2. 演绎法

演绎法是用于前后环节的教学内容在逻辑上是推论关系的衔接方法。使用该法进行过渡，首先，要复习前一个环节所得出的一般性结论或定律，这是进行演绎性衔接的前提；其次，要向学生揭示该节的结论或定律以及将要推论或应用的方面；最后，顺势引入下一个教学环节。

有位老师在讲授《马克思主义哲学》中的"物质世界的辩证发展规律"时是这样过渡的：

通过前面的学习我们知道了世界是物质的，而物质世界又是普遍联系和变化发展的。那么，这种联系和发展是随意的呢？还是有规律的呢？这就是我们下面所要讲的问题——物质世界的辩证发展规律。

这种方式入题较快，内容鲜明，给人以清醒的提示，效果明显。

3. 提问法

提问法是通过富有新意的问题的创设，将学生从一个问题带到另一个问题上去，以实现课堂教学内容的转换和课堂整体结构的安排的天衣无缝。

一位教师在讲《国际贸易管理学》中的"世界贸易组织"一章之前是这样过渡的：

师："请问同志们，2001 年我国对外开放中的一件大事是什么？"
生："加入 WTO。"
师："对，就是入世。下面我们就有关世界贸易组织的一些基本问题进行学习。"

通过问题的提出，引起学生的兴趣，并使其注意力实现了预料中的转移。

4. 案例法

案例法是在讲授过程中选用恰当的案例来引导学员把注意力转向下一个问题。有位老师在讲《国际贸易管理学》中的"国际贸易术语"一章之

前，首先讲了下面这个案例：

我公司按到岸价出口一批货物，货物因货轮在途中触礁而遭受损失，买方要求我方赔偿损失，我方是否应当负责赔偿？为什么？让学员大胆分析该案例的种种答案，在分析了几种可能性后，教师说："在这个案例中，我方不应该赔偿对方损失，为什么呢？这就涉及到国际贸易实务中的贸易术语问题。下面我们来学习国际贸易术语这一章。"

这样的过渡，既能激发学生探求问题答案的积极性，又提高了学生的分析能力和思维能力，还达到了内容转移的目的。

5. 悬念法

悬念法是以激发求知欲，发展学生思维为目标的过渡方法。

多数老师在讲"1000 张纸叠在一起厚 9.2 厘米，平均每张纸厚多少毫米？"这道题目时，先让学生做，再请学生报答案，然后评论一下对错，就算讲完了。事实上，这个问题的价值还远不止于此，教材编写者的意图也远不止于此。如果老师能利用好这个问题，就能发挥更大的教育价值。比如，引导学生发现一张看起来没厚度的纸，原来还是有厚度的，如何量出肉眼难看到的厚度？原来还可用数学的层叠与平均数来算纸的厚度，那头发丝能不能算出它的直径或重量？

悬念法利用学生的好奇心理，在对教学内容的仔细揣摩的基础上设置悬念，使学生产生求知欲，从而获得良好的教学效果。

教学过渡最主要的作用就是承上启下，它能把一堂课的各个部分连成一个有机的整体，适时地引起学生的注意，使学生快速进入下一个教学环节。过渡做得好，学生就能很好地沿着教师的教学思路进行后续的学习，并始终处于思维活跃的最佳状态。

四、结尾 3 分钟

"通过这节课的学习，你有什么收获？"，"你还有什么不懂的地方？"

面对老师千篇一律的提问，学生也总是波澜不惊的回答，老师和学生似乎已经习惯了这样的课堂结尾方式，也许，在许多人的心里，一节课最后的 3 分钟本来就应该是这样子的。

一堂好课，不仅应当有良好的开端，还应该有耐人寻味的结尾。耐人寻味的课堂结尾，应以"不全"求"全"，在"有限"中追求"无限"，突破课堂教学的时空局限。使学生感到"言已尽而意无穷"，引起学生课后咀嚼、回味，并且展开丰富的联想、想象。

那么，要想给一堂课划上一个完美的句号，都有哪些行之有效的方法呢？

结束一节课的具体方法多种多样，教师可以根据不同科目、不同教学内容和不同年龄段的学生灵活选用。常用的结课方法有以下几种。

1. 归纳法

归纳法是教师引领学生以准确简练的语言对课堂讲授的知识进行归纳、概括、总结，梳理讲授内容，理清知识脉络，突出重点和难点，归纳出一般的规律、系统的知识结构等的方法。它可以在一节课结束时进行，也可以在有联系的几节课结束后进行。

一位历史老师在讲《第一次世界大战》后的结语是这样的：

这节课简单地说可以小结为一、二、三、四、五。一个原因：帝国主义为重新瓜分世界争夺霸权的斗争；两个侵略集团：三国同盟和三国协约；三条战线：西线、东线和南线；四大战役：马恩河、凡尔登、索姆河和日德兰海战；五个年头：从1914年到1918年。

这段利用几个数字巧妙地进行归纳的结语，提纲挈领，概括明确，使学生在饶有兴趣之中巩固了知识，又在头脑里留下清晰、整体的印象。

2. 悬念启下法

悬念启下法是课结束时，教师选择时机设置悬念，引发学生探究欲望的方法。课堂在扣人心弦处戛然而止，引发学生产生继续探究的强烈愿望，为后续教学奠定良好的基础。

有位教师在讲完"种子的结构"和"种子的成分"后，根据下一课"种子的萌发"的内容，使用启下法结尾：

同学们，通过学习，我们知道了种子的结构和种子的成分。一粒很小的种子，播种到土壤中，有的竟能长成参天大树，有的并不一定能发芽，你说怪不怪？这是为什么呢？要知道这一点，下一节课再给同学们讲解。

有了这样的结尾，就能启发学生去主动预习下一课，为下一课教学打下基础。

3. 游戏法

游戏法是一种把练习内容寓于游戏之中的结束课堂教学的方法。学生往往对大量的、枯燥的练习缺乏兴趣，甚至产生厌倦心理。采用游戏法结课能帮助他们从厌倦的情绪中解放出来，唤起他们主动参与练习的激情，并从中体验成功的喜悦。

一位教师在结束小学数学"倍的认识"一课时，设计了"动脑筋离开教室"的游戏。师生总结全课后，表扬本课最突出的三名同学，下课时要让他们手拉手先走出教室。然后提出：其余同学离开教室时，动脑筋想一想，怎样走，能让大家一眼就看出剩下的人数是他们的几倍。（全班人数是3的倍数）

经过一阵叽叽喳喳的讨论，大家认识到，以被表扬的三个同学为一倍量，思考剩下的学生还有几个3，即是3的几倍。下课铃响了，同学们纷纷三人一组手牵着手快乐地离开了教室。

这样的结尾，自然、巧妙、不落俗套，寓知识的巩固、思维的发展于轻松的游戏之中，悄然之间丰富了学生"倍"的概念表象，深化了对于"倍"的理解。

4. 提问法

提问法是在课堂结束时，教师围绕着教学内容进行口头提问，让学生回答。然后教师或其他学生再根据回答的情况进行必要的修正和补充的方法。需要指出的是，口头提问必须针对要点、难点和关键点，切忌走题。

下面是一位老师在上《平行四边形面积的计算》一课时的教学结束：

师：今天我们学习了平行四边形面积的计算，我们是用什么方法求出它的面积公式的？

生：先把平行四边形变成长方形，再根据长方形的面积公式来求平行四边形面积公式。

师：这种方法我们叫什么呢？

生：割补法。

师：我们经常会遇到新的图形，想求它的面积，就可以用这种"割"、

"补"的方法，把未知面积公式的图形转化成我们知道面积公式的图形，来求它的面积公式。以后学习三角形、梯形的面积公式也可用这种方法来推导。

5. 发散法

发散法是引导学生对教学过程中得出的结论、命题、定律等进行进一步的发散性思考，以拓宽知识的覆盖面和适用面，并加深学生对已讲知识理解的结课方法。这种结课法可使教学的主题、内容得到进一步拓展，具有培养发散的创造性思维的作用。

一位历史教师在讲完《洋务运动》一课后，在小结时提出一个问题："为什么洋务运动时期，洋务派向外国资本主义国家购买了机器，引进近代的生产技术，却没有使中国走上富强的道路?"当学生作出回答后，教师又提出一个问题："当前，我国为实现四个现代化的需要，也引进外国的生产技术，但为什么却有利于四化建设呢?"

这就使学生在掌握所学知识的基础上，思维又另起波澜，发散开去。

除了以上结课方法，另外还有活动操作法、设疑启发法等结课方法，这里不再一一列举。

一堂好课就如同一场音乐会，不仅要有引人入胜的"序曲"、扣人心弦的"主旋律"，而且也应该有一个让人感到余音绕梁、韵味无穷的"声"。成功的课堂结尾，不仅能巩固知识，检查效果，还能开拓学生的思路，发挥学生的创造性，在热烈、愉快的气氛中把一堂课的教学推向高潮。对于任何一名教师，把握好课堂结尾的 3 分钟都是非常重要的。

精彩纷呈的课堂互动

站在讲台上的你，相信绝不愿意看到自己的课堂死气沉沉，没有回应。那么，怎样才能让你的课堂散发出活力，让所有的学生都能在你的课堂上尽情展现自己的能力，在轻松愉快的氛围中消化吸收你传授给他们的知识呢？这是一个需要你好好动脑筋去思考的问题。

一、加强师生互动与合作

你有一个苹果，我有一个苹果，交换一下，我们仍旧只有一个苹果；你有一种思想，我有一种思想，互换一下，我们就有了两种思想。课堂上的师生互动和交流合作，不但能实现相互沟通、相互影响、相互补充，从而实现共识、共享、共进，而且还可以让学生获得更多的信息，同时交流过程中的思维碰撞，往往能迸发出一朵朵智慧的火花。

现代教学论指出：教学是教师的教与学生的学的统一，这种统一的实质就是师生间的互动。《基础教育课程改革纲要》也明确指出，教学过程是师生交往、共同发展的互动过程。因此，构建互动的师生关系、教学关系，是教学改革的首要任务。

课堂互动的方法很多，下面我们就略举两例来进行说明。

1. 兴趣导入

"兴趣是最好的老师。"感兴趣的事物会使学生乐此不疲、全心投入。有趣的课堂使学生舒心、安心，积极踊跃的发表所见所闻、所感所悟，乐于把自己的理解感悟与他人共享。因此，教师在教学过程中要善于抓住学生的好奇心理，激发学生互动的兴趣。

下面是一位老师在讲授苏教版小语国标本第二册课文《小池塘》时的案例：

（学生齐读课题后）

师：小朋友，读了课题以后，你想到了些什么？

生：我想到了雨点在池塘里睡觉。

生：我想到了小池塘里的水是碧绿碧绿的。

生：我想到了小池塘里倒映着许多美丽的景色，有树、有白云。

师：小朋友们说得真好，我们平时就要养成一边读一边想的好习惯。（此时，音乐渐渐响起，媒体展示小池塘迷人的景色）

师（声情并茂地描述着小池塘的景色）：瞧，春姑娘来到了小池塘的身边，她轻轻地吹了一口气，小池塘就醒来了……

生（被老师的描述以及优美的画面深深地吸引了，十分投入）

师：小池塘的景色美吗？（生迫切地想打开书本读书）赶快打开书本读一读。

生（自由读书）

在这里，老师首先让学生主动接触课题，大胆想象，产生好奇心和求知欲，接着借助多媒体课件以及教师声情并茂地描述，把学生深深地吸引到课文的情境之中，从而触发了学生的阅读欲望，真正激发了学生与课本之间的互动。

2. 创设情境

《古今贤文》是苏教版第十册课本上的一篇独立阅读课文。不少学生都觉得兴味索然，文字枯燥，然而有位老师经过设计，却收到了意想不到的效果：

师：同学们，你们在读的过程中，发现这篇文章与我们以前学的有什么不同？

生1：这篇课文收集的都是古今一些含义深刻的格言警句，读了能使人受到很多启发。

生2：我发现这篇文章短小精悍，都是告诉我们生活中的道理：第一节的句子都说明了遇事要实事求是，深入实践的道理；第二节则告诉我们在日常生活中要做个谦虚、勇于改正错误的人。

师：看来，你们已初步读懂了这篇文章。愿意挑选其中的一句或两句话，写在你自制的小书签上，然后送给你的好朋友吗？（我边说边向学生展示了自制的书签）

（话音刚落，学生便立即兴趣盎然地诵读起课文来，然后在书签上工工整整地写下送给朋友的话，并配上图画，其神情极为专注。）

师：（待学生加工好书签后）同学们，你们送给朋友的是哪句话？为什么要把这句话送给他（或她）？

生3：我把"孔小不补，孔大受苦"这句话送给蒋逸帆同学。蒋逸帆，其实你很聪明，就是因为你平时上课总是开小差，作业不认真做，才造成学习成绩下降的。希望你牢记这句话，赶快痛改前非，补好这个"孔"，相信经过努力，你肯定会进入优秀同学的行列的！

蒋逸帆：谢谢你的忠告，我一定会把你的话深深地印在我的心里！

生4：我把"满招损，谦受益。自满的人学一当十，虚心的人学十当一。"这两句话送给张维颖同学。大家都知道，上学期，她是我们班名副其实的三好学生，是我们学习的榜样。但自从那次家长会上，她爸爸代表优秀学生家长发言后，她就骄傲自满，放松了对自己的要求，因此成绩直线下降。虽然老师多次提醒她，但她总执迷不悟。我希望她牢记这两句话，做个谦虚好学的人。要知道，"山外有山，人外有人"！

张维颖：（手捧朋友赠送的书签非常激动）谢谢！我一定会珍藏这张书签，并把这两句话作为我的座右铭，让它们时刻提醒我、激励我。老师、同学们，看我的行动吧！

生5：哈舒欢同学，我发现你总是喜欢一个人静静地待在室内，不喜欢到大自然中去玩耍。我外公曾经对我说过：大自然就像一本丰富多彩的无字书，只有投入到大自然的怀抱，才能学到真正的活知识。因此，我把"近水识鱼性，近山识鸟音。"这句话赠送给你。

师：我想，还有许多同学也很想亲自把书签送到朋友的手中。现在，就请大家离开座位，向你的朋友送去一份浓浓的情谊和你对他（她）的希望吧！

……

师：同学们，当你接到好朋友送给你的这句话的时候，也许会感到听得不顺耳，但这些都是"忠言"啊！老师把"良药苦口利于病，忠言逆耳利于行"这句话送给你们，让我们一起共勉，好吗？

现在，我们来个比赛，看谁在五分钟之内记住的格言警句最多？

（五分钟后，有许多学生竟能把课文背得滚瓜烂熟。连平时记忆力较差的学生也能一口气说上六、七句格言警句。）

这位老师通过创设制作书签送朋友这样一个情境，不仅有效实现了课堂互动，而且也取得了非常良好的教学效果。

师生互动是让老师和学生充分参与课堂教学的重要宗旨，只有师生充分动起来，才会让学生在一节课中获得最大的收效，当然老师也是真正的

受益者，既提高了课堂教学质量，又从学生身上学到了好的方法。

二、激发学生对问题的兴趣

学生是学习的主体，所有的知识只有通过学生自身的"再创造"活动，才能纳入其认知结构中，才有可能成为有效的和用得上的知识。而要想使学生能够进行"再创造"活动，首先就必须使他对课堂上的学习内容感兴趣。

1. 创设故事情境

故事特别容易引起学生积极的情感体验，诱导学生的求知欲望。它能激活学生已有的知识经验，使学生在积极情感的支持下，积极参与认知活动。在教学过程中，我们要注意创设故事情景，在故事情景发生过程中学习知识、体验知识的价值。

下面是一位老师在上《平面图形面积复习》时的案例：

师：有一位国王很喜欢下棋，棋艺也很高。一天他贴出了一张布告：谁能战胜国王，就奖励给他一块土地。一个聪明的年轻人来揭了榜，经过较量，果然战胜了国王。可是，国王想要赖，拿出一块羊皮说道："用这块羊皮去海边，你能划去多大的土地都归你。"一块羊皮的面积实在太小了！聪明的年轻人苦思冥想，终于想出了一个好办法，那就是把羊皮做成细细的羊皮条，再用羊皮条去圈地。那么，该怎么圈地，聪明的年轻人得到的土地面积才最大呢？

（随着教师富有感染力的解说，同学们的注意力高度集中，思维非常活跃。）

生1：正方形的面积最大，围成正方形。

生2：圆的面积更大，应该围成圆形。

生3：应该利用海岸线，围成半圆，这样面积肯定最大！

师：既然大家各自的意见不统一，那看来我们很有必要通过计算刚才大家提到过的图形面积来确定结果。那好，这节课我们就来学习平面图形的面积吧。

……

这样的情境，不仅促使学生主动地搜索有关正方形、圆、半圆等的知识，而且激发起了学生对于如何计算这些图形面积的兴趣，使学生产生了

应用数学知识解决实际问题的迫切感，印象深刻，经久难忘。

2. 引发学生的好奇心、好胜心

在课堂教学中，必须精心设问，巧于提问，尽量引发学生的好奇心，让学生多思考，鼓励学生去发现问题，大胆发问。

比如有位老师在讲"查找与替换"一节课时，设计了2个问题：

（1）这篇文章中"的"字出现了多少次？第10次出现在哪里？

（2）想把文章中的"计算机"都改为"电脑"该怎么办？把"病毒"两个字都改为"隶书，红色，加上着重号"又该如何做？

这两个问题的提出，使学生开始思考，积极性调动起来，打开了思维的大门。在学生以往所学的知识不能很好的解决问题时，这位老师及时地进行了点拨讲解，起到了水到渠成的作用。

又如："版面设计哪种样式好看呢？我总是左右不定，哪位同学能给我以启示？"

这种问题情境的设立，激发了学生的好奇心、好胜心，大家纷纷发表自己的见解，起到了启发思考的作用。

此外还可以利用学生好胜的心理在关键处设问，"还是不能说服让我下决心，还有其他更好的理由和样式吗？"促使学生不满足现状，集中注意力，积极思考，让他们通过主动思维学习新知识，得到新规律。

三、开展生动有趣的课堂讨论

如何让课堂变得生动有效，让学生学到更多有用的知识？课堂上生动的讨论不失为解决这一问题的有效方式。

我们来看某中学课堂上的这个案例：

老师：《孔雀东南飞》中，刘兰芝长得漂亮秀气，又善于女红，勤劳善良，与丈夫焦仲卿感情甚笃，恩恩爱爱。可是令人费解的是，焦仲卿的母亲偏偏就讨厌刘兰芝，还逼迫儿子休掉了刘兰芝，最终导致了悲剧的产生。为什么焦母会讨厌刘兰芝呢？请学生们自由讨论。

甲同学："恋子情结"在作怪

焦仲卿的父亲死得早，焦仲卿就成了家里唯一的男性。按照弗洛伊德的精神分析学说，单亲家庭中的母亲，比较容易产生"恋子情结"。焦母长期守寡，失去了丈夫的关爱，"汝是大家子"也可以看出，焦家属于上流社会，尽管已经家道中落，但是焦母必须保持矜持，自然就很少接触男

人。因为长期得不到男人的爱，她就把对男人的渴望寄托在了儿子身上，并且衍化为占有性质的爱。兰芝嫁入焦家后，焦仲卿对兰芝喜爱得不得了，简直是爱得死去活来（仲卿后来为兰芝殉情便是明证）。兰芝独占了焦仲卿的爱，这就引起了焦母的强烈嫉妒。所以焦母借故刁难，逼迫儿子休了兰芝。本来，如果焦母能够经常出去和男人打打麻将，喝喝茶，或者找个男人再婚，她的性格可能就不会那么怪僻了。

乙同学：更年期综合症是根源

如果我们稍微估算一下，焦母这时候大概是四五十岁，而这个年龄的女性已经进入了更年期。更年期的妇女心理上突出表现为多疑、烦躁，常常为一点鸡毛蒜皮的小事而大动干戈。仲卿常常不在家，小姑的年龄还小，那么患有更年期综合症的焦母的无名烦躁之火自然就发向刘兰芝了。刘兰芝"勤心事公姥"，却反而为焦母所不容，所以刘兰芝感叹说"无故遭驱遣""君家妇难为"。民间有"媳妇熬成婆"一说，这个"熬"字就说明了古代的媳妇难做，究其原因，就是因为婆婆们都进入了更年期。如果当时焦仲卿多买几盒"静心口服液"给母亲的话，可能就不会发生这样的事情了。广告上不是说吗，"静心买来送给妈，让她不烦不躁睡得好，年轻动人貌美如花"。

丙同学：都是晚育惹的祸

"不孝有三，无后为大"，刘兰芝和焦仲卿结婚五六年（"共事二三年"，古文中小数字在前，大数字在后为两数相乘，故六年）了，却没有生一男半女。焦仲卿又是家中独苗，要是不生个儿子就要断了焦家的香火。同房六年没生育，只有两个原因：一是夫妻一方没有生育能力，焦母把责任推在了媳妇身上。这其实不算个问题，只要到不孕不育专科门诊检查一下，再治疗，很快就可以怀上了，所以这个原因可以排除。再者就是刘兰芝思想观念前卫，她可能极力主张晚育。因为她觉得，现在大家还年轻，正是丈夫干事业，妻子干家业的时候。焦仲卿这时还是个小公务员，职位和薪水都不高，如果这时生个孩子，会分他的心，影响他工作，耽误他前程。刘兰芝服侍婆婆、照顾小姑任务很重，如果这时生个孩子，肯定忙不过来，坐月子都困难。所以她想等以后焦仲卿做了大官，家里请了保姆再来生小孩。焦母劝她，兰芝不听，焦母就说她"举止自专由"，所以要休掉她。

丁同学：不善沟通遭休弃

有人曾经总结，为人媳妇如果做不到"河东狮吼"，就要做到"嘴上

抹油"。"河东狮吼"难度太大，社会也不提倡。但是"嘴上抹油"还是必要的，这也是一种沟通交际手段，刘兰芝缺少的正是这一点。刘兰芝十分勤劳，"鸡鸣入机织，夜夜不得息，三日断五匹"，可是这些没有讨来欢心，反而招致厌弃。按道理，刘兰芝所受的教育应该是很好的，"十三能织素，十四学裁衣，十五弹箜篌，十六诵读书"，可以说是知书达礼，才情优雅，擅长女红。可是她偏偏没有学习公共关系这门功课，不知道如何与婆婆进行沟通交流。刘兰芝有"做"功，却没有"唱"功。这就好比一个秘书，只一味地埋头苦干，不会溜须拍马，是得不到领导器重的。假如，刘兰芝嘴巴很甜，一天，她上街卖了布，给婆婆买了一件时装，回家对婆婆说："妈，今天我到专卖店特意为你挑了一件最新款的时装，你穿上试试。哇噻——真漂亮啊，这衣服就是专门为你设计的，你应该去做这个牌子的广告代言人。"你说，如果你是焦母，你会讨厌这样的儿媳妇吗？
……

同学们一个个站了起来，高谈阔论，一个个妙趣横生的见解令人瞠目结舌。他们口若悬河，理论与实际相结合，令教科书上的讲解显得黯然失色。

生动的讨论是课堂的灵魂，苏霍姆林斯基说过，应该让我们的学生在每一节课上"享受热烈的、沸腾的、多彩多姿的精神生活。"教师要在教学中不断探索课堂讨论的新形式、新思路，给课堂注入活力，开启学生的探索之门。

四、放宽对学生不必要的限制

"自由"二字是每个人都向往的。可是往往在课堂上，教师不知不觉就给学生套上了枷锁，同时也给自己和这个课堂套上了无形的枷锁，令双方都非常疲倦。要想学生在课堂上能积极配合，我们老师就要像放风筝一样。把它们送上蓝天，自由飞翔，在起风时又能及时收线，回到陆地，给他们营造一个自由宽松的环境。

有位计算机老师讲述了这么一个案例：

学校新机房建好了，学生们一个比一个高兴，因为终于可以不用为等待开机和重启浪费时间，不用为蓝屏和死机郁闷恼火了，终于可以感受一下飞速上网的感觉了。于是在机房投入使用的第一节课，他们就迫不及待打开浏览器搜索那些小游戏，我看着他们那投入的劲，不忍打断他们，可

是作为老师，身处课堂，我还是让他们马上关闭了游戏。可是这时候学生上课的心一点都没有，而且有抵触情绪，这时候如果讲课没有效果。于是我就告诉他们，老师仔细讲，你们认真听，谁先完成任务且保质保量，谁就可以有5分钟的游戏时间，这时大家的兴趣来了，都让快点讲好让他们快点做。结果只用了不到30分钟的时间学生就大部分完成了教学任务，而且听讲认真，看来做什么都需要动力啊。

在以后的课堂中只要教学任务完成，我都会给学生留下5~7分钟的时间用来自由活动，他们可以游戏，查看新闻等等，在这过程中他们学会了怎么样使用搜索引擎，怎么样下载图片、文字、歌曲和软件。而这些是在他们升入高一年级才要学习的知识。

兴趣就是最好的老师，只要我们正确引导，放宽对学生不必要的限制，让他们充分发挥，就能达到事半功倍的效果。

在许多教师的眼中，认真听讲、遵守纪律的学生就是好学生，而那些大胆质疑、经常提出问题的学生却经常受到指责。这种教育模式在很多时候抹杀了学生好玩爱动的天性，结果本应生动活泼的教育变得死气沉沉，原来充满想象和创造热情希望的学生变得墨守成规、孤陋寡闻。

来看下面这个案例：

一个星期四的下午，感觉头晕晕的，刚在三年级上了音乐课，闷闷的，特别没有力气。接下来是二年级的音乐课，这个班级是全校中最活跃的，进教室时我还是很担心几个调皮的孩子会不会在这节课给我出"难题"。上课前，我和孩子们说了情况，大家像小大人那样理解着我，着实令我感动！我告诉大家今天是一节欣赏课，大家多说说老师听着！我开始给大家欣赏《加伏特舞曲》。一开始大家都很认真地听着，我静静得观察着，有些同学的脚还随着音乐轻轻抖动，有些同学闭着眼享受着音乐。突然，在一片音乐声中，传来两声鸭子叫——嘎嘎。我皱了皱眉头：哎，你还是开始了。可好，两声鸭子叫，引出两声猪哼哼，又引出青蛙叫——呱呱，小鸟叫——唧唧，母鸡——咯咯。这下教室里就俨然是一动物园了。那领头的"小鸭子"见我不动，得意地离开了位置，学起了鸭子走路，不过我观察他还是很和着音乐节奏的。可这时音乐却结束了。

师：为什么大家听着听着学起了动物叫，还学着动物走路？是不是存心破坏课堂！（我佯装生气）

生（"小鸭子"）：不是的，老师别生气！我觉得这音乐好像里面有一大一小两只鸭子。鸭妈妈在前面走，小鸭子在后面跑。

生：不对！我觉得是小猪在吃午饭，它吃得很香，还直哼哼！

生：我认为是小青蛙在池塘边捉害虫。

生：老师，我觉得这个音乐可以跳舞的。

生众：对！对！对！可以开一个动物舞会。

生：不对！我觉得不是在跳舞，是在劳动。就像七个小矮人就在深山里劳动。

师：哦？那你们为什么觉得音乐在跳舞，在劳动？

生：它们有弹性啊！一蹦一跳的，就是在跳舞。

生：它们会变花样，很好听！

生：老师！老师！他们一会儿快一会儿慢，我爸爸种田时就是这样的，而且我听出来他们劳动是还很开心的。

师：你们真能听出来，他们很开心吗？

生：当然，小猪吃午饭当然开心啦！

师生：哈哈哈……

"海阔凭鱼跃，天高任鸟飞。"在课堂上我们只有充分发挥学生的个性和特长，不该规范的地方不予规范，使他们的身心不受任何条条框框的限制，才能让他们学得自由，学得轻松，同时也让我们老师教得舒心。

五、变意外为精彩

课堂上总会出现各种与我们课前预设不相符的"意外"情况，比如学生没有按照我们的设想配合教学，比如我们讲着讲着走了题，面对这些情况，我们该怎么办呢？

来看下面这个案例：

今天早上，当我一起床发现下雪了，心中顿感异常兴奋，觉得是该到讲《第一场雪》（九年义务教育小学语文第十一册第六单元的一篇文章）的时候了，于是就学习了这一课。

我的课堂设计是这样的：

师：同学们，经过将近一年的等待，雪终于又和同学们邂逅了，多么令人欣慰啊！看到这场雪，你高兴吗？为什么？

生谈喜欢的原因。

……

到了课堂土，我开始按照自己的教学设计讲起来：

师：同学们，经过将近一年的等待，雪终于又和同学们邂逅了，多么令人欣慰啊！看到这场雪，你高兴吗？为什么？

生1：不高兴，因为一下雪天一冷我的手脚就特别容易冻，太阳一出来就奇痒难忍，有时还被冻烂了，又痒又疼。

生2：我也不高兴，一下雪就易结冰，人容易摔倒。去年我奶奶就因为在雪地里走时摔倒了，腿摔骨折了，结果在床上整整躺了一冬天，可难受了。

生3：一下雪路上一结冰，地上就很滑，还特别容易发生交通事故，我就亲眼看到过这样的事。

生4：我也不高兴，因为我本身比较胖一些，一到冬天穿上厚厚的棉衣就显得更胖了，走起路来特费力气，别人也老嘲笑我。

……

（思考：怎么办呢？学生怎么会这样想呢？这可是我备课时所没有想到的。课前只想着学生嘛，毕竟是孩子，孩子的天性就是爱玩，雪就更不用说了。所以只想着学生都会说高兴，并未想到学生会说不高兴，还说出了这么多不高兴的原因。怎么办呢？顿时我感到有些手忙脚乱，一时真的不知该如何接着往下讲。为了给自己争取一些解决问题、找到办法的时间，我只好又接着往下问。）

师：同学们，刚才这几位同学都说看到下雪不高兴，是不是其他同学也都不高兴呢？

生（许多学生）：不是。

师：那就说说自己为什么高兴吧！

生5：下雪了，我们就可以在雪地上堆雪人、打雪仗了,还可以溜冰呢！

生6：下雪了，农民伯伯的庄稼就有希望丰收了，因为有句谚语叫"今冬麦盖三层被，来年枕着馒头睡。"

生7：我很高兴，因为经过近一年的等待才看到雪，真是太稀奇了。

生8：我也很高兴，因为我是冬天生的，一下雪就说明就要到了，我就要过生日了。

生9：我也很高兴，刚才不是有同学说一下雪天气冷容易冻手脚不喜欢雪吗？那我告诉你一个用雪治冻手脚的偏方：将雪装到一个密封的瓶子

里，到第二年夏天时把拿出来，倒在手脚上反复揉搓，这样手脚就不会被冻伤了。

生10：就是，我也听奶奶说过。用辣椒煮的水洗洗也治冻伤。

生10：用白菜熬的水泡泡洗洗也行。

生11：用小麻雀的脑抹抹也冶。

生12：用鸽屎抹抹也行。（学生哄堂大笑）

师：同学们说的偏方可真多，那请手脚冻伤的同学回去以后选自己喜欢的偏方试一试，说不定还真能治好呢！有时候小偏方可治大病的噢！

说实话，当课上学生出现意外时，之所以让看到雪高兴的同学再谈谈高兴原因只是想为自己争取思考时间、找寻解决问题办法而设计的，谁知学生竟意外地说出了这么多治冻手脚的偏方，真让我感到意外又高兴。

倘若这位教师课上没有给学生说的机会，偏方也不会在课堂上出现了；倘若课上学生都异口同声说看到雪很高兴也不会出现这意外的精彩了；倘若……。课上得之所以成功，都源于课初学生的意外——"不高兴"。没有"不高兴"就不会有后面的一个个"偏方"，没有"不高兴"就不会有后面的精彩。是"不高兴"这个动态生成演绎了"偏方"，更演绎了精彩课堂。

灵活的处理，将一场"意外"化为了一节精彩的"偏方"课。

课堂是动态的，它会不断出现令人意想不到的事情，当意外出现的时候我们是置之不理，还是牵强附会，或者一语带过？不同的教师会有不同的处理方法，但如果每位教师都能抓住意外、灵活机智地有效运用，意外一定会演变为精彩！

六、把表演带进课堂

表演，是中小学生喜闻乐见的一种自主学习方式。恰当地运用表演，不仅可以加深对课文内容的感悟和内化，还能活跃课堂气氛，使学习成为一种愉悦的精神享受。因此，教师可以根据课文的特点，精心设置课堂表演环节。

常见的课堂表演有以下几种形式：

1. 再现式表演

这种表演适合于故事简单的课文，如《登山》。

《登山》写的是列宁登山看日出两次走过靠近深渊的小路一件事。课

文中有一段关于通上山顶的小路非常艰险的描写。教师要求以黑板为"峭壁",以小板凳为"小路",各小组选出一名学生上台进行表演,看谁能更准确地表现列宁当时的神态、动作,带给人身临其境之感。随着表演在反复进行中的逐渐到位,学生无疑对列宁自觉锻炼意志的精神有了更深层次的感悟。

2. 综合式表演

这种表演适合于故事体裁的课文。课文中清楚地交代了时间、地点、人物、事情和环境等,而且内容很丰富,情节很完整,人物的个性非常鲜明。在学习这种课文后,可以让学生进行综合性的表演,让学生全身心地投入到课文的不同角色中去,体验不同人物的个性,再现故事情景,从而让学生的潜能得到充分的发挥,培养学生的创造想象能力。

下面是永正老师在执教《狐假虎威》一文时,指导学生课堂表演的片断实录:

师:下面两节就是写他们到森林去的情景,这两节写得非常精彩。请仔细读,等会儿请几个小朋友来表演。要想演好,必须读好。

(学生认真读书之后,老师请五位小朋友分别戴上老虎、狐狸、小鹿、兔子、野猪头饰。)

师:其余的同学都来当导演,导演更了不起。各位导演看看狐狸和老虎谁在前,谁在后,为什么?请读书,根据书上的要求指导。

生(1):狐狸在前面走,老虎在后面走。因为书上说了:"再往狐狸身后一看,呀!一只大老虎。"

生(2):图上的狐狸在前,老虎在后。

师:这两位导演读书很认真。——小兔啦,野猪啦,应在什么地方?

生(3):他们在森林深处,要站得远一点。

师:看来小朋友把课文读懂了,都是出色的导演。下面请一位小朋友朗读7、8两节,由五位扮演动物的小朋友表演。

(一生朗读,"狐狸"在前面大摇大摆地走,"老虎"在后面东张西望。)

师:(问"老虎")你东张西望什么?

"虎":我看看动物们是不是怕狐狸。(众笑)("狐狸""老虎"继续往前走,"小兔""小鹿"等一见"老虎","呀"的一声,撒腿就跑。)

师:(问"小鹿")你为什么跑?害怕谁?

"鹿":我怕的是老虎。

师：不是怕狐狸？

"鹿"：谁怕它呀！（众笑）

师：同学们，不，各位导演们，对他们的表演有什么意见吗？

这类表演有很高的教学价值，它调动和调节着以情感需要为核心的一切心理、生理因素，把认识与创造、对美的追求与体验、张扬个性与健全人格统一起来，十分有利于学生整体素质的提高。

3. 创新性表演

教师创设一个情境，引导学生自由联想，使学生可以根据自己的所学和理解来尽情展现情境的内容。比如有位老师在讲到"如何祝贺别人"时，便创设了下面这个情境：

师：同学们，2003年10月15日，是全中国人值得骄傲的日子，我们的神舟五号载人飞船发射成功。想再看看那激动人心的场面吗？

生：想。（课件播放神舟五号升空、返回的画面）

师：刚才大家看到了从飞船返回舱里自主出舱的杨利伟叔叔，他圆了中国人几千年的飞天之梦。如果你是一名现场的"小记者"，你最想用什么语言来祝贺他？请先在小组讨论后汇报。

生①：杨利伟叔叔，祝贺您安全返回，祝贺您成为中国第一位宇航员，我为您感到骄傲。

生②：您真棒！我为您喝彩！我为自己是一名中国人而感到无比的骄傲和自豪。

生③：今天我太高兴了，太激动了，杨叔叔您多了不起啊！圆了中国人民几千年的飞天梦想，我和全国少年朋友一起向您表示衷心地祝贺！

师：你们这些小记者真不错，老师祝你们长大后成为一名真正的新闻记者。

教师应善于挖掘生活素材，超越文本，利用表演引发学生的创新思维。

喜欢表演是学生的天性。主体教育论认为："好表现是孩子的需要、孩子的特点。"从课堂实践看，学生的表演欲特别强，他们喜欢表演、渴望表演，把表演当作一种游戏。表演让课堂形式多样、气氛活跃，同时也提高了教学效率，使学生在享受乐趣的同时更轻松掌握了教学内容。

巧妙化解课堂事件

你发现过学生在你的课堂上走神吗？你注意过学生在你的课堂上打瞌睡吗？你面临过学生任你如何提问也不开口的情形吗？你碰到过学生在课堂上跟你对着干的局面吗？你遭遇过课堂上的偶发事件吗？……如果这些问题在你的课堂上发生了，你该如何去面对呢？

一、上课走神

某班有 2 个男生 3 个女生，上课老是走神，班主任提醒、谈话几次后，仍不能调整过来，其中一女生从进校时的班级第一名期末退步到倒数第七名。这五位同学，家庭都比较正常，没有单亲家庭。他们的共同特征是，上课到一定的时候（10 分钟或 30 分钟）就出现疲惫现象或脑子一片空白，有时看着眼前的橡皮，脑子里就只有橡皮，看着橡皮发呆，不知老师讲的是什么。即使看着老师，也是发呆，脑子里总会冒出一些乱七八糟的事，自己也无法控制。

注意力不能集中，或叫"走神"，是指学生不能使注意力长久而稳定地集中在学习任务上，在学习过程中经常分散甚至转移自己的注意力。对于年龄较低的学生来说，上课"走神"是个正常现象，通常他们的精力集中不可能超过 20 分钟，除非教师的授课很吸引人或能发动学生的自主参与意识。

那么，怎样才能让学生在课堂上不"走神"呢？

（1）让学生思想提前进入上课状态，教师应目送学生进教室，做好课前准备，使学生产生上课意识。

（2）及时给予信号，并邻近控制。教师目光直瞪着讲话、开小差、做小动作的学生，突然中断授课并凝视他，让他警醒。此法主要是针对那些故意"走神"的学生，他们知道自己的做法与课堂学习不协调，会被老师批评，因此会不时地看老师的脸色。瞪几眼会使他们放下手中的小玩具、课桌里的小说，回到课堂上来的。此法古已有之，鲁迅在《从百草园到三味书屋》中描写的老先生就常用"普通总不过瞪几眼，大声道：'读书'"。此法优点是不影响课堂教学，不影响其他同学的思路。

（3）提出问题，要求学生思考，并特别关注已经"走神"的学生。老师可根据当时的授课内容，设计几个问题点名要求"走神"的学生起来回答，把他从梦境中拖回现实。这种学生十有八九回答不上问题，这时恰当地说几句："用心听"、"要集中注意力"、"不要走神"。再让他坐下，就会起到遏制"走神"的目的，让学生从"忘我"回到"知我"。

（4）多采用活动教学的方式，在课堂上结合教学内容多组织一些有意义的活动或训练。如分角色表演读、游戏等，让学生积极参与，体现主体性，也能使"走神"的学生及时回过神来。

（5）玩笑法。教师发现"走神"的学生后，若讲课的内容允许，不妨和学生开个玩笑，让学生来个哄堂大笑，这样既可活跃课堂气氛，也能使"走神"的学生在笑声中苏醒过来。有一位语文老师在讲《驿路梨花》时，一位叫王新的学生打瞌睡，不时地低下头去，这位语文老师便说："我们的王新同学也想做个梦，见见助人为乐的梨花姑娘，同学们看是不是？"全班同学扭头去看，哄堂大笑。王新从梦中惊醒，课堂气氛也得到了活跃。

（6）及时表扬与批评。课堂上，对认真听的学生和不时"走神"的学生作出反馈性的评价，使认真的更认真，而"走神"的学生也能及时调控并不断集中自己的注意。批评学生不到万不得已不要用，因为它直接中断了教学，客观上会使教师和学生情绪不能及时回到教学上来。此法主要针对那些不仅自己"走神"，而且严重影响其他同学。采取批评法，可以当堂提示，也可以课上点名课下批评。

避免学生课堂"走神"最根本的方法，是教师要真正地把课堂教学变成艺术，坚决不用"满堂灌"、"一言堂"。要充分调动学生的积极性，让学生主动去学，教师多在学生学习兴趣上下工夫，注意授课的方法，这才是对学生课堂"走神"治标又治本的好方法。

有位教育学家说："学生成绩好与成绩差的关键在于课堂。"，此话有一定的道理。学生一天的时间，除了吃饭睡觉，其他大多在课堂上度过的。如果学生在课堂上注意力集中，能跟上老师的思路积极思考，认真回答问题，学习成绩就会好；反之，注意力不集中，经常开小差，成绩就差。能否让学生在课堂上集中注意力，能否在学生走神时既不影响教学又能及时纠正，是每一个教师都需要认真研究的。

二、打瞌睡

平南中学这个班有70多位学生，上课不久后，坐在最后一排的丁同学

想打瞌睡，为了不让老师发现，就悄悄地将自己的头部伸进了平时用来放书包的课桌的空抽屉里，睡个痛快，快下课时，丁同学突然发现自己的头"抽"不出来了。为免老师责备，他没有出声。下课铃声响了，班长一声"起立，向老师致礼"，数学老师发现坐最后一排的丁同学没有站起来，于是，立即走到他的桌旁，才发现这既惊险又可笑的一幕。

几位老师围着丁同学和课桌一时无从下手。后来，一位男老师到保卫室借来锯子，然后小心翼翼地把桌角上面的两个"榫头"锯掉，掀开桌面。一番努力后，丁同学的头这才"走"了出来，只见他大汗淋漓，平时调皮捣蛋的他一句话也说不出来，既紧张又懊恼。

老师在课堂上讲得口干舌燥的，而下边有些学生却昏昏欲睡，更有甚者，像上面案例中的这个学生，竟然把自己的头"睡"到课桌抽屉里抽不出来了，这是我们每一个老师都不愿看到的现象。面对这种情况，我们该怎么办呢？

很多老师采用的办法就是点名让学生站起来或者到教室后面听课，脾气大点儿的老师要么当堂把学生批评一通，要么干脆把这些学生赶到教室外面去不让他们听课。但其实我们稍微想一想，就会发现这些处理方法都是不合适的，因为这些方式都是治标不治本的。

学生上课打瞌睡的原因，不外乎有这样几种：

（1）晚上睡眠不足。

（2）我们讲的课不精彩，难以吸引他们的注意力。

（3）个人缺乏竞争意识，不知道知识积累的重要性。

（4）我们个别老师对于学生上课睡觉现象的不合理处理方法的误导。

当然，也可能还有其他方面的原因，下面我们就来谈谈几种应对的方法：

1. 给学生良好的建议

对于学生晚上睡眠不足的情况，我们可以建议学生合理安排休息时间，晚上不搞"疲劳战"，早睡早起。中午小憩一二十分钟对于整个下午的上课状况也起着很关键的作用。有些学生喜欢上网，放学后长时间的泡在电脑前，以致影响了第二天的上课，我们也要给他们以建议：适当的上网对于知识面的扩展是有好处的，但如果晚上上网时间过长，影响了睡眠，就会影响第二天听老师的讲课。一般来说，学生对于很多事都会有比较正确的辨别能力，我们把这些话给说到了，他们还是会认真考虑的。

2. 提高讲课水平

如果是因为我们上课讲的不精彩而出现学生上课睡觉，那就应该好好地从提高自身业务素质入手，认真地钻研自己所教的学科。我们每个老师在上学时候也遇到过这样的情况：有的老师讲的课很精彩，我们也就老是盼望上他的课；而有的老师讲的课就像是催眠曲，学生昏昏欲睡，出力不讨好。这就需要我们认真地分析自身的原因。

如果是因为自己知识面不够广，缺乏知识之间的联系性，那就在平时多下工夫，积极地扩展自己的知识面。自己所教学科的知识要知道，其他学科尤其是心理学，教育学方面的知识也要看一些，总之在知识方面要"食五谷杂粮"；如果是因为缺乏恰当的授课技巧，那就多听听有经验的老师的建议，找出讲课这门课的窍门，看看他们是怎样把课给上好的，取人之长，补己之短。最重要的是要探索出自己的一套教学方法，既要把课给上好，又要能上出自己的风格，这样就不愁学生不爱听了。

3. 培养学生的竞争意识

如果学生缺乏竞争意识，体会不到积累知识的重要性。那就找一些有代表性的成功者的经历（当然最好是靠知识成功的）来激发学生学知识的欲望，找一些反面教材也是很有必要的。在日常的教学过程中多搞一些竞赛类的活动来提高学生的学习兴趣，对于学生的进步要多给予鼓励（尤其是那些"后进生"），全方位地培养学生的竞争意识。只有这样，才能激发学生的学习动力，引发上课认真听讲的热情。

4. 对每一位学生做到认真负责

有些老师看到学生在自己的课堂上睡觉，可能刚开始还会有一些处理措施，时间一长，就会干脆来个"井水不犯河水"——我讲我的课，你睡你的觉，你爱听不听，随你的便！我把上课任务完成就行了。这不但对于正在睡觉的学生是一种不负责任，而且还会让其他同学感到老师并不在乎自己讲的课有几个人在听，对他们这个班不够重视。这样必然导致另一些学生也上课睡觉，或者干一些与上课无关的事，上课的效果自然就会大打折扣。所以我们一定要认识到一些不恰当的处理办法对于学生的误导作用是极大的，只有了解这些误导作用的危害性，我们才有可能去想较为合适的处理办法，进而有效地优化我们的课堂授课效果！

5. 给予学生适当的休息

有时候，可能由于各种原因，学生实在是瞌睡得很，大脑已完全进入了自我保护状态，根本无法上课，各种手段用尽也无济于事。如果班上有

1/3 的同学出现了这种情况，我们就干脆把课停下来，让学生趴在桌上休息一会儿，短暂的休整之后，学生又恢复了精神，课又可以继续了。

当然，还有其他诸如开窗通风，学生互相逗趣等各种方法，在课堂允许的情况下，加以灵活运用，能达到事半功倍的效果。

当然，以上所列只是权宜之计，根本的办法还是要保证学生的睡眠时间，提高学生的学习兴趣，使学生成为学习的主人。只有这样，课堂打瞌睡的现象才能从根本上得到改观。

三、不发言

伴着悠扬的上课铃声，老师兴致勃勃地走进课堂。

......

"哪位同学能给我们说一说，你对文中的这句话是怎么理解的？"老师面带微笑地提问。

......

"没关系，大胆一点。"老师继续鼓励着，但心里有些着急。

......

"没有人知道？"老师的双目扫视着全体学生，此时的他多么希望有哪位同学能举起他可爱的小手啊！

......

"这句话说明了……"老师终于放弃，刚上课时的那份激情已消散得无影无踪。

许多教师都有过这样的体验：上课只要是问学生问题，哪怕再简单都很少有学生愿意开口。是他们都不懂吗？不见得，因为问题往往并不难。那为什么我们的学生会拒绝回答呢？

有位老师对班上 45 个同学的发言情况作了调查，测试内容及结果如下：

项目	人次	所占百分比
问题难不会	2	4.4%
没有习惯举手	5	11%
举手老师不喊而赌气	6	13%
对此门课不感兴趣	10	22%

项目	人次	所占百分比
对此门课的老师不喜欢	2	4.4%
说错怕老师批评	33	74%
认为自己不举手自然会有人举手	4	8.8%
紧张或恐惧	7	37.7%

学生在课堂上不发言，一般有以下几种原因：

（1）不敢发言。天性腼腆，胆小怯场，缺乏面对众人在课堂上发言的勇气；或者发言的积极性曾受到过挫折，心有余悸。

（2）不能发言。一则是不会回答提出的问题，问题对其有难度；二则是没有思考问题，上课心不在焉，对老师的问题置若罔闻。

（3）不愿发言。这类同学要么是习惯使然，知而不答；要么是不配合老师，懒于应对，心理上和老师有些隔阂。

（4）不屑发言。觉得问题太简单，缺乏水平。

作为教师，我们应该怎样调动学生发言的积极性呢？

1. 尊重学生，包容错误

测试结果表明，学生的心理障碍有74%来自畏惧老师，这就需要老师不管在什么情况下都要保持良好的情绪。学生答得精彩，为他喝彩；答错了或者说出令老师尴尬的问题，要克制住情绪，决不表现出不满和急躁，也不半途打断制止他，或者说"谁来帮助他"之类的话，要笑脸相待，想方设法启发他。实在答不出还要安慰鼓励他，消除他因为自己没答出来而产生的心理负担。

特别是对"后进生"，为了举一次手，短时间内不知心颤抖过多少次，拳头捏过多少回，终于鼓足勇气举了手，又恰逢答错了。这时如果老师板着面孔说一句"错了，坐下去。"他会感到无地自容，自尊心受到极大的伤害，以后再不会举手了。所以老师要和蔼可亲，尊重学生。

2. 增强学生的自信心

学生只有树立了信心和勇气，才能进入平稳、正常的思维与言语过程，从而大胆举手，积极发言。因此，要提高学生发言的积极性，首先要在培养学生的自信心上下工夫，尤其是对胆怯型的学生，教师更要多鼓励以增强他们的自信心。

有位老师在讲《孔繁森》时，提了一个问题："为什么说孔繁森是一位优秀的援藏干部？"一个平时很腼腆很胆小的学生悄悄地举起了手，老

师发现后用鼓励的目光叫他站起来回答，他答道："因为孔繁森对孤儿非常好。"虽然答案不全面，但大意他还是懂得的。此时，这位老师不是简单地指出他回答中的不足，而是进一步地启发他思考，怎么把话说得完整通顺。最后那个学生作了如下补充："孔繁森像对待自己的亲生儿女一样抚养三个孤儿，为了替他们交学费，不顾自己的身体，悄悄地上医院献血。"当他回答完以后，老师和同学们对他报以热烈的掌声。有了这次体验，这个学生的自信心增强了，从此克服了以前回答问题时容易紧张的心理障碍，最终成了班里发言的积极分子。

3. 营造宽松、和谐的课堂气氛

宽松、和谐的课堂气氛是师生情感交流的必要条件，它能使学生轻松愉快、自觉主动地参与思维、理解等一系列智力活动，激发学习的兴趣，从而大胆发言。因此，在课堂上教师要注重沟通师生的心灵，增进师生的了解，营造民主、宽松、和谐的课堂气氛，以调动学生发言的积极性。

一次，有位教师上写话课《记一次活动》，和学生一起在教室里进行了有趣的"贴鼻子"游戏：……轮到老师贴了，学生把他的眼睛蒙上，然后让他左转三圈，右转三圈，结果老师转得头晕晕的，把鼻子贴到眼睛中间去了，学生乐得不得了。由于有了教师的参与，这堂课自始至终十分活跃，学生也遵守纪律。当老师提问时，大家争先恐后地举手，发言积极性极高。

4. 采用高分刺激

在教学实践中，我们可以发现，即使成绩差的学生也十分注重分数，拿到了高分，欣喜若狂，在那段时间里，精神状态很好，学习劲头较足。所以我们应该少一点吝惜，多一点高分，给学生创设成功的喜悦境界，激发学生追求成功的信念和力量。心理学证明：一个人只要一次体验成功的喜悦，便会激起再一次追求成功的希望。

请看下面这则案例：

我班学生一说朗读为难情绪浮于脸上，只有几个人举手。有一次我特意喊了几位差生，这个同学结结巴巴地读完了，其他同学哄堂大笑。我说了"如果要打分，猜一猜，老师该打多少分？"有的同学说打 50 分，有的同学说打 60 分，还有的同学打 40 分。我发话了"老师给他打 85 分。"同学们先是一惊，随后议论纷纷。这位同学能战胜恐惧，能鼓足勇气，这种精神多伟大，该打 85 分，下一次我还要打 90 分。这个 85 分犹如涓涓清水

流入他的心田，调动了他的朗读的积极性，树立了自信心。从此以后，这位同学乃至全班同学朗读兴趣十分浓厚，水平逐渐提高，课堂上个个跃跃欲试，积极性十分高。

除此之外，教学中调动学生发言的积极性还取决于教师的课堂教学设计、提问的方法和艺术等。只要我们在教学中能不断地反思、总结、提高，课堂就会变得积极活跃起来。

四、从容化解课堂冲突

有位老师在自己的博客里讲述了这么一个案例：

有一年我接了高一一个新分的班，刚开学半个月，那些学生所有的毛病都暴露出来了，班上迟到早退的、无故不上课的、上课睡觉、上晚自习说话的……什么样的状况都有，针对这种情况我和几个班委制定了班规，但是总有学生不遵守，而且这些学生养成了一种特别坏的习惯——不尊重老师，经常顶撞老师，那段时间每天我真可谓是费尽心思，心里也有些烦躁。有一次上课的时候，我一进教室就看见有个男生换了座位，而且是班上平时最不遵守纪律的一个，我们的班规明确规定：不经班主任允许不能私自换座位，他竟然……我脑海里马上出现他最近总是违反纪律的那一幕幕，于是我顿时火冒三丈，平时在书上看到的那些"班主任遇到学生犯错误要冷处理"之类的话早就抛在脑后了，我生气地问："谁让你私自换座位的，难道你不知道班规吗？快点换回去！"，"我不想换回去。"他理直气壮地说。"为什么？""没什么，下课再说行吗？"他语气有点不耐烦。我一看他那神情就更生气了，没有一点认错的态度。当时就很严厉地批评了他，直到最后他换回原来的位置为止，再看表，二十分钟已经过去了，所以那节课的内容也没有上完，自己也挺不高兴。事后有一天那位同学找到我说："老师你说话都不算数，你经常说让我们不要和老师在课上发生正面冲突，有什么事可以下来到办公室反映，那为什么你还要在课上那样对我呢？而且其他同学的时间也浪费了。"

这句话我现在想起来还是那么的清晰。是啊，如果我当时听了他的话，课后问清原因再指出他做错的地方，也许他就不会用那种态度对我了，后来我找到那位同学向他郑重道了歉，他不好意思地说："老师，您别这样，其实是我不对在先的，我以后一定遵守纪律，不让您操心了。"

从此以后他真的做到了。

课堂上冲突的成因很多，主要有师源性冲突和生源性冲突。事实上课堂冲突并不都是由于学生的行为引起的问题，有许多是由教师的行为引起的。例如教师的教学方法不得当，引起学生的反感，有的教师课堂节奏过慢，喜欢拖堂；又如教师的言行让学生感觉到不安和威胁，在学生犯错误时，教师不会设身处地地为学生考虑，只是一味指责、埋怨；再如教师在处理问题时存在偏颇，诱发了学生间的矛盾，也容易激起学生对教师的不满……像上面的案例就属于师源性冲突。

一般课堂上的冲突会有以下几种，对它们的处理需要具体分析，仔细斟酌。

1. 课堂上的粗野行为

有的学生言辞举止粗野，对教师傲慢无礼，这时教师切忌发怒，要平静、果断地处理，使学生无法再闹下去。比如教师可以严肃、坚定地告诉学生课下留下谈话，而无须对具体问题做出回答，然后恢复全班地秩序。如果学生继续发难，教师要将其先安抚下来，真正地问题解决留到课后进行。

2. 课堂上公然违抗命令

学生公然抗拒教师命令，蔑视教师的权威，全班目瞪口呆同时期待知道这样公然违抗教师有什么后果。此时，教师绝对不能发火，而且必须要冷静、果断、从容地对待。对年龄小的学生可以强行把他带出教室，而对年龄大的学生一定要避免与其发生肢体上的接触，可以坚定而客气地重复一下要求，不必提高声音，也许他就决定妥协了。如果他再次拒绝，就让它讲出拒绝的道理。如果有正当的理由，教师让步，就此罢休，表现出的是民主、平等和宽容；如果学生没有正当理由，继续拒绝，态度强硬。那么，就同意他不做，但要明确地告诉他课下留下来谈话，要准备承担此事的后果。

3. 学生之间的打斗

学生之间的打斗是常见的，尤其是发生在课下，遇到这种情况教师要喝令他们住手，其实他们也希望找到不失面子而停止的借口。教师平静而果断的喝令、制止，通常可以解决问题，因为他们知道这是违反校规的行为。打斗被制止，课下找他们谈话，解决问题。

课堂管理是构成教学活动的不可忽视的重要动力因素，赫尔巴特曾说："如果不坚强而温和地抓住管理的缰绳，任何教学都是不可能的。"然

而一些教师采用的方法却是不妥当的，他们在遇到上述情况时要么气急败坏、暴跳如雷；要么麻木不仁、熟视无睹。这样做的后果，就像赫尔巴特说的那样是放掉了管理的缰绳，导致课堂运行不畅，最终必将严重影响课堂教学效果。

五、用关爱尊重消解对立情绪

在教学实践中，我们常常会发现，有时候一些学生会不遵守课堂纪律，甚至公然与我们做对，扰乱了我们正常上课的秩序和节奏。比如下面的案例：

在我所教的几个班级里，几乎每个班里都有那么几个特别难管的学生，这不奇怪。但是有一个班，有那么一个学生，特别的难管，学校的老师多是知道他的大名的。常常他做的事是让人苦笑不已，比如说让他撕下一张纸，他会把这张纸撕下后再撕成碎纸条。很多事情，不知道该归结是故意还是病态，但是就是这么个学生。一次上级领导来学校检查的时候，正好是这个班上课。这学生又在课堂上乱跑，被我说了几句后虽然坐下不动了，但是明显心里不爽。后来看见领导推门进来了，他就一下子站起来跑了出去。嘴里还咕哝着那我不上课了，明显是故意跟我为难。面对上级了解情况的领导，我又不能说这是个问题学生之类的话。这次虽然好不容易把这学生的问题给解决了，但是我不知道下次会不会又出现这样的事。我该如何处理这种学生？

这位老师的苦恼，许多老师也都曾遇到过。那么，面对这种情况，我们该怎么办呢？

1. 查找原因，对症下药

有一段时间，我发现一向学习认真的王某上课总是分神，作业也马马虎虎。我便找他谈话，他也是一副不予理睬的模样。我找其他同学了解，原来是因为有一次上课点他回答问题，他没答上来，我在班上严厉批评了他。因为那个问题是我上堂课反复强调过的，而他上堂课由于生病请假没上。我的批评使他委屈，伤害了他的自尊心。知道了症结所在，我便主动检讨了自己的错误，并将他未听到的课给他重讲了一遍。很快地他又恢复到以前的良好心理状态，并成了我的"朋友"。

这位教师正是由于找到了学生"逆反心理"的原因，才能采取有效措施进行疏导。

2. 关爱学生，以情化人

以前在一个基督教信徒老师的课堂上总有一个男同学捣乱，后来有一天那个男同学搅的老师无法正常教学，老师很是气愤，但是身为基督教徒，他不能打人，所以他在那个小男生的额头上亲了一下，结果那个调皮的小男孩再也不在课堂上闹了。

在教学中对学生懂得关爱才是合格的老师。作为一名教师，绝不只是单单向学生传授知识，而是要学会怎么和他们做朋友。

我在教学中发现一名叫杨亮的学生上课不听讲，从来不写作业，打仗骂人是家常便饭。经常逃学，经常和老师作对，开始我很讨厌他，对他采取冷落不理的态度。有一次，我去他家里家访发现，他的父母离异，他和他的奶奶生活在一起。由于得不到父母的关爱，从小养成了许多不良嗜好，经常和社会上一些不三不四的青年在一起上网玩游戏。得知这一消息后我主动和他聊天谈心，发现他有一点儿优点就在全班同学面前表扬他，他开始和老师接近了，学习有了明显的进步，还经常和同学一起打扫班级卫生，做好人好事。

爱是雨露，爱是阳光。老师对学生多一点爱，学生就会还老师一个惊喜。

3. 公平公正，尊重学生

我们在平时对待学生的时候，一定要公平公正，不能偏心。来看下面的案例：

有一女生性格倔强，富有同情心和正义感，当班干部时工作主动。高一时，见到有的男教师处理男女生纠纷、排座位、对男生违纪行为偏袒等，她便认为男教师对男生有偏爱，对女生存偏见。有几次她站出来为女生辩护，反遭讥讽和嘲笑。于是，她公开宣称："我就是不喜欢男教师教！"

上高二时，她在我班上就读。课堂上回答或讨论问题，我都尽量以公平、民主的态度来对待男女生。针对女生胆小的特点，课外辅导时，我经常主动询问她们有什么疑难，并不厌其烦地耐心讲解。慢慢地师生感情融洽了。这时我才正面接触这位女生，给她逐一分析我校教师，从白发苍苍

的老校长到刚刚毕业的新教师，他们的身上都有一种奉献精神，他们其实都是热爱和关心自己的学生的，只是他们处理问题时有时不那么细致。并引导她寻找这些老师身上的"闪光点"。慢慢地，她的成见消除了。

4. 换位体验，彼此理解

前几年我当高二（3）班班主任的时候，科任老师向我反映，班里有几个调皮的学生，每当老师讲课时，他们不是模仿老师在下面搞小动作，就是随便讲话，有时还提一些奇怪的问题引得同学大笑，让老师难堪。为了解决班级的这个问题，我想了一个办法"转换角色当学生"。一天我在一节课中留出30分钟，请学生上台讲课，自己则坐到学生的位置去当学生。每当调皮的学生上台讲课，我便在下面不时地模仿他们，搞小动作，讲话，提怪问题使他们难堪。学生们上完课都很感慨：当老师真的没我们想的那么容易，上课最需要学生对老师的尊重和配合，随意讲话和扰乱课堂纪律，老师的心里是很难受的，今后我们一定要遵守课堂纪律。

通过让学生当老师，使学生加深了对老师的理解，课上自然也就不会再故意跟老师做对了。

六、应对偶发事件的十个策略

课堂教学是师生之间的双边活动，由于学生知识水平、兴趣爱好以及性格特点等方面的差异，加之外界环境的影响，课堂上往往会出现一些令人头痛的偶发事件。当它们发生时，教师该如何进行处理呢？

由于课堂教学中偶发事件往往是事先预料不到的，所以应变时必须因势利导，随机应变，方法技巧应随着具体情况的不同而有所差别，不能机械地照搬一种模式。下面，我们就来简要地谈谈面对课堂上偶发事件时的一些应变策略：

1. 爱心感化

苏霍姆林斯基说："教育，这首先是关怀备至地、深思熟虑地、小心翼翼地触及年轻的心灵。在这里，谁更有细致和耐心，谁就能获得成功。"偶发事件经常发生在一些差生身上，他们自尊心强，同时自卑心理也较重，他们十分渴望得到老师的信任和尊重，即使有了差错，也希望得到原谅。作为教师，应坚信每个学生都是可以教育好的。在处理"偶发事件"时，注意把严肃、善意的批评与信任、鼓励结合起来，把"尽量多的要求"与"尽可能多的尊重"结合起来，切不可感情用事，用训斥加批评甚

至是体罚或变相体罚等方法简单粗暴地处理，以免激起师生之间的矛盾，造成师生之间对立情绪的扩大。

2. 因势利导

所谓"势"，是指事情发展所表现出来的趋向。处理"偶发事件"时，要注意发现和挖掘事件本身所表现出来的积极意义。然后，或顺势把学生引向正路，或逆势把学生拉向正轨。

一位女老师新接手一个差班的班主任，上第一堂课，她刚把手伸进粉笔盒掏粉笔，突然触到一个冷冰冰软绵绵的东西，吓得她尖叫一声。大家一看，原来是一条中指大小的冬眠水蛇，在倾倒的粉笔盒边蠕动，原来是班上几个调皮大王害怕刘老师要集中火力整治他们，合计着要先给刘老师一个下马威。这位老师并没有立即发火，她待同学们的笑声稀疏下来，带着余悸平缓地说："据说每位接我们班的新老师，都有一份大家赠送的特殊礼物，比如王老师的灰老鼠，郑老师的大王蜂……而我呢，你们送了一条水蛇。"她微微笑了笑，指着那条蛇说："我是第一次这么近看到蛇，刚才还摸到它，着实吓了我一跳。不过我觉得捕捉这条蛇的同学挺行，至少他挺勇敢，有一定的捕蛇经验……不过，我相信，凭他们的能力，不仅仅能做到勇敢，还应该做出点其他什么，老师相信你们。"那几个调皮学生原本等着看"戏"挨克，却没料到刘老师还表扬了自己，那可是自己非常难得的，可不知怎么就是高兴不起来，只是呆呆地听着老师讲有关蛇的知识……第二天早晨，这位老师又踩着铃声走进教室，一股清香扑鼻而来。她意外地看到，讲台上的粉笔盒里插着一束野菊花，教室里鸦雀无声……从此，这个班原来各种不好的现象都慢慢减少了。

3. 将"错"就"措"

当教师在课堂上出现了笔误或者口误的情况时该怎么办呢？碍于面子，将错就错，不加纠正，是绝对要不得的。但如果我们能够"借"错生智，来个将"错"就"措"，却不失为一种良好的教学机智。

有位高二化学教师一次在油脂的教学中，误把"油脂"写成"油酯"，但当他注意到的时候学生却还没有发现，于是他灵机一动，及时对学生说："你们好好想一想，老师刚才写得对吗？能不能把'油脂'写成'油酯'呢？'脂'和'酯'有何联系呢？"学生听到老师这么一问，马上认

真检查黑板上的板书，并发现了错误，而且他们对"脂"和"酯"的理解也因这次"错"而得到加深。

4. 借题发挥

当课堂教学过程中出现了"偶发事件"时，可以把它巧妙地融进自己的教学之中，利用课堂教学中出现的意外情况，借题发挥，大做"文章"。

一位政治特级教师在一次上课中，有几只麻雀飞进了教室，于是他借"不速之客"麻雀的出现，给大家讲了一个"麻雀的冤案"的故事：五六十年代，我国曾经把麻雀与苍蝇、蚊子一样列入害虫名单，在全国开展消灭麻雀的运动，理由是麻雀偷吃掉大量的粮食。但事后的实践表明，麻雀却是蒙受了冤屈，因为麻雀对人类的益处远远大于它对人类的危害。

然后，他就以此为题，让学生运用所学的哲学道理加以分析。同学们对此热烈响应，兴趣十足。有的从矛盾主次方面的角度，说明麻雀对人类有利有弊，但利大于弊，看问题应抓住本质和主流；有的运用普遍联系的原理，分析消灭麻雀会破坏生态平衡；还有从认识发展的角度，说明人类对麻雀的认识经历了一个不断深化的过程……。这样，这位老师就巧妙地借麻雀的出现做出了一篇文章。

5. 实话实说

当教师在课堂上出现失误时，实话实说，不文过饰非，有时同样也会取得良好的效果。

有位化学教师在做钠的燃烧实验时，集气瓶里冒出的不是白烟，而是黑烟，当面对同学们愕然的表情时，这位化学老师随机应变："这块金属钠为何燃出黑烟？请同学们回忆一下金属钠的物理性质及其贮存方法。"全班同学立刻由惊愕变成活跃，一位同学抢着发言："金属钠性质活跃，不能裸露在空气中，而是贮存在煤油中！""你说得对！"教师满怀歉意地对大家说："刚才就是由于我的疏忽，实验前没有将沾在金属钠上的煤油擦干净，结果发生了刚才的实验事故。为了揭示上述错误原因，我不准备回头处理煤油，而是将沾有煤油的金属钠继续燃烧下去。请大家想一想，燃烧的过程中，烟的颜色将发生怎样的变化？""黑烟之后将出现白烟！"结果再次演示实验证明了大家的预言。当老师宣布："同学们，你们的预

言实现了！"全班响起了热烈的掌声。大家赞赏的不仅是他坦诚的襟怀，实事求是的品质，更有他那灵活的教学机智。

6. 以变制变

当课堂教学过程中突然出现意料之外的情况，并且影响到正常的教学秩序时，教师可以通过以变制变来进行化解。

特级教师于漪老师有次上课时，几只蝴蝶飞进了教室，吸引了同学们的注意力。于漪老师首先让学生把蝴蝶赶走，然后让学生以蝴蝶飞进教室为题打一词牌名，同学们苦思冥想不得其解时，于漪老师给出了答案："'蝶恋花'啊，因为你们都是祖国的花朵！"在同学们一片会意的笑声中，于漪老师又开始了她的讲课。

7. 巧给台阶

课堂上，对于那些好出风头或恶作剧的学生，在对他们进行批评教育时，要注意给他们台阶下，千万不能闹对立，避免把矛盾扩大。对偶尔犯错误的同学更应如此。

有位小学二年级的李老师上课时刚出现在门口，正在舌战中的女同学立即七嘴八舌向他告状，说小王把沙子撒进了小丽的眼睛。小王矢口否认，小丽则边擦眼泪边号啕大哭，整个教室处于一片混乱之中。李老师通过观察，很快作出判断：小王欺负小丽，但小丽的眼睛里并没有沙子。她的哭声只是想借老师的嘴批评小王为她出气。怎么办？如果当堂查问，势必影响上课。如果不问，小丽则会泣个不停。李老师先叫同学们静下来，然后从口袋里掏出手帕，帮小丽擦眼泪："不要哭，让老师帮你把沙子弄出来。"说着，一本正经地检查小丽的眼，并且帮她吹了几下。边吹边问："还有沙子吗？还痛吗？""不痛了。"那位学生巴不得趁机下台。李老师进一步给她台阶："不痛就不要哭了。哭鼻子不是坚强的孩子！——这件事到底怎么回事，咱们下课再说。现在上课。"小丽真的不哭了，班上立即静下来。课进行得很顺利。

8. 提醒调侃

这些方法多用在那些上课精力不集中、思想开小差而导致分心的学生身上。当这种情况发生时，教师可视情况用语言、眼神、手势等作暗示。

如果暗示法不起作用时，教师可换用个别提醒法，可以边讲课边走到该生身边，或亲切地摸摸他的头，或轻轻地敲敲他的书本和课桌；如果以上两种方法都不见效，还可以尝试重点提问法，通过个别提问，强迫他把注意力转移过来。另外，有时在课堂上适度地进行幽默调侃，也是唤起学生注意，避免学生分心"偶发事件"发生的有效方法。有位教师在学生打瞌睡时，随机说了句诗："春风吹得书生醉，莫把课堂当睡堂。"同学们一笑，那位同学睡意全无了；再如对于个别开小差的学生，可随机说道："唯物辩证法告诉我们，任何事物都是一分为二的，但唯有一心不可二用，上课时一定要集中精力。"

9. 冷处理

当课堂教学中个别学生发生了一些较严重的违纪事件时，教师可以采取淡化的方法，把问题暂时"搁置"起来，或是稍作处理，留待以后再从容处理的方法。因为发生"偶发事件"后，学生多半头脑发热，情绪不稳，很难心平气和地接受教育，甚至会产生更严重的逆反情绪，使局面难以收拾；而老师容易心理失衡，缺乏充分的心理准备和冷静的分析，如果贸然进行"热处理"，难免发生失误或难以取得最佳的教育效果。

一位教师上课时，刚走进教室就看见同座位的小王和小张同学打架，你推我拉，互不相让。这位老师没有慌张，也没有大声训斥学生，而是微笑着说："怎么啦，你们俩，都已经是高中生了，有了小矛盾还不会处理？双方冷静一下，相信你们能够自己解决的。好，我们开始上课。"随着老师的话语，同学们松了一口气，小王和小张也松开了手，不好意思地低下了头。一场"龙虎争斗"平息了下来，既避免了事态的激化，又没有浪费宝贵的教学时间。

10. 停顿休整

当学生精神疲劳，将要发生分心情况时，教师可暂时停止上课，或让学生闭目养神休息几分钟，或做做小游戏，唱上一支歌，或讲个幽默风趣的小故事……。等学生精力恢复、注意力集中时再讲课，效率会大大提高。

应对课堂"偶发事件"的方法还有很多，这里就不再一一列举了。大家在教学实践中一方面要多借鉴一些优秀案例，同时自己也要总结反思，尽可能多地积累一些宝贵的经验。只要我们在课堂上因势利导，见机行事，采取相应的应变策略，这些"偶发事件"就不再会让我们觉得头痛。

实施有效的课堂管理

有效的课堂管理是上好一节课的必要保障。在进行正式的管理之前，作为教师的你必须要弄清课堂管理的一些原则，以及如何建立起一套行之有效的管理标准。在课堂上，如何对个别学生的不当行为进行适度干预，巧妙地化解掉课堂上的一些冲突，并且把握好宽严之间的度，这些都是需要认真思索和探讨的问题。

一、建立明确的课堂规则

为使课堂教学顺利进行，就必须有良好的课堂教学秩序。要保持良好的课堂秩序，就必须建立制度化的课堂规则，以规范学生在课堂中的行为。

课堂规则的内容是多种多样的，几乎涵盖课堂的所有方面。通常设置的课堂规则有：

按时上课，不迟到、不早退，不随意缺课；

因特殊原因迟到者要向教师报告，因事因病无法上课者应请假；

听到上课铃响，立即进教室，准备好书籍用具，静待上课；

按排定的座次入座，不可私自随意调换座位；

上课和下课时随班长或值日生的口令而起立、问候，向教师表示敬意；

提问和回答问题要先举手，经允许后才能起立发言，语言要清楚、简洁；

课前要预习，课后要复习；

上课专心听讲，勤于思考，仔细观察，不看无关的书籍，不做无关的事情；

按时完成作业，做到独立思考、书写整洁、字迹清楚、格式规范；

离开座位，走动要轻声，不妨碍他人；

保持正确的看书写字姿势，注意用眼卫生；

保持课堂内外整洁，不乱丢纸屑杂物，不随地吐痰；

课前课后，值日生做好教室清洁卫生，要揩净黑板，整理好讲台；

尊敬教师，注意礼貌，关心同学，相互帮助；

进出课堂要依照次序，保持安静，不影响他人学习等等。

制定课堂规则一般遵循以下的原则与要求：

（1）课堂规则应符合4个条件，即明确、合理、必要和可行。

（2）课堂规则应通过教师与学生的充分讨论，共同制定。

（3）课堂规则应少而精，内容表述以正向引导为主。

（4）课堂规则应及时制定与调整。

课堂规则形成的方法是多种多样的，主要有：

（1）自然形成法。

将原来已经存在并被广泛认可的常规加以具体化，形成课堂规则，一些自然形成的良好行为经过师生共同讨论加以强化，就形成了课堂规则。

（2）引导制定法。

将原本不存在或没有引起注意的常规引申为课堂规则，让大家共同遵守。可以先由教师设计某些规则，交由学生讨论后形成课堂规则；也可以先由部分学生发动并建议，经学生讨论和教师许可后形成课堂规则；还可以在师生共同的课堂活动中，针对某些具体的情形、问题讨论制定，形成课堂规则。

（3）参照制定法。

教师或者学生发现其他班级的某些些良好行为规范，而这一规范正好是自己所缺乏的，于是师生共同讨论，参照制定为课堂规则。

（4）移植替代法。

将其他课堂中好的规则直接移植过来，作为要求本班学生遵守的课堂规则，或者用来替代原来不合理的规则。

下面是某班制定的课堂规则：

课前部分：

1. 文具和教材建议统一摆放整齐。低段的学生，在不使用文具和教材时，统一将文具和教材收到抽屉里；在需要使用文具或教材时，再统一拿出来。

2. 英语课堂上，应要求学生携带教材。对于低、中、高段孩子，都应提出按时携带教材的要求；对于高段孩子，应避免借书使用的现象。

……

课堂部分：

1. 尊重他人发言，不随意打断他人发言。

2. 关注他人发言，注意捕捉他人发言的核心信息。

3. 关注指令，快速反应。（对课堂指令快速做出反应。）

5. 不随意说与课堂教学无关的话。

6. 发言前先举手，不随意打断他人发言。

7. 大胆表达自己的观点，发言时做到大方、不拘谨。

8. 尽量使用英语进行交流，避免使用中文。

9. 快速翻到相应的页码，以眼神与教师交流已经完成翻书任务的信息。

10. 阅读时，养成"指读"的习惯。

......

竞赛、游戏或活动部分：

1. 仔细倾听规则的讲解，对不明白的地方举手问老师。

2. 活动时按老师的指令快速做出反应。

3. 大胆参与，积极思考。

4. 积极反馈。

5. 两人对话交流时，学生应明确谁先说，交流完后怎样传递结束的信息等。

......

应该说，这份规则很详尽了。

课堂规则程序一旦建立，就要仔细监督学生的行为，要求学生严格遵守。

二、对学生的不当行为进行适度干预

我班上有一个很调皮的学生，上课总爱捣乱别人，尽管说过他多少次了，他依然我行我素。一次，上体育课时他参加了短跑比赛，身材瘦小的他夺得了第一名，看着他高兴的样子，我便借此机会对他说："×××，你体育成绩这么好，如果你文化课也学好了，岂不成了全班的榜样？"他不好意思地低下了头。后来，他慢慢地改掉了上课捣乱的毛病，有一次考试竟考了八十多分。

课堂上，总会有些爱捣乱的学生，尽管教师采取了各种方法，但他们还是做小动作，说悄悄话，看窗外，在纸上乱画，或收发手机短信等。这些事情并不严重，但是却扰乱了课堂秩序，而且并非每种情况都能采取像上面案例中的办法来解决。面对这种情形，教师该如何处理呢？

我们一起来看看下面这几种比较典型的情景：

（1）在你的课堂上做其他科目的作业。

你在讲台上起劲地讲着，学生也都在认真地听着，这时，你发现有些学生正在忙着做其他科目的作业。

（2）传递纸条或接发手机短信。

你正在上面讲课，结果却发现两个学生正在传纸条，或者是有同学在

底下偷偷地用手机发短信。

（3）随意讲话。

你在上面讲课，他（她）在下面讲话，甚至同时对许多人讲，而且声音还很大。

……

以上这些情形，相信大部分教师在课堂上都曾遇到过。那么，你是怎样处理的呢？

要回答这个问题，还是让我们先来听听专家的建议吧，这也许会对大家有所启发。

面对情形（1）的学生：

（1）直接让学生把其他科目的作业收起来，使其注意力回到你布置的任务上。

（2）不要犯没收学生其他科目的作业或课本这样的错误。这种严厉是没有必要的，并且那样做会对其他教师的教学造成消极影响。

面对情形（2）的学生：

（1）你所需要做的事情就是让他们将纸条或手机收起来。一般来讲，学生都很担心自己纸条或手机上的内容被其他人看到，因此他们会立即按照你说的做。

（2）因为纸条或手机上的内容并不是给你看的，所以不要看。不然，你就侵犯了学生的隐私，会使他们感到尴尬。有些教师甚至将纸条或手机上的内容大声读给全班同学听，这样做不仅没有必要，而且是在滥用教师的权力，会引起学生的反感。

（3）考虑一下为什么学生有时间和机会在你的课堂上"传纸条"，也许你应该改进你的监控技术或者教学计划以预防这类问题。

面对情形（3）的学生：

（1）在他（她）讲话时适时加以提醒或劝导，但是不要训斥和体罚该学生。

（2）下课后，将学生叫到走廊上，私下和他（她）谈谈不尊重教师的行为对你和其他同学的影响。记住，你的目的是解决问题而不是增强对立情绪。因此，要采取解决问题的态度。

（3）与那些随意讲话的学生达成协议，告诉他们你愿意听取他们的意见，但是他们应该和你私下谈并且态度要礼貌。当你采用这种友好的方式时，你就给了学生一个以积极的态度面对你的机会，同时也让他们学习了怎样以积极和礼貌的方式来面对以后的课堂。

（4）当学生表现良好的时候，表扬他们。如果你这样做了，那么你就让他们注意到了什么样的行为是你希望的。

综合以上建议，我们得出的结论是，教师在面对学生在课堂上做出的"不当"行为时，要坚持适度干预原则，做到"无痕"管理。对课堂上发生的问题，教师要尽量在最小范围内，以最简捷的方式来解决，尊重学生的人格和隐私，同时注意反思自己的讲授技巧。

当然，"无痕"管理是最理想的，但是在很多情况下，教师还是不得不中断课程解决问题。即使在这种情况下，教师也应尽量处理得简捷，把对全班的影响减到最小。

三、就事论事，对事不对人

在课堂管理中，我们常常会发现许多老师因为学生犯了一点错误而大发雷霆，把这个学生以前所做过的错事也一起提出来，并经常武断地说这个学生怎样不好，怎么怎么差，进而对学生的整个人都进行了否定。这种"上纲上线"的做法，大大违背了管理之道。

我们来看下面这个案例：

教师：汤姆，你每次迟到使我不得不为你一个人再从头讲起，这样做既浪费大家的时间，也造成我维持教学进度的困难。我对你每次迟到感到不高兴。

学生：老师，这并不是我的错。我参加校篮球队，每天练球时间，教练不准提早离开。

教师：我了解你的困难。你迟到是因为校篮球队训练时教练不准你提早离开。

学生：就是这样子。

教师：你可不可以向教练报告你的困难。

学生：不行，有的队员跟我的情形一样，报告了，可是教练不准。我知道迟到是不对，可是我没有办法。

教师：我了解你的困难，想想看还有没有其他的办法可以解决这个问题。

学生：老师，我看这样好了，以后老师不要为了我的迟到再从头讲起，免得浪费大家的时间。缺课部分，我请同学帮帮我，自习时间我好好用功，也请老师多给我一点指导。

教师：我想，在现在的情况之下，你的想法可以试试看。不过，将来效果如何，这要看你自己是否真的加倍用功而定。

显然，这位教师对该学生的迟到非常不满，可是他并没有因此而提及该生其他问题，更没有对该生本人予以否定，而仅仅强调的是"我"对"你每次迟到"不满。

更为重要的是，这位老师还让学生主动提出解决问题的建议，并自愿负起解决问题的责任，这是最富有教育价值的一点。

教师在课堂管理中，一定要就事论事，切记要对事不对人。

再来看下面这个案例：

有一次，县教委进行联合检查，检查中自然到各班去看看，正赶上我在班级，领导上我班后，作为班长却没有及时喊起立向领导问好，过后我严厉地批评了他，这是文明礼貌方面的严重失误，《中学生守则》、《中学生行为规范》都明确规定文明礼貌是学生时期的一个重要方面，对于班长的失误，必须当众批评。批评后他立即低下了头，并且过了一会趴在桌子上。我看在眼里，心想，决不能让他情绪影响到自己及大家，就命令他站起来，我问他："刚才批评的是你么？"他低下了头。意思很明显：是。我问他："你是班长吗？"他点了点头。"我批评的虽然是你，但批评的是你，班长的工作。"我刻意在"班长的工作"上加了个重音。他抬起了头。"不管是谁，我也是这样，对事不对人！"他恍然大悟。

"听明白我的话了么？"

"听明白了。"

"明白了什么？"

"努力工作，好好干！"

同学们也乐了，并且鼓起了掌。

根据戈登和吉诺特于 20 世纪 70 年代提出的和谐沟通理论，真正有效的课堂教学监控来源于学生个人发自内心的自制。因为在支持性而非批判性的情境中，学生能够表达其面临的问题及其内心感受，能由外而内地培养学生的自制行为和责任感，通过自己寻求答案和解决问题。教师应主动倾听学生的意见，对问题作出反馈，协助学生寻求解决问题的方法。

在课堂管理中，教师应尽量使用"对事"的语言，如："作为教师，我对你上课看小说的行为感到不满"，向学生传达出教师对问题情景的感受和对学生正当行为的要求；避免使用"对人"的语言，如："你们几个真让人讨厌！"、"你们再说话，出去！"、"你们是班上最差的！"、"你太懒

惰，你如果不改进，你将一无是处"、"你真是不可救药"……这些话会极大地伤害学生的自尊心，引起学生的反感，他们不但不会改，甚至还会变本加厉，越来越不听话。

对事不对人，强调的是一种公平原则，一种一视同仁的态度，从某种角度而言是对学生的尊重。它有利于形成一种公平的氛围，同时也有利于课堂管理更为轻松地进行。

四、课堂管理的"十四原则"

现在很多老师为了达到教学目标，活跃课堂气氛，在课堂教学中设计了游戏、唱歌、调查等诸多活动，一堂课看起来得很"热闹"。但有一部分爱活动、坐不住的学生却会趁机讲话，玩耍，开小差，违反纪律。为此，教师不得不放下教学任务来整顿纪律，这不仅降低了教学效果，而且还耽误了教学进度。因此，实施有效的课堂管理对保证教学进程顺利进行就显得尤为重要。在进行课堂管理的过程中，教师必须要注意以下一些基本原则。

1. 热爱学生

热爱每一个学生，随时帮他们克服生活和学习中的困难，不偏爱，不苛求，尤其对后进生，既要充满信心，又要细心指导，不急不躁，形成尊师爱生的良好师生关系。

2. 明确要求

在组织教学活动时，要建立必要的学习制度，提出明确的学习要求，随时对教学管理活动进行调控，尽量使课堂教学规范化。

3. 管理育人

各学科课堂管理的措施和要求要有助于学生身心健康，要培养学生的高度责任感和纪律性，提倡互相尊重、互相帮助和互相协作的集体主义精神。

4. 内外结合

课堂管理应与课堂外管理相结合，与学校管理相结合，与社会教育、家庭教育相结合，形成管理的有效网络。

5. 区别对待

要了解学生的学习、身心发展的共同特点，又要弄清每个学生的个体差异。管理中讲因人而异的方法，既要有一般的要求，也要有对个别学生的特殊要求。要因势利导，不搞"一刀切"。

6. 着眼当前

当学生出现不当行为时，教师要教会学生将来遇到类似情境时应该怎么

做,而不是对学生过去的错误纠缠不放。要处理当前的事,而不是过去的事。

7. 以身作则

管理中,教师要率先垂范,要求学生做到的自己要先做到,坚持以理服人,以积极正面的事实和道理,以及模范行来教育学生。

8. 语言积极

课堂管理应该从对消极行为的控制转向对积极行为的促进。因此,教师在课堂上应该强调的是希望学生去做什么,而不是必须禁止他们去做什么。消极的语言会暗示学生可能在此之前根本没有想到的行为。

9. 有选择地使用强化策略

为了预防课堂内违纪行为的发生,教师可以对某些学生采取选择性强化策略。在课堂学习中,当某个学生出现不良行为迹象时,教师可以不加理会,而向他提出一个比较容易回答的问题。这样,他就会感到教师在注意他。如果回答正确,他就会获得成就感,他的正当行为就会受到强化,实际上也就抑制住了他的不正当行为。选择性强化也可以通过赞扬其他学生,即转移强化来实现。

10. 运用非言语线索

如果有迹象表明某个学生将出现不当行为,教师要立即使用非言语线索,给学生一个暗示信号。例如:可以给该学生一个眼色或一个手势,也可以一边讲课一边走过去停留一下。这种非言语线索,既可控制不当行为的产生,又不影响课堂教学秩序。

11. 给学生提供承担责任的机会

应提供机会让学生参与课堂纪律的制定与实施,同时给学生提供承担责任的机会。这不仅能让学生感受到教师的信任,也能使他们认识到建立一个有效的学习环境,不仅是教师的责任,更是他们自己的责任。课堂上发生了违反纪律的事件时,教师不要去听信学生的借口,否则只会让学生学会推卸或逃避责任;教师更不要去引导全班学生讨论该生的理由是否成立,这会使违纪学生认为其行为受到了重视,客观上强化了其违纪行为。这时,教师应该问学生在下次遇到相同情况时,正确的做法是什么。

12. 避免不必要的威胁

仅仅依赖于威胁来控制学生是无效的,而且总是用"这是最后一次机会"来威胁学生会极大地损害教师在学生心中的形象。当然,威胁信号一旦发出了,就一定要执行,让学生感到教师言而有信。

13. 就事论事

当发生学生违纪事件时,教师应该就事论事,诚恳地表达自己的意见

和对学生的希望，而不要去羞辱学生，更不要当着全班同学的面去揭露该生的短处。

14. 创造环境

课堂教学环境依赖于一个良好的学习环境，我们应精心优化教育环境和社会环境，发挥环境对学生潜移默化的作用。

五、在宽严之间寻求平衡

云南剑川人赵藩在成都武侯祠写了一副对联。这副对联是：能攻心则反侧自消，从古知兵非好战；不审势即宽严皆误，后来治蜀要深思。这副对联赞扬了诸葛亮执法严谨，审时度势，实事求是，宽严结合的方针。作为一名教师，在向学生施教时，也非常有必要借鉴一下这副对联给我们的启示，把握好课堂中的"宽"与"严"。

来看下面这个案例：

我接手的五年三班是学校出了名的纪律差的班级，才开始任该班英语老师时，我就怀着没有教不好的学生的信念，每天饱含热情、笑脸相迎地走进教室，可是结果并不是我想象的那么乐观，孩子们根本就不买账，因为以前的英语老师都是整天板着个脸凶巴巴地应对他们，而今觉得这个老师不凶，便开始逍遥了。接下来的日子我还是以这样的信念坚持着，可班级的状况不但没有改善，孩子们反而更加疯狂，除了主学科课堂纪律与学习态度稍微好一些以外，英语课上纪律差、作业不认真完成，根本不把老师说的话放进心里。这时，我在想，完全以温和的态度对待学生不可行。于是，我接着采取了相反的措施。

每天我就放下了脸，板着个面孔，用命令的口气对孩子们说话，做错事情的严肃处理，这样的方式在初实行时好像还很管用。孩子们开始以为老师是说着玩的，都不理不睬，后来见我严肃处理了几名违反纪律的同学，便有所好转。但是，这样的方式是把孩子镇住了，同样也带来了诸多麻烦，孩子们上课也不爱回答问题了，更不爱参加课堂活动，整个班级没有生气，孩子们好像每天都心事重重，害怕自己犯了错误。我又在审视自己的管理方式了，看来像法西斯式的管理办法也不能用于学生之中，于是，我便找班级同学谈心，了解他们需要什么样的方式。找爱起哄的同学聊天，同时，在班级建立"每月之星"评比，把表现改善最大的同学定为明星，在班级表扬并重奖，如：赠书，同时在书上写下鼓励的话；在同学

们的作业本上耐心地写下鼓励的话语与薄弱的地方；经常与家长保持联系，让家长了解孩子学习状况。每次进教室我还是饱含热情，但该严肃的地方我还是严肃起来。对于做错事情的学生，我还是严肃处理，但下来之后还要专门找该学生谈，让他自己找出自己的不足与改进的方法。把尽量多的时间留在教室和学生一起，了解他们的思想与需求，同时，还利用班会、午会时间进行思想交流……

这样坚持了两个多月，孩子们有所改善，虽然英语课堂还是存在诸多不足，但我看见了孩子们的进步，看见了他们对老师的理解。

对于学生在课堂上的一些与课堂要求背道而驰的行为，教师既不能置之不理、放任自流，也不能锱铢必较、有违必究。过宽和过严，都是课堂管理的大忌。作为一名合格的老师，要想成为一个优秀的课堂管理者，就必须有所创新，在宽与严之间求得平衡。

那么，教师如何才能使课堂管理"宽严"有度呢？

（1）要严而有度。学生"亲其师"才能"信其道"，对于学生严中要有爱，严中要有度，严中要有循循善诱，严要符合学生身心和谐发展规律。只有这样，学生才能接受你、认可你、遵循你的教导。如果过于严格，反而给学生造成心理压力，产生逆反心态。

（2）在课堂管理上要始终保持公平、公正。同样一个错误，不能因为它发生在一名优等生身上就"抬手"放过；而发生在一名差生身上则一看就烦，劈头盖脸就是"一顿"。这样处理很容易导致学生口服心不服，对老师充满了抱怨，甚至产生逆反敌对心理。我们在课堂管理上一定要谨记：在任何事情面前，孩子都是一样的，"一视同仁"是我们工作的标尺。

（3）课堂管理要讲求科学性、艺术性。同样一件事情，有的教师布置，孩子就乐意做；而有的教师布置，很多孩子就"撅着嘴"做。这里面充分体现了老师课堂管理的科学性、艺术性。而有的教师在这一方面能力显得非常欠缺，在僵硬的氛围内，让学生难以接受。这些教师必须要注意提高自己在这方面的能力。

清代的冯班曾说："师太严，弟子多不令，柔弱者必愚，强者怼面严，鞭扑叱咄之下，使人不生好念也。"孔子也说："温而厉，威而不猛，恭而安。"凡事过了头，都会走向反面。我们在课堂管理上也是同样如此，因此做到宽严有度是极为重要的。

不要忘记教学反思

所谓教学反思，是指教师对教育教学实践的再认识、再思考，并以此来总结经验教训，进一步提高教育教学水平。教学反思一直以来是教师提高个人业务水平的一种有效手段，教育上有成就的大家一直非常重视。现在很多教师会从自己的教育实践中来反观自己的得失，通过教育案例、教育故事或教育心得等来提高教学反思的质量。

一、什么是教学反思

教学反思是教师对自己或他人在教学过程中的成功、失误、思想、行为等的思考总结的行为，反思行为涉及情境的回放、问题的发现、认真的思考、严肃的批判、客观的总结等多方面内容。反思对象既可以是自己的教学实践过程，也可以是自己见证他人有关教学的行为，因此是对自己及他人行为进行的审视和分析。

美国教育家布鲁巴赫等人认为，可以把反思性教育教学实践分为三类：一是"对实践的反思"是指反思发生在教育教学实践之后；二是"实践中反思"指的是反思发生在实践的过程中；三是"为实践反思"则是前两种反思的预期结果。一般情况下，反思是事件结束后的反省，但是我们要遵循及时反思的原则，这对我们的行为更具有指导意义。其中"实践中反思"与"为实践反思"就属于超前性反思，它能批判性地重建课堂教学的过程，使教师对自己的课堂更有预见性。而"对实践的反思"则是补充今后教学工作的丰富养分。我们这里所讲的主要是"对实践的反思"这一种。

叶澜教授说："一个教师写一辈子教案难以成为名师，但如果写三年反思则有可能成为名师。"可见，撰写教学反思的重要性。教师的工作的主阵地就是课堂，所以教师对课堂的反思尤其重要，包括教师备课、上课，教材的利用，课上气氛的调节，学生接受能力的反馈，课堂突发事件的处理，课上作业的处理，课下作业的预留等问题。对成功之处的反思，是今后工作的借鉴；对失误之处的反思，是指导问题的改正。教学反思的撰写可以探索教材内容的有效利用，构建师生互动机制，对教法有崭新的

探讨。

反思是教师寻求进步的有效途径，美国学者波斯纳提出的教师成长的规律是："经验＋反思＝成长"。这个公式明确了教师成长的必备条件。其实经验与反思并不矛盾，对已有教学经验的反思触发新的经验的生产，而越有经验的教师，越能在自己的实际工作中有效地反思。从某种意义上说，教师的反思能力体现着教师的职业悟性。反思能力越强，教师的实践掌控能力、在工作中开展科研的能力就会越强。善于反思的教师，是思想的驾驭者，这样的教师能够积极地投身到教育教学中去，并能及时发现问题，改正问题，主动性和创造性都对他们的事业有重要帮助。因此，养成良好的反思习惯，是走向成功的第一步。

教师撰写教学反思，是对自己教学经验的描述。当经验被推广后，促进了教师之间经验的交流与探讨，更多的问题和见解，在分析、讨论、研究、矫正的过程中，得到了许多人的关注。共同解决问题是相互学习的过程，使更多的教师参与了资源共享，并在今后的教育教学中加以实践检验，促进了教师队伍整体教学水平的提高。

二、当下教学反思的特点

当下国内教学实践中的反思活动，多半是"对实践的反思"。这类反思的主要特点是选材涉及的问题少，内容较单纯，所以篇幅较短，结构也很简单，写作格式没有统一规定。但是因为是教学反思，教师是反思的主体，所以一般以第一人称叙述。其写作形式大致可以分为两种：第一种较简单，一般采用的是"叙事＋议论"的方式，议论部分要充分，深入分析事件本身，还有作者自己的思考见解；第二种是"教学实例＋得失分析＋理性思考"，重点是理性思考，思考的内容涉及一些有建树的问题，并具有普遍的指导意义。

简单来说，这些教学反思可以概括为关于教材使用的反思、关于授课过程的反思和关于课下交流的反思这三类。

1. 关于教材使用的反思

教材是教学实施所使用的材料，教师对教材要有透彻的了解，首先看教学目标的制定是否反映了知识、能力、情感态度与价值观这三维目标。教育发展到今天，对学生的教育已经不单停留在知识的传授上，更注重能力的培养和丰富的情感体验。学生是教师为未来培养的人才，未来需要的是全面发展的人才，而不是书呆子，所以教师的教学就该着重三维目标的

相互关联和渗透，并有机融合在教学过程当中，成为课堂教学的灵魂。

其次是对教材的知识点的把握要准，教材的深度分析要到位。教师不是讲教材，是利用教材培养学生能力，所以，用哪个知识点才能达成目标？教材还可以进行怎样的深度分析？怎样才不是死用教材而是创造性的应用教材？这些都是教师应该认真反思之处。只有正确地掌握了各个层面之间的关系，才能使课堂效率最大化。

2. 授课过程的反思

授课过程是教学活动最主要的环节，教学目标的出示、教学方法的选择、教学过程的设计、重难点的突破、学生学习积极性的调动等等，都在教师反思之后趋于完美。授课过程关乎学生的学习效果，在授课过程中，教师一定要注意与学生沟通，只有沟通，才能避免满堂灌的传统教学模式的弊端。沟通是教师课堂上的必备行为，教师所讲授的内容学生到底接受了多少，要通过沟通来了解。学生学习的积极性也需要师生间的沟通来调动。现代课堂需要活跃的课堂，也需要有效的课堂，怎样把课堂交还给学生？怎样引导学生思考？这都需要教师具有过硬的专业素质和勤奋的探求精神。反思在课堂之后，智慧蕴于设计当中。

3. 关于课下交流的反思

除了课上的讲授，课下的交流不但可以对学生所学知识进行检查或巩固，还可以对学生进行思想教育，跟踪学生的心理发展。因此，教师要静下心来认真反思课下行为，哪里值得推广，哪里需要改进。对学困生的鼓励更多的是在课下进行，给予学生功课方面的指导，通过谈心帮助他们树立起信心，和优等生交流，帮助他们制定加压计划；和中等生交流，鼓起他们比学赶帮超的热情。不管哪种方式的交流，教师都该及时反思，做到对待学生不讽刺、不挖苦、不冷淡、不漠视。积极发挥课下的交流作用，帮助学生取得更大进步。

三、教学反思的选材

在教师每天纷繁的工作当中，似乎处处都能引发反思，可是哪些有书写价值值得教师反复推敲。

1. 记录成功的经验

如教学过程中达到预先设计的教学目的、引起教学共振效应的做法；课堂教学中临时应变得当的措施；层次清楚、条理分明的板书；某些教学思想方法的渗透与应用的过程；教育学、心理学中一些基本原理有意使用

的感触；教学方法上的改革与创新等等，都可以详细得当地记录下来，供以后教学时参考使用，也可在此基础上不断地改进、完善、推陈出新。

2. 记录失败的原因

即使是成功的课堂教学也难免有疏漏失误之处，对它们进行系统地回顾、梳理，并对其作深刻的反思、探究和剖析，使之成为今后再教学时的参照物。教师应养成这种良好的反思习惯，在教学行为完成后，应该反思是否有什么疏漏之处，看看失误的原因在哪里，然后探究解决问题的办法，在此基础上查漏补缺，吸取教训，避免以后类似情况的发生。

3. 记录灵感的闪现

课堂教学中，随着教学内容的展开，教师往往会因为一些偶发事件而产生瞬间灵感，这些"智慧的火花"常常是不由自主地突然而至、不可预期的。若能被记录在案，则成为不错的教学反思，若不及时利用，课后反思捕捉，便会因时过境迁而烟消云散，令人遗憾不已。

4. 记录规律性思考

教育教学过程中有许多都是规律性的问题，比如课题的引入、问题的出示方法、三维目标的达成、板书的设计方式、学生动手动脑的科学依据等等。所以一定时期以后，教师对自己的教学经验做一归纳总结，能更好地改进完善自己的工作。

5. 记录感动之处

学生有时会给教师意外的惊喜，比如写在黑板上的一句祝福、放在讲台上的一杯热茶、为灾区组织的捐款、运动会上的奋力拼搏……在这些学生自发的行动里，蕴含着教师平时的悉心教导。在教师感动之余，不妨反思一下，怎样的思想教育最符合学生的接受方式，怎样的心理教育更符合学生的年龄特点，怎样的教师行为对学生形成良好的示范作用等等。

6. 记录学生的应变

在课堂教学过程中，学生是学习的主人，学生总会有"创新的火花"在闪烁，教师应当充分肯定学生在课堂上提出的一些独特的见解，这样不仅使学生的好方法、好思路得以推广，而且对学生也是一种赞赏和激励。同时，这些难能可贵的见解也是对课堂教学的补充与完善，可以拓宽教师的教学思路，提高教师的教学水平。因此，教师在教学过程中时刻不要放松对学生的观察。针对自己的教学，不同学生有怎样的接受能力？哪些问题容易和学生碰撞出心灵的火花？学生有哪些独到的见解？在哪项活动中学生有怎样出色的表现等等，这些都可以当成撰写反思的素材。

7. 记录旁观者的感受

当自己不是行为的主体，而是作为旁观者时，依然可以撰写反思。比如当一位教师旁观了家长打骂孩子的过程，或者看到别的老师对学生问题的解决方式等。只要触发了感想，能提炼出对教学有帮助的指导性意见或者深受的启发，都可以形成自己的反思素材。

总而言之，写教学反思贵在及时、贵在坚持。一有所得，及时记下，有话则长，无话则短，以写促思，以思促教。长期积累，必有"集腋成裘、聚沙成塔"的收获。

四、教学反思的诸多层面

教学反思的写法灵活多样，是教师们极易完成的教学研究形式，它要求教师在平时工作中多思考、多质疑，不断对自己的教学行为进行反思，提高自己的理论实践水平。

撰写教学反思的过程又是教师再学习的过程，我们不但要在教学中反思，还要在学习中反思，不但自己反思，还要多学习别人的反思。也只有做到学而不厌、诲人不倦，才能及时改进教学实践中的疏漏，逐步提高自身业务素质。当我们能够主动地将反思作为一种习惯，并纳入到平时的教学活动中，我们就成为了一名自觉的、有效的反思者，也就能够使自己在具体工作中做到举重若轻了。

具体而言，教师的教学反思包括以下几个层面的活动。

（1）课后完善教案。根据课前教案去上课，课后，对课堂情况进行反思总结。明确这一课的成功之处、不足之处、新的教学设想、进一步改进措施、经验的提炼和升华等。根据反思的这些情况，对已形成的教案进行修改和完善。一节课下来后，有心的教师朋友常常会反问自己：本节课摸索出了哪些教学规律，教法上有何创新，知识点上有什么新发现，组织教学方面有何新招术，解题的诸多误区有无突破，启迪是否得当，训练是否到位等等。及时记下这些得失，并进行必要的归类与取舍，考虑一下再教这部分内容时应该如何做，写出更完善的教案和教学设计，做到扬长避短、精益求精，把自己的教学水平提高到新的境界和高度。

（2）及时写反思日记。在每一天工作结束之后，教师应该养成反思的好习惯。自己的课堂教学、与同事对教学探讨的心得、教学中存在的问题、学生对课堂的反馈等，都是良好的反思素材。之后以日记的形式记录，天长日久，教师的积累一定会对自己的教学有很大的促进作用。同时为将来的教学

论文的撰写或教育科研的开展，做了充分的准备。

（3）参加听课评课活动。各学校都制定了教师听课制度，学科组之间或者跨科组之间都可以进行相互听课，看别人对课堂的驾驭对自己是个提高的过程，一是学科知识的交流或整合，一是深入其他教师课堂一定从中受到启发，即使看到了对方的不足，在自己评价指出的过程中，同时也是自身水平提高的过程。

（4）增加对外交流。学校可以聘请教研室领导来校听课、评课，或者参加上级统一组织的观摩课活动。专家给出的意见往往代表了先进的教学理念，这是教师增长知识的极好机会。

（5）开展行动研究。为了及时对教育教学实践进行探索和改革，还可以采用行动研究这种方式，教师设计出具体的行动方案，直接作用于教育教学活动，如实反映问题，揭示问题的实质。

五、集体挖掘更多"反思点"

在新课程实施过程中，教学反思被视为促进教师专业发展和自我成长的核心要素。许多学校倡导教师写教学反思，但一些教师写的教学反思就跟记流水账一样，只是对自己的教学过程进行一些简单的描述，再加上一些泛泛而谈的教学评论，缺乏对教学现象和教学本质的深度思考，因而成效并不大。哪些内容是值得深入反思的？怎样才能进行深度的反思？也就是如何寻找到教学反思中的"反思点"呢？来自陕西渭南的一群一线教师以案例分析为主要形式，加强同伴之间的合作和交流，进行集体反思，在互相探讨的过程中找到更多"反思点"。

反思之一：反思教学细节，寻找自己已有的经验和行为与新课程理念的差距，不断提高对新课程理念的认识和理解。

案例：怎样的评语才能激励学生？

一位老师教学 37＋5，在活跃的课堂气氛中，学生说出了很多计算方法，教师脸上闪耀着兴奋和自豪。这时候，又有一个学生举手，教师迟疑了一下，最终还是让他站起来回答，这位学生说："老师，黑板上 37＋5 ＝ 42，你写成 43 了。"教师脸上顿时暗了下来，"哦"了一声，转过身把黑板上的题目改了。忽然这位老师又想起了什么，说："××虽然平时上课不太积极，但是今天却很细心，我们表扬他。"学生听着老师的口令，机械地"啪啪啪"，响起了几声掌声，××脸上也不知是什么表情坐下了。

这是一位老师研究课中的一个细节，我们把这个细节放大处理，组织教师反思和讨论：由此教学现象你想到了什么？

一位老师在反思中认为：这位教师已经认识到激励性评价的重要性，但只是把它作为自己实现新课程的一种点缀，而不是发自内心地、由衷地赞叹。教师在表扬的同时有一种"高高在上"的评判味：你平时学习是不认真的，今天也没有动脑筋。学生听后的感想如何呢？因此，给学生以激励性评价，不能只是停留在口头，或者是在需要做时才做的一种装饰，它需要时时渗透在教师的教育思想中，处处落实在教师日常的教学行为之中。当教师对学生进行激励性评价已经不需要提醒的时候，新课程倡导的"以学生为本"的思想才能真正深入到我们的教育之中。

反思之二：反思不成功的教学案例，寻找教学设计与学生实际的差距，促使新课程理念向教学行为方式的转变。

案例：课件资源如何开发和利用？

在教学一年级下册"统计"时，一位教师创设了"给猴子喂各种形状饼干"的动画情景。他的设计意图是：第一次课件演示，使学生产生统计的需要；第二次课件演示，学生因来不及计数而产生记录的需要，并在各种记录方法的比较中引出画钩的方法再次统计；第三次课件演示，让学生运用画钩的方法再次统计。但在课堂上，效果并没有如老师所期望的那样。有一些学生记录几个后就"罢工"了，而且在交头接耳，根本不看屏幕，显出很不耐烦的样子。

课后，我们组织教师进行了研讨和反思：为什么教师精心设计的多媒体课件并没有激发学生学习的兴趣呢？课堂中学生的感受是什么呢？我们找来两个学生问了一问。学生回答："我知道三次的饼干都一样，所以答案和前面一样的，不需要再看了。"确实，三次课件演示的情节如出一辙。通过调查和讨论，老师们在反思中认识到：这位教师注意了课件资源的多次利用，力图使学生的学习需求越来越强烈，但没有考虑到相同课件演示的"重复"所带来的负面效应。怎样的演示才能激发学生观察的兴趣呢？老师们纷纷说出自己的意见：可以变换一下演示形式，将课件情景中出示的饼干改变形状、改变数量、改变顺序，让学生"不可捉摸"，从而能将学生的注意力全部集中到课件之中。教学手段是为教学内容和学生学习服务的，教学设计要充分考虑学生的学习感受。

反思之三：反思有争议的教学案例，对教学行为进行不断追问，不断促进自我行为的改造和重塑。

案例：怎样的探索是自主探索？

这是一节新课程课堂教学观摩课，教学内容是分数和小数的互化，执教老师出示了很多典型性的分数提问：怎样把分数化为小数？学生回答：用分子除以分母。计算后教师再提问：根据计算结果如何进行分类？学生很快把这些分数分为商是有限小数和无限小数两类。教师第三次提问：请你猜一猜，分数是否能化为有限小数并和分数的什么有关？通过讨论和引导，学生一致认为与分数的分母有关，然后在教师引导下，继续探究与分数的分母有怎样的关系。整节课的教学如行云流水，丝丝入扣，学生在教师的引导下进行着一次又一次的探索。

针对这一节课的讨论，形成了两种意见：一种认为，在这一节课中，学生探究目的明显，参与程度高，目标达成度也高，教学效果很好；而另一种意见认为，在这一节课中，教师的着眼点过于指向引导学生得出分数能否转化为有限小数的结论，学生的探索始终是在教师预先设定的框架内进行，至于为什么要进行探索？怎样找到探索的方法？学生都很茫然。在这种貌似自主的活动中，学生缺乏明确的自我学习意识和目标，思维处于被动状态，学生的创新能力和解决实际问题的能力很难培养。

在争论之后，我们引导大家学习数学家吴文俊先生在谈 21 世纪的中国教育时曾说过的一段话："学校所给的数学题目都是有答案的，已知什么，求证什么，都是清楚的，题目也一定做得出来。但是到了社会上，所面对的问题大多是预先不知道答案的，甚至不知道是否会有答案。这就要培养学生的创造能力，学会处理各种实际数学问题的方法，但要做到这一点，光靠逻辑推理是不够的"经过争论和学习，老师们的反思深刻了，认识清晰了：课堂中学生不仅需要掌握分数能否化成有限小数的规律，更重要的是需要掌握遇到实际问题如何解决的能力，教师应该让学生的视角从狭窄的思维中解放出来，更多地提供教学情境，让学生亲身经历活动中的各种问题，不断尝试、不断探索，学会解决问题的方法。

在教学过程中，教师必须养成反思的习惯，不断加强理论学习，及时地反思自己的教育教学工作，自觉体验和不断完善自己对教育的理解，并与他人进行沟通和交流，才能不断提高自己的专业素养。

六、教学反思写作举例

教学反思一：《我爱故乡的杨梅》

儿童心理研究表明：那些具体、生动、形象的，反映孩子的生活的，或是由孩子们自己参加的教学活动，他们总是很感兴趣。实践也证明，对于小学生来说，他们认识事物，认识世界，最直接的途径是直观和亲身体验。伴随着对这些事物的感受，有选择地、一幕一幕地印在自己的头脑里，使之成为自己的生活经历。这样在今后的生活中他们将不断地再现此经历，并逐步得到强化。同时，这种生活体验经过老师的启发、帮助将其组合、排练，以表演和场景再现的方式，创设自己教育自己的机会，这便是一种很好的教育方法。

在教学《我爱故乡的杨梅》一课时，我首先运用新鲜红嫩的杨梅引导学生观察：通过观察你知道了什么？学生通过观察初步知道了杨梅的颜色、形状、大小等外观的一些特征。同时引发学生的兴趣：看到这么惹人喜爱的杨梅你有什么想法？这一提问如同一石激起千层浪，学生们立刻跃跃欲试，有的想尝尝、有的想摸摸、有的想仔细看看。在这种气氛下引导学生学习课文，体验作者的感受达到了水到渠成的目的。

在体会作者小时候吃杨梅的感受时，注意引导学生进行再现体验：谁愿意将作者小时候吃杨梅的感受给表演出来。学生们立刻来了兴致，分别以小组为单位进行排练。在小组竞相表演的前提下，我又组织学生进行全班汇报。看到学生们入情入境的表演和活灵活现的动作，使我感受到了创设课堂最佳教学情境获得成功的喜悦。

继教学伊始的悬念，学完课文之后，我拿出事先准备好的干净的杨梅，分发给每个小组的学生们，让他们真正品尝这来自于美丽南国的水果。在学生们大尝特尝了杨梅之后，让学生们谈一谈感觉。学生们经过亲自品尝，切身体验，真切感受到了杨梅那甜美的味道。学生们纷纷谈出了吃杨梅的感觉。什么"味道好极了""真是酸甜可口""甜里透着酸，酸里透着甜""甜津津的"……这些话语均出自学生之口，那种品味甜蜜的感觉和意犹未尽的表情真实地体现了生活，再现了生活。学生们在亲身体验中强化了感悟，受到了熏陶，得到了美育。

从以上教学可以看出，教学的过程实际就是师生情感相互沟通和交流的过程。教师应该多动脑筋创设学生亲身体验的情境，调动学生参与的积

极性，以期达到师生之间最佳合作的效果，创造出最佳教学气氛来达到教学的真正目的。教师教学的成功也在此得到收获。

教学反思二：《全等图形》

教师的成长在于不断地总结教学经验和进行教学反思，下面是我对这一节课的得失分析：

一、教材选择"全等图形"原为"全等三角形"的起始课，又是学习平面图形关系的引言课。内容涉及的知识点不多，知识的切入点比较低。而新书将其建立在已学内容"图形的变化"基础上，加强与前面的知识点的联系。我选择这一节课，突出全等图形与图形基本变换的联系。

二、学生情况八年级学生有一定的自学、探索能力，求知欲强。借助于学习卷的优势，能使脑、手充分动起来，学生间相互探讨，积极性也被充分调动起来。

三、教法学让学生通过作图，观察体会全等图形的定义，自学全等图形的特征，通过练习总结和强化对应边、对应角的寻找方法。

四、教学过程设计。首先，本节课我本着以学生为主，突出重点的意图，结合学习卷使之得到充分的诠释。如在全等图形的定义总结中，我让学生自己动手，通过平移、翻折和旋转的作图，为体会重合的图形全等这一定义提供了分析、思考、发现的依据，把抽象问题转化为具体问题。而全等图形的特征及对应边对应角的寻找这一难点，我通过具体练习让学生总结，并带领学生寻找快速寻找对应元素的方法，练习的设计采用由易到难的手法，符合学生的思维发展，一气呵成，突破了本节课的重点和难点。真正做到以生为本，抓住课堂45分钟，突出效率教学。而在B组练习中，我尝试让学生使用数学推理的格式，使学生熟悉这种推理方法；其次，我在结尾总结全等图形时让学生在生活中寻找实例，体现了数学与生活的联系，渗透美学价值；再次，从教学流程来说：情境创设——自学概念与特征——练习与小结——变式练习——应用数学，我创造性调整了教学顺序：在学生掌握了全等图形定义和特征后，增添了书上没有的常见图形练习，既达到复习图形的3种变化，也为全等图形的变换奠定了基础。再通过探究实践，将想与做有机地结合起来，使学生在想与做中感受和体验，主动获取数学知识。采用这种由易到难的手法，符合学生的思维发展，一气呵成，突破了本节课的重点和难点。

五、本节课的不足。1）没有充分利用已有资源调动学生。在平移和旋转中我们已经总结了两种变换的特征，全等的特征只要再多提一个问题就可以从学生嘴中得到。我在设计中让学生自己看书得到全等的特征，没有调动学生，让他们自己去发现。2）要关注学生的差异。学生的层次不同，本卷练习对基础较好的学生来说有一点吃不饱，应增加 C 组练习满足这些学生学习的需求。

教学反思三：《两个铁球同时着地》

《两个铁球同时着地》是人教新课标版小学四年级语文下册第七组的一篇课文（第25课），本文是培养小学生的分析能力、敢于挑战权威、勇于实践的科学态度的好教材。但是，要让生活在今日的中国儿童理解17世纪意大利伟大的科学家伽利略的精神，却不是一件容易的事。我根据本文重点、难点，结合学生的认知水平和心理特征，充分发挥了新课程标准提倡的主导作用，课堂教学效率明显提高了。下面是我对《两个铁球同时着地》的教学反思。

1. 完成《两个铁球同时着地》的教学后，我有一种"下岗"的感觉：

《新课程标准》指出：学生是主体，老师是主导等等。在语文的课堂教学中，要以学生的实践活动为主，阅读是学生的个性化行为，不应以教师的分析来代替学生的阅读实践。应让学生在积极主动的思维和情感活动中，加深理解和体验，有所感悟和思考，受到情感熏陶，获得思想启迪，享受审美乐趣。

为了贯彻这一新课标教学理念，我对《两个铁球同时着地》这篇课文进行"重组"，即以"你喜欢亚里士多德还是伽利略？"作为学生思维和情感生活的主线，让学生通过阅读课文或查找课外资料去理解、感悟伽利略的善于思考、认真求实、敢于质疑、不迷信权威、勇于实践的科学态度。当我让学生自由谈谈"你喜欢谁？为什么？"的时候，学生都们抒己见、旁征博引、据理力争的自信姿态，那不说服对方辩友誓不罢休的决心，让我为之感动、感叹，这才是一节充满生命活力的语文课堂，让我有种老师要"下岗"的感想。

当学生明白到伽利略的试验证明亚里士多德的话有错时，我就提了一个这样的问题，那喜欢亚里士多德的同学你们的态度改变了吗？有同学说："亚里士多德说这句话虽然有错，但他给人类发展作出的贡献非常大，

人们还称他为'学问之神'，所以我还喜欢亚里士多德，但我也喜欢伽利略。"这不证明课标指出的"课文课程丰富的人文内涵对学生精神领域的影响是深广的，学生对语言材料的反映又往往是多元的。"同时也让我深深地感受到学生的独特体会是多么的深刻精辟啊！此时老师再多的语言都是多余的。

2. 完成《两个铁球同时着地》的教学后，让我有惊奇的喜悦：

《两个铁球同时着地》这篇课文的难点在于理解伽利略的想法，学习他善于思考、敢于质疑的好品质。我把这一难点抛给学生，以小组讨论寻找解决问题的途径，事先我也以学生的角度，曾绞尽脑汁地想，也曾请教过教学经验丰富的教师，得出要理解这段话所采用的方法不外乎两种：画图法和抓住关键词。没想到在交流汇报时，不经意的我看到学生思维迸发出创新的火花，学生竟告诉我，他们小组采用列算式来理解：$[(10+1)>10$ 快$]$ $[10-1<10$ 慢$]$，这样的理解也让我看到了学科间的知识是相通的，这是语、数学科间多么巧妙的结合啊！他们在讲述过程是那样的有条不紊、句句在理，这真是一个意想不到的收获。更惊奇的喜悦还在后头，林菲菲同学告诉我："我觉得伽利略的思考过程太复杂了，只要这样理解既简单又明了，同时从高处落下，100 磅重的先着地，速度是 1 磅重的 100 倍，那么当 100 磅重铁球落地时，1 磅重的铁球还悬在半空中，这显然是不可能。可见亚里士多德说的这句话是错的。"这种理解是那样的通俗易懂，让我难以置信，此时此刻我深深地领悟到了前苏联教育家苏霍姆林斯基说过的："真正的学校应当是一个积极思考的王国。""让孩子生活在思考的世界里——这才是应当在学生面前展示的生活中的最美好的事物。"

第二章

名师教学创新经典

教学的艺术

一、教学设计

学懂理论到实际运用，有一个转化过程。因此，学习尝试教学法不能停留在掌握一般原理和原则上，应该在教学实际中加以运用。下面以小学数学为例，具体介绍教学设计的方法。中小学各门学科都有各自的特点，以下仅供参考。

（一）设计准备题

尝试教学法基本操作模式中第一步是准备练习，这一步是学生尝试活动的准备阶段。对解决尝试问题所需要的基础知识先进行准备练习，然后采用"以旧引新"的办法，从准备题过渡到尝试题，充分发挥旧知识的迁移作用，为学生解决尝试题铺路架桥。所以，在出示尝试题之前，设计和安排好准备题是十分重要的。这里举一个失败的课例来说明精心设计准备题的重要性。

有位教师教学生"异分母带分数连减法"，在基本训练后，立即出示尝试题。

尝试题：$8\frac{3}{8} - 1\frac{5}{6} - 3\frac{2}{3}$

例题：$8\frac{1}{4} - 3\frac{5}{6} - 2\frac{7}{8}$

$$= 8\frac{6}{24} - 3\frac{20}{24} - 2\frac{21}{24}$$

$$= 6\frac{54}{24} - 3\frac{20}{24} - 2\frac{21}{24}$$

$$= 1\frac{13}{24}$$

接着要求学生自学课本并进行尝试练习。教师巡视中发现多数学生没有动笔，一经检查，主要是学生看不懂通分后为什么还要变成 $6\frac{54}{24}$。教师

看到这种情况，不知所措，只得自己又从头讲起，这堂课失败了。

分析这堂课失败的原因，主要是基本训练题没有设计好，又没有准备题作为过渡。这样，新旧知识之间坡度太大，难以发挥旧知识的迁移作用，使自学课本和尝试练习失去了基础。后来，重新设计基本训练题，补充了准备题，在另一个班级试教获得了成功。

准备题是为尝试题服务的，必须同尝试题有密切联系。一般采用的方法：准备题与尝试题是同题材、同结构，但难度不同，只要把准备题的条件或问题改变一下，就成为尝试题。这种"改题"的方法，使学生能清楚地看出准备题与尝试题之间的联系和区别。

这样，从准备题过渡到尝试题，揭示了新旧知识的联结点，沟通了新旧知识的联系。然后引导学生自学课本例题，从例题的分析方法和解题方法以及书写格式中得到启示。有了以上的基础，学生再做尝试题就水到渠成了。

（二）设计尝试题

设计尝试题是尝试教学法的起步，起步的好坏将会影响全局，所以编拟、设计尝试题是应用尝试教学法的关键一步，是备课中应当着重考虑的问题。尝试教学法同其他教学法的区别之一，就在于有尝试题引路。尝试题的作用主要有三个方面：

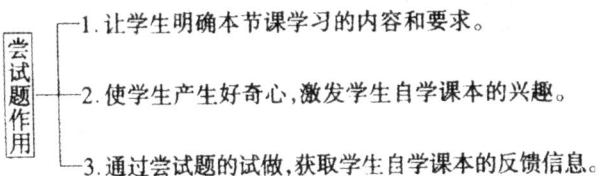

尝试题作用 ┬ 1. 让学生明确本节课学习的内容和要求。
　　　　　├ 2. 使学生产生好奇心，激发学生自学课本的兴趣。
　　　　　└ 3. 通过尝试题的试做，获取学生自学课本的反馈信息。

尝试题是根据例题设计的，按照教学需要一般有四种设计方式：

1. 同步尝试题，它与例题同类型、同结构、同难度，只改变内容、数字；

2. 变化尝试题，它与例题的内容、形式、结构有些微变化，难度大致相同；

3. 发展尝试题，它较例题略有变化，难度也略有提高；

4. 课本尝试题，它以课本例题做试题。

有些教师就用例题作尝试题，也能收到较好的教学效果。学生做完尝试题后，立即翻开课本看例题，发现自己做的同课本例题一样，会分外高

兴，这时课本例题起着验证的作用。采用这种方式的前提，一般应是教材难度不大，估计学生未自学课本也能自行解决的。

有时在教师指导下，让学生自己编出尝试题。例如，在教学"两步应用题"时，教师先演示：教师一手拿 5 支红铅笔，另一手拿 3 支黄铅笔，然后两手合起来，再拿出 2 支铅笔送给小朋友。学生观察教师的演示后编出题目："老师有 5 支红铅笔，3 支黄铅笔，送给小朋友 2 支，还剩多少支？"

尝试题出示后，要注意创设尝试的气氛，激发学生尝试的兴趣。教师可进行启发性的谈话："这道题就是这堂课要学习的新知识，谁会做这道题目？""教师还没有教，谁敢试一试？""看谁能动脑筋，自己来解决这道题？"先让学生思考一番，然后转入下一步。

（三）指导自学课本

出示尝试题并不是目的，而是诱导学生自学课本的手段，起着引起学习动机、组织定向思维的作用。学生通过自学课本，自己探索解答尝试题的方法，这是培养学生独立获取知识和能力的重要一步。如果说，出示尝试题是尝试教学法的起步，那么"自学课本"应是起步后学生探索知识的阶段。以尝试题引路自学课本，这是尝试教学法的一大特点。

在"自学课本"这一步中，学生的主体作用得到充分发挥，它同教师的主导作用和课本的示范作用有机地结合起来。因此，这一步并不是简单地让学生看看书，而是一个复杂重要的教学过程。

事实上"自学课本"是尝试教学的第一次尝试，是让学生通过自己阅读课本，尝试探索解题思路和方法，从而去解决尝试题。为了掌握好这一步，必须注意如下几个问题：

1. "自学课本"在时间安排上要有保证

有些教师处理"自学课本"这一步，往往流于形式，让学生匆匆看书后，就急于要求学生做尝试题。由于时间匆忙，多数学生仅能根据例题形式，依样画葫芦去做尝试题，而一部分学习有困难的学生不知所措了。

现行课本已注意培养学生自学能力，例题常配有插图、说明、解题分析、思考过程的旁注等，在"自学课本"这一步中，起码要求学生初步看懂例题与旁注。要达到这个要求，必须安排相对充裕的时间让学生看书自学。

这里会遇到两个实际问题：（1）"自学课本"的时间到底安排多少？（2）难度较大、内容又多的教材，自学课本时间长了，影响教学进度怎

么办？

对第一个问题，自学课本的时间不能一刀切，要根据教材、年级以及学生自学能力的高低而定，一般安排3—5分钟左右为宜。刚开始试用尝试教学法，学生还不适应，自学能力较低。这时自学课本的时间可适当长些，采取半扶半放的方式。

对第二个问题，一般采用课前预习、辅助课内自学的办法。难度较大、内容又多的教材大都在中、高年级，学生已有一定的自学能力，可以布置学生课前预习思考题并进行思考，到课内自学课本时，只要引导学生自学关键部分。这样，既培养了学生预习的习惯，又解决了课内时间不够用的矛盾。

2. "自学课本"前要诱发学生的兴趣

尝试教学法是用尝试题引路，来诱导学生自学课本，把自学课本转化为学生自身的需要。

出示尝试题后，教师进行启发谈话，"这道题老师不教，你们会做吗？""不会算，老师也不教，你们先看看课本上是怎样算的？""你们可以在课本里找到答案。"

但是，老讲这几句话，学生也会倒胃口。启发的方式要多种多样，新颖有趣，有时要出其不意，才能不断激发学生的学习兴趣。例如，教"同分母分数加减法"时，教师的启发谈话："$\frac{1}{2}+\frac{1}{2}=\frac{2}{4}=\frac{1}{2}$这样做对吗？应该怎样做，请你看一看课本第××页的内容，你就会知道的。"

3. 用自学思考题引导学生看书

自学课本阶段，主要是学生独立地进行探索活动，可是由于学生受知识水平和阅读水平的限制，往往很难看懂教材，有些学生甚至不知从何看起。因此，教师应该通过精心设计的自学思考题对学生加以引导，以提高他们的阅读水平和理解教材的能力。

"自学课本"如不加指导，放任自流，效果就差。下面举两个教学例子，说明由于对"自学课本"处理不同，教学效果也不同。如教连乘法两步应用题：

例题：一个商店运来4箱保温瓶，每箱是12个，每个保温瓶卖6元，一共可以卖多少元？（两种方法解答）

尝试题：学校买了3盒花皮球，每盒10个，每个2元，一共用去多少元？

第一位教师在出示尝试题后，不作提示、不提意见，急于要学生自学课

本，又匆匆让学生做尝试题。结果许多同学错列成：$3 \times 10 \times 2 = 60$（元）。这主要是由于教师没有认真指导学生自学课本，学生没有真正理解例题的数量关系，只是形式上懂得了连乘法，把已知数连乘起来即可。因此，做尝试题时照葫芦画瓢，把已知数按先后的顺序连乘起来了。

第二位教师在学生自学例题前，先布置自学思考题：

①要求出一共卖出多少元，应该先求出什么数量，再求出什么数量？

②算式 $6 \times 12 \times 4$ 中，6×12 表示什么？

③算式 $6 \times (12 \times 4)$ 中，12×4 表示什么？

学生带着问题看书，从书中寻找解题的方法和问题答案，使学生懂得算式表示的意义。

$6 \times 12 \times 4$ 表示：一箱的价钱 × 箱数 = 总价

$6 \times (12 \times 4)$ 表示：一个的价钱 × 一共多少个 = 总价

由于学生理解了例题的数量关系和解题方法，再做尝试题，就很少发生错误。

从以上教学例子看出，"自学课本"这个阶段很重要，教师要积极引导，否则会产生两个问题：（1）学生消极地运用过去尝试练习的"经验"，机械模仿例题做尝试题；（2）由于学生认知的盲目性很大，会出现思维方向不稳和异向。因此，教师要精心设计思考题，让学生在思考题的引导下，去看书尝试，做到看有所思、练有所想。

编拟自学思考题要考虑到三个有利：（1）有利于学生回忆和应用基础知识；（2）有利于引导学生思考算理；（3）有利于学生掌握思考方法。所以，编拟思考题要有针对性，题数要适当，按照解题时的思考顺序来排列。

4. "自学课本"的指导要因人而异

由于教材要求不同、学生基础不同、学生自学能力不同，所以自学课本的指导方式也有所不同。一般有三种方式：

第一种，"扶着走"。在低年级，学生识字量少，刚开始自学，如果让学生独立去自学，困难较大。这时，要立足于"扶"，一般由教师带着学生一起看书。这是培养学生自学能力的启蒙阶段。

教师带着学生看书，要详细指导，从哪里看起，怎样依次看，不但要看例题，还要看插图。边看边提问，边看边动手操作。

第二种，"领着走"。学生有了一定的自学能力，就不必再扶着走，可以领着学生走。这是一种"半扶半放"的办法。

在自学课本前，教师要先做指导，看课本时要着重看什么，解决什么问题，也可先作适当的讲解，扫除学生自学中的障碍。在学生自学过程中教师也可做点拨。

在"自学课本"这个阶段中，要使学生逐步掌握自学的方法，一般按以下几个步骤进行：

（1）阅览梗概——初步了解学习内容；

（2）仔细阅读——逐字逐句仔细阅读；

（3）勾画批点——边看边做符号，如在重点句子下面标上"_____"，在疑惑处标上"？"，也可在书上写写画画，提出问题；

（4）思考问题——回答教师布置的思考题。

第三种"自己走"。经过训练，学生的自学能力有了提高，也掌握了一定的自学方法，可以放手让学生"自己走"。教师布置思考题后，让学生自己看书分析，也可边看书边做尝试题，也可先做尝试题再看书。先尝试练习，再自学课本，这时的自学作用，在于利用课本的示范性，让学生检验自我尝试的正确性。

由于尝试题与课本例题相仿，学生经过一定的训练是能够看懂的。通过看例题举一反三，学会解答尝试题的方法。

带着问题自学课本，目标明确，要求具体，效果好。因为自学课本后，必须解决黑板上的尝试题，自学课本的效果当时就能看到，这样就可以调动学生的积极性。自学课本过程中，学生遇到困难可及时提出问题，教师要鼓励学生质疑问难。

通过自学课本例题，大部分学生对解答尝试题有了办法，都跃跃欲试，时机已经成熟就转入下一步。

（四）安排尝试练习

出示尝试题是诱导学生自学课本的手段，尝试练习则是检验自学课本的结果。

这一步在尝试教学法的七步程序中，起着承上启下的作用，它既检验前两步的结果，又为后面两步（学生讨论、教师讲解）作好准备。教师要根据学生在尝试练习中反馈的信息，组织学生讨论，然后进行重点讲解。

搞好"尝试练习"这一步的关键，在于及时掌握学生的反馈信息。主要有：（1）学生做尝试题正确与否；（2）错在哪里，有几种错法，什么原因；（3）学生对本节课的教材内容哪些理解了，哪些还有困难；（4）学习有困难的学生做尝试题的情况如何，困难在哪里。因此，这一

步并不是教师休息片刻的机会，而必须通过各种手段掌握来自学生的信息。

尝试练习的形式，一般请数名学生（学习程度不同的学生）板演，全班同时练习。板演的结果，最好是有做对（不同方法）的，也有做错的，为后一步学生讨论提供材料。

在实际教学中发现预先指名板演，有两个缺点：1. 预先指名板演，可能会出现全做对了，或全做错了，得不到预想的结果；2. 学习有困难的学生可能参看优秀生的板演，产生照抄的现象。

为了避免上述缺点，可以采用两种办法：

（1）预先不指名板演，让全班学生同时开始练习，教师在桌间巡视，然后根据教学需要，选择几名学生把所做的题目抄写在小黑板上，以便大家讨论。

（2）同上面的办法基本相同，但不是抄写在小黑板上，而是直接写在玻璃板上（每人准备一块像课本大小的玻璃板），教师根据教学需要挑选几块，在投影机上放映出来，提供给学生讨论。

学生尝试练习时，教师要勤于巡视，一方面及时了解学生解题情况，掌握反馈信息；另一方面及时辅导学习有困难的学生。

"尝试练习"除了做尝试题外，根据教材特点，也可动手操作尝试。例如，教"环形面积的计算"时，根据尝试题的要求，先让学生在预先做好的一个大圆上画同心小圆，并用轴对称对折的方法剪下小圆，在操作尝试中悟出道理后，再去做尝试题。在涉及图形知识教学中必须重视操作尝试。

（五）组织学生讨论

"尝试练习"后，发现学生有做对的也有做错的，已经了解到了他们理解新知识的情况。接着教师是否可以讲解了呢？不行，火候未到。这时，要求学生作进一步尝试，尝试讲算理，充分发挥学生之间的相互作用。

"学生讨论"这一步，要求学生说出算理或解题思路，以验证自我尝试的正确性。通过这一步，能培养学生的数学语言表达能力，发展学生思维，加深理解教材，同时会暴露学习新知识中存在的缺陷，为教师有针对性地重点讲解提供信息。

这一步是尝试教学法中较难掌握的一步，处理不好，会出现"无话可讲"，讨论不起来，或是叫几个优秀生讲讲，走过场了事的现象。

讨论一般从评议尝试题着手为好。尝试练习后出现了几种答案，哪个是对的，哪个是错的，学生有话可讲，讨论从这里着手就可化难为易了。判定了谁对谁错，教师接着引导学生讨论、分析做对的道理以及做错的原因，把讨论引向深入。讨论时不能"就题论题"，应该联系预先布置的思考题进行。

运用本节课所教的法则、结论，才能做对尝试题，因此讲出做对的道理就是解决了本节课的教学重点。容易做错的地方，也就是学生学习感到困难的地方，因此说出做错的原因，也就是突破了本节课的教学难点。这样的讨论，既解决了教学重点，又突破了教学难点，是一种简便有效的方法。

这种作业评议式的讨论也有各种不同层次，应该根据学生的情况以及教材的特点，提出不同的要求。

（六） 进行教师讲解

教师从前面两步——"尝试练习"和"学生讨论"中得到学生理解新知识的程度的反馈信息，在此基础上，再进行有针对性的重点讲解，这是保证学生系统掌握知识的重要一步。试用中要注意如下几个问题：

1. 教师讲解要不要从头讲起

这里的讲解与过去的讲解是不同的，主要是学生的起点不一样。过去"先讲后练"，学生对新知识不甚了解，教师必须从头讲起。现在"先练后讲"，学生经过"自学课本——尝试练习——学生讨论"，对新知识已经有了初步的认识，当然就不必面面俱到、从头讲起，而是根据前几步的反馈信息，针对难点有重点地进行讲解。

如果这里还像过去一样，按部就班，从头讲起，那就失去了运用尝试教学法的作用，这一点必须注意。

2. 教师的讲解是讲例题，还是讲尝试题

有个别教师开始试用时，讲了尝试题不放心，又把例题讲一遍，这样新课教学的时间比过去还要长，变成变相的满堂灌，而尝试题和例题都讲没有那么多时间，也是没有必要的。

那么究竟该讲尝试题还是例题呢？根据实践经验，应该讲尝试题。这个做法引起大家的争论，有的教师说，你只讲尝试题，不讲例题，不是把课本丢了吗？我们从尝试教学法的全过程来看，开始用尝试题引路，看课本的目的是做尝试题。学生做的是尝试题，讨论的也是尝试题，当然对尝试题印象深刻，教师接着讲解尝试题是趁热打铁、顺理成章的。如果教师

反过来讲解课本上的例题，就会显得别扭，影响教学效果。当然，我们也不能把例题丢开，可以联系例题来讲尝试题。

另外，我们应该看到，例题主要是为了讲解某一知识而设计的，可以用这个例题，也可以换一个例题，不是固定不变的。何况尝试题和例题基本上是同类型同结构的，从这个意义上讲，尝试题不就是例题吗？所以，一般还是讲尝试题。

3. 怎样运用作业评议式的讲解

现在是"先练后讲"，由于教师讲解的时间、条件改变了，讲解的内容、要求和形式也要随之改变。

作业评议式的讲解，是对学生尝试练习中的正例和错例进行评讲，分析做对的道理和做错的原因，做对的道理就是本节课教学的重点，做错的原因就是本节课教学的难点。因此，这种讲解针对性强，抓住了教学的重点和难点。这种讲解最符合学生的心理，学生讨论后，急于想知道谁对谁错，为什么做对了，做错的原因又是什么，作业评议正符合学生的需要。

例如，教"三步复合应用题"时，尝试题是："一个电视机厂——一月份生产彩电 1500 台，二月份生产的台数是一月份的 2 倍，三月份生产的比前两个月的总数还多 500 台，三月份生产多少台？"

学生有三种解法：

（1）$1500 + 1500 \times 2 + 500$

（2）$1500 \times 2 + 500$

（3）$1500 \times （1 + 2） + 500$

教师讲解时，着重指出，解答应用题必须弄清数量关系，根据题意列出数量关系式：

$$\boxed{一月份产量} + \boxed{二月份产量} + 500\ 台 = \boxed{三月份产量}$$

前两个月的总和

按照本题的数量关系来检验，学生就能判断出谁对谁错。

（1）$\underbrace{1500}_{一月份} + \underbrace{1500 \times 2}_{二月份} + \underset{还多500}{500}$

（2）$\underbrace{1500 \times 2}_{二月份} + 500$

（3）$\underbrace{1500 \times （1 + 2）}_{前两个月的总和} + 500$

从以上分析看出，第（2）种解法是错的，缺少一月份的产量，（1）、（3）两种解法都是正确的，但第（3）种解法比较简便。第（3）种解法是把一月份产量作为 1 份，二月份产量就是 2 份，前两个月的产量就是 3 份。这种解法思路清楚，计算简便。

所以，解答应用题时必须要弄清数量关系，根据所求问题进行分析。

（七）设计第二次尝试练习

这一步是给学生"再射一箭"的机会。在第一次尝试练习中，有的学生可能会做错，有的学生虽然做对了，但没有弄懂道理，是依样画葫芦的。经过学生讨论和教师讲解后，其中大部分人会有所领悟。为了再试探一下学生掌握新知识的情况，以及把学生的认识水平再提高一步，应该进行第二次尝试练习，再一次进行信息反馈。这一步对学习有困难的学生有所帮助，也可以说是专门为学习有困难的学生安排的，是面向全体学生的一条有力措施，能够保证他们尝试成功。

第二次尝试练习题不能同第一次相似，否则会失去第二次尝试的意义。它一般较例题稍有变化，或采用题组形式。如出三道题，其中一道同例题相仿，一道较例题稍有变化，一道是以前的旧知识。下面以稍复杂的百分率应用题为例：

尝试题：学校养鸡场去年养鸡 200 只，今年养鸡 250 只，今年比去年增加百分之几？

第二次尝试题是：

①班级小图书室去年有图书 400 册，今年有图书 500 册，今年是去年的百分之几？（旧知识）

②班级小图书室去年有图书 400 册，今年有图书 500 册，今年比去年增加百分之几？（同例题相似）

③班级小图书室去年有图书 400 册，今年比去年增加了 500 册，今年比去年增加百分之几？（稍有变化）

通过上面题组练习，引导学生分析比较，进一步掌握新知识，同时可以防止学生产生思维定势，消除新旧知识相互干扰。

第二次尝试练习后，教师可进行补充讲解。

数学教学基本操作模式的这七步是一个有机的整体，一环套一环。在教师的指导下，从提出问题到逐步引导学生解决问题，这个教学基本程序

符合儿童的心理特点。准备练习以后，出示尝试题，立即吸引住学生，"老师还没有教，你们自己会算吗？"新课一开始就把学生引入思考境地。有了"试一试"的迫切愿望，学生产生了自学课本上例题的需要。自学课本后，学生找到解答尝试题的线索，又产生跃跃欲试的心情。尝试练习后，有的学生做对了，有的学生做错了，答案不一样，有疑问就有话讲，让学生议论和争论，又成为学生的需要。学生通过自学课本、尝试练习、相互议论和争论，这些都是埋伏的"悬念"，此时学生会产生"我这样做对吗""这道题目到底应该怎样做"的疑问，迫切要听听老师的讲解，这正符合学生迫切要有一个权威评讲来印证自己正误的心理。因此，尝试教学法的基本教学程序是从学生的内在需要出发，从一个阶段自然发展到另一个阶段。它是按照学生的心理特点安排教学上的逻辑程序的。

尝试教学法的七步基本教学程序是一个完整的系统，其中每一步都是可以控制的，互相配合的，反馈信息畅通。

二、注意事项

引进尝试教学法以后，会引起课堂教学中一系列的变化。我们必须处理好尝试过程中的每一个环节，使它都能充分体现学生的主体地位，都能立足于培养学生的创新精神和实践能力。在教学中必须注意以下几个主要的问题：

（一）激发兴趣

兴趣是学生发展思维的巨大推动力，有兴趣的学习不仅能使人全神贯注，积极思考，而且会达到废寝忘食、欲罢不能的地步。尝试是学生的主体活动，只有主体积极参与，产生尝试的欲望，才能达到尝试的目的、创新的要求。所以，成功的教学所需要的不是强制，而是激发学生的兴趣。在尝试过程的每一环节中，都要注意激发学生的兴趣，使学生始终有饱满的情绪，兴趣盎然地投入尝试的全过程。

精心设计尝试问题，使学生产生好奇心，产生兴趣，出示尝试问题后，教师向学生说："这个问题老师还没有教，谁能解答？"这句话本身就把学生吸引住了，教师还没有教能解答吗？有位教师上小学自然《磁铁》这一课时，先做了一个游戏，把一块木板竖立在讲台上，在木板面向学生的这面时，放一只用手帕做成的"小老鼠"，"小老鼠"里面放一小铁块。在背向学生这面放一块条形磁铁，使"小老鼠"上下左右活动。在学生惊叹之余，引导学生思考、猜想，有的学生猜"小老鼠"内部一定有东西，

木板后面一定有奥妙……使学生在好奇和惊叹声中饶有兴趣地自己来解决"磁铁和铁的关系"。

尝试成功和教师赞扬，是学生产生兴趣的催化剂。尝试成功产生的喜悦，更促使学生产生尝试的冲动、创新的信心，其力量是无法估量的。一次成功所产生的兴趣，往往能推动第二次成功，成功→生趣→再成功→再生趣，形成良性循环。教师的及时赞扬，更使学生受到鼓舞，"你真聪明。""你真棒。""你的解法是个创造。""你有独立见解。""你真会动脑筋，长大一定是个出色的人才。""老师还没有想出来，你已经想出来了，真了不起!"……这一声声的赞扬声像一股股暖流流进学生的心田，将会产生无穷的力量，使学生感到学习是有趣的、美好的。

（二）突出问题

提出尝试问题，是尝试教学的开端，它是尝试教学的目标。尝试问题的出现，促使学生产生疑问，从而激发学生认识的冲突，激发学生的内驱力，产生尝试的欲望。疑是思之源，思是智之本。疑是创新的开端，也是创新的动力。

尝试问题的难易要适度。尝试问题过于容易，会助长学生浅尝辄止，过易的问题其实不能成为尝试问题，仅是练习题，学生只会说："我来做。"而不会说："我来试试。"当然也不能过难，以免学生失去尝试的信心。

尝试问题要引发学生创新，留给学生创新的空间。例如一位实验班教师在教小学语文《曹冲称象》时，提出这样的尝试问题"你们有没有比曹冲称象更好的办法?"让学生在赞叹古代曹冲聪明之余，同时向曹冲发起挑战。语文课文中《乌鸦喝水》、《怀丙和尚捞铁牛》、《司马光砸缸》等都可提出相同的尝试问题让学生思考，给学生留下创新的空间。

有时尝试问题提出后，不要急于回答，先让学生猜想。猜想是一种直觉思维的表现形式，是创新的先导。历史上许多重大的科学发现，都是经过合理猜想和大胆尝试得到的。例如，先让学生把两个相等的三角形拼成一个平行四边形，要求学生猜想出计算三角形面积的公式。

（三）创设氛围

让学生在浓浓的尝试和创新氛围中尝试。当提出尝试问题后，教师要设置尝试情境，用语言诱发："这个问题老师还没有讲，谁敢试一试?""这个问题有难度，谁能尝试?""请仔细分析其中的规律，你能不能发现?""你能不能说出与别人不同的见解?""你能不能想出与别人不同的解法?"

……使学生沉浸在尝试氛围中，受到潜移默化的熏陶，这样有利于培养尝试精神、探索精神、创新精神。情感、习惯和品质的培养，要靠长期的熏陶，光靠教师的说教是无法培养的。

最好的创新环境是民主的氛围。创设和谐、民主、平等的课堂氛围，使学生感到宽松自由，不受压抑。亲其师，信其道，教师对学生的爱是打开学生心灵的金钥匙，教师真诚的爱，才能创造真正乐学的环境、创新的氛围。只有在民主、平等、融洽的师生关系中，学生才有亲切感、安全感，才能充分体现自己的个性，发挥自己的创新潜力。

创设尝试氛围，要求师生互相配合，要培养学生从内心说出六句话："我敢试"、"我能行"、"我认为"、"我想知道"、"我有意见"、"我有问题"。

（四）重视过程

知识固然重要，但探索知识的过程更重要。同样，尝试结果固然重要，但解决问题的尝试过程更重要。

尝试过程是学生探求知识和发展能力的过程，也是创新过程。这个过程是逐渐由"试一试"逼近创新的境界。学生要主动参与，自觉参与，参与到底。

首先要弄清尝试问题，要求学生仔细观察，认真思考。教师可诱导发问："看到这个问题同学们有什么打算呢？""关于这个问题，你们有什么想法？""你们想了解什么？""你们想解决什么？"

学生在尝试中遇到困难怎么办？要求学生学会运用各种策略：自学课本，找参考书，向教师提问，与同学们讨论研究等。这里特别要指出：敢于向教师提问是极为重要的，这是尝试创新中的重要一环。陶行知先生的一句名言："发明千千万，起点是一问"。有问题是积极思维活动的表现，是创新的开始。现在学生不是没有问题要问，而是有问题不敢问。学生心理上有三怕：一怕问题浅，教师嘲笑；二怕问题偏，教师训斥；三怕问题多，教师厌烦。因此，学生宁可不求甚解，也不愿冒险提问。从学生的顾虑来看，都是教师所引起的，教师要设法解除学生的顾虑，鼓励学生提问，谁提问，谁上光荣榜，广开言路。

如果学生解除了思想顾虑，真正发动起来了，他们会提出很多问题，使你招架不住，也可能把你问倒了。你可不要担心，真的把你问倒了，也是你的光荣，因为你培养了一个把你问倒的学生。例如，一位语文教师在教《赤壁之战》一课时，学生课前进行了预习，超前尝试理解课文。上课

一开始，教师说："你们读了课文有什么问题？看谁能把老师问倒了？"一石激起千层浪，学生纷纷提出问题："曹操聪明过人，为什么还会上当？""黄盖诈降，曹操怎么会轻易相信了呢？""曹操是个军事家，难道不知道船连在一起不方便吗？""黄盖把火船点燃后，他和他的士兵怎么办？"……

学生得出尝试结果后，并不是尝试结束，应引导学生回过来想："你这个新方法是怎样想出来的？""你为什么这样想？""你把想的过程再说一遍。"这样做，使学生不仅领悟了知识，更重要的是同时领悟了思维的方法，其实也在提高学生的认知水平。

要鼓励学生尝试到底，不要半途而废。学生在尝试中创新，不仅依靠学生的认知水平和思维水平，更取决于一个人的意志和毅力。做任何事都要有始有终，一干到底，这是创新型人才极重要的品质。曾经有人问爱因斯坦，他与普通人的区别在哪里？爱因斯坦回答说，如果让一个普通人在一个干草垛里寻找一根针，那个人在找到一根针以后，就会停下来，他则会把整个干草垛掀开，把可能落在草垛的针全部找出来。

（五）强调合作

现在的尝试教学活动不是个体孤立的尝试，而是在班级集体中的群体尝试。科技飞速发展的时代，既要竞争，又要合作，任何创造发明都离不开群体合作。因此必须强调尝试中合作，培养学生合作尝试的群体创新精神，一种团队创新精神。

目前学生大都是独生子女，存在着独来独往的倾向，更应该在尝试中培养合作精神。同学之间合作解决尝试问题，遇到困难互相讨论，互相帮助，团结一致，共同学习。过去上黑板解答尝试题，都是各做各的，现在以两人一组或三人一组，以团队解答尝试题，他们分工合作，先集体商量，然后一人板书解题，一人检查验算。使他们在和谐、温馨的课堂氛围中，在同学之间的合作尝试中，在老师的赞美声中，在同学们的鼓励掌声中，沐浴着老师的爱和同学之间的友谊。

学生讨论是尝试合作的重要形式，教师要多创造机会让学生开口说话。语言是思维的工具，学生用语言表达出自己的思维过程，学生思维的发展同语言有密切关系。语言又是交往工具，交往能力的提高同语言又有依赖关系。尝试过程中学生讨论是重要一环，要让学生充分发表意见，集思广益，在学生讨论中碰撞出创新的火花。

鼓励学生争论，学生要敢于发表意见，学会争论，在争论中合作。引

发学生争论，必须设计出会引起争论的尝试问题。有一位数学教师设计了这样一道判断题："两个正方体可以拼成一个长方体（　　　）"让学生尝试判断是对是错。学生思考后，有的认为对了，有的认为错了。这时教师因势利导，让各小组展开讨论。课堂里讨论声此起彼伏，不时还有争吵声。讨论后各小组派代表上台发表讨论结论：认为"对"的小组代表，为了充分证明自己的判断是正确的，拿出两个完全相同的正方体，拼成一个长方体，跑到讲台前举给全班同学看，自信地说："你们看，这不是两个正方体正好拼成一个长方体吗？"认为"错"的小组代表更不甘示弱，马上站起来反驳，为驳倒对方，他也拿出两个正方体模型，不过是一大一小的，在讲台前拼给学生看，还像律师答辩似的说："你们看，这两个大小不同的正方体，能拼成一个长方体吗？"从学生的争论中碰撞出创新的火花。

（六）活用模式

尝试教学有一个基本操作模式，同时有四种变式，要求教师根据学生情况、教材情况和教学条件灵活应用，同时要考虑"尝试中创新"的要求。

在教学实践中发现，先自学课本再尝试练习，学生往往会受课本例题的束缚，模仿课本例题，妨碍创新。在教学条件许可下，可以先尝试练习，再自学课本。这样不受课本例题的束缚，给学生留下更多的创新的空间，采用多种思路，想出多种解法。先尝试练习，再自学课本，用课本例题的解法来验证自己的解法，如果发现两者有不同，应进行比较，从中选择最佳解法。

在小学高年级和中学可应用超前尝试教学模式，能更适应创新教育的要求，这已为教学实践所证明。超前尝试教学模式又称课外预习补充式，它是把基本操作模式的前四步提前到课前作为预习，上一堂课结束前，出示下一堂课的尝试题，教师可作简单的指导，学生在课外自学课本，解决尝试问题；下一堂课开始，立即检验尝试结果，接着进行学生讨论、教师讲解以及第二次尝试练习。

这样做，把尝试过程延伸到课外，课外的预习是尝试的开始，自己从课本中探索，初步解决尝试问题；课内是尝试的延续，检查尝试的结果，理解教师评价，再次进行尝试练习；本课结束时，布置下节课的尝试问题，又是下一次尝试的开始。这样循环往复，学生始终处于尝试的状态，掌握尝试的主动权。

实践证明，这种超前尝试教学模式能够有效地培养学生自学能力，增

强超前学习的意识，更有利于尝试中创新。由于尝试过程的前四步移到课前，要求学生独立尝试，并有充裕的思考时间，有利于激发创新精神。上课开始就进行学生讨论，节约了大量时间，就有可能在课内基本完成课本上的练习，减少了家庭作业量，因此学生的作业负担反而减轻了。

按照在尝试中创新的要求，在教学实践中可以试验新的尝试教学模式，使尝试教学理论进一步得到发展。

（七）评价结果

学生尝试的结果要及时评价，及时反馈矫正。在尝试教学操作模式中已经安排有对尝试结果的评价，"学生讨论"是学生对尝试结果的自我评价，"教师讲解"是教师对学生尝试结果的评价。

评价尝试结果应该向培养学生创新精神方面倾斜：对学生的新解法、新方法、新见解、新思路要加以鼓励；对学生的标新立异、异想天开要加以保护；对学生点点滴滴的创新都要重视。评价就是一个指挥棒，要指向"尝试中创新"的方向。

例如，小学生学习 20 以内加法，$8+5=13$，启发学生在尝试中说出许多算法：

$8+5=8+2+3$（这是课本上的算法）

$8+5=5+5+3$（把 8 看成 $5+3$）

$8+5=10+5-2$（把 8 看成 $10-2$）

后两种算法是学生自己想出来的，具有创新成分，应受到鼓励，让学生灵活应用，不要只允许用课本的算法。

教师要正确对待学生尝试中的成败，争取成功，也允许失败，不成功，再试一下，直到成功。尝试失败了，对学生来说也是一次挫折，需要教师的谅解和帮助。学生评价自己的尝试结果，不要受别人的影响，而轻易放弃自己正确的看法。

张思中教学创新经典

张思中老师认为：教学有法，教无定法，只有教学良法，才能使外语教学效果达到多、快、好、省的目的。几十年来，为寻找适合中国国情的教学良法，张思中老师苦苦探索，孜孜以求，和广大中小学外语教师、专家学者、外语教育研究人员一起，通过继承、吸收以及创新，不断地试验总结，不断地充实完善，逐步形成了"适当集中，反复循环，阅读原著，因材施教"十六字教学法。这种教学法被大家誉称为"张思中外语教学法"，简称"张法"。

张思中外语教学法是一套完整的、科学的、符合青少年学习外语规律的、符合我国国情的外语教学法。不仅教学法的套路、模式好，易于操作，同时处处考虑到教学的艺术性。一般人把课堂上单纯的教学技巧误认为教学法的艺术性，而张老师认为教学法的艺术性是广泛的，是广义的，包括多方面，因而本节将对"张法"教学的艺术性进行探讨。

一、暗示法

张老师认为暗示法是导向，是调动学生学习积极性的重要而必不可少的方法。暗示法应用恰当效果肯定显著，因为学习外语不仅依靠智力因素，而且非智力因素往往起着重要作用，尤其是在入门阶段，甚至起着决定性作用，所以对暗示法不可不研究。

（一）暗示法的种类

1. 语言暗示

主要是做好思想工作，用生动有力的语言告诉学生什么要做，什么该做，怎么做，达到什么要求，评价标准。让学生明确为什么、为谁而干，变"要我学"为"我要学"，使其成为学习的主人。事事、处处、时时都要做思想工作，思想工作做透了，什么都好办。张老师经常对大家说："思想工作做得好，甚至连死都不怕。如解放军作战不怕死，就是因为战前思想动员。又如邪教教徒的集体自杀殉教也是受思想控制。因此为了调动学生的积极性应该不断地对学生进行思想工作。"

2. 行为暗示

榜样的力量是无穷的，在学习过程中不断地表扬、鼓励学习好的，树立各种各样的学习标兵作为学生的学习榜样。如朗读有朗读的标兵，写有写的榜样，对不好的应予批评指正。经常开展竞赛、评比，优胜劣汰，扬善止恶。

3. 符号暗示

对表现好的、成绩好的采取挂红花、插红旗、贴五角星以及张榜、表彰或拍彩照留念。在学生作业本上写上好的评语或做符号，甚至在低幼年级用符号标音法代替国际音标，学生做到见符能拼，效果十分显著。

（二）暗示法的应用

1. 事前、学前应用——起着导向作用

一般在学前、事前都要阐明目的、内容、要求、评价标准、注意事项，指出努力方向，做到心中有数。暗示法应当做在行动之前，这可起到事半功倍的作用。

2. 事中、学习过程中应用——起着扬善止恶、纠偏作用

在学习过程中要不断关注着学生活动过程，凡是按规定进行符合要求的就给予肯定、表扬，如有偏差及时予以纠正，保证教学顺利进行。

3. 事后、学习结束时应用——小结经验教训

事后给予学生评价，指出优劣，寻找规律以便指导今后，对不足之处指出并纠正，补缺补差，使学习任务圆满完成。

所以"暗示法"要贯彻始终，事事、处处、时时都要善于采用暗示法。但注意使用语言要用启发式，多启迪学生思维，启示学生独立操作，把学生的积极性调动起来。如果积极性调动不起来说明所用"暗示法"力度不够，还须加强力度或更换方式。如果暗示法使用不当就有可能起到相反的作用。所以要善用暗示法，不乱用、滥用暗示法。

二、循环法

在我国学习外语缺少必要的环境与条件，所以遗忘率很高。张老师对此给予极大的重视，他把同遗忘作斗争的方式方法定在教学计划中，他强调只有了"方法"还不够，还要经常反复、循环强化，只有这样才能减少遗忘，提高巩固率。张老师常用的循环方式有以下几种：

1. 圆周式循环

把学过的知识，每隔几天或一段时间就周而复始地反复重视、再认。

这种方法好处是能保证学过的知识100%地得到复习、巩固，但比较枯燥，容易厌烦。

2. 螺旋式循环

把学过的知识分步要求，每循环一次就提高一个层次的要求。例如词汇学习，先要求会读，然后要求会背，中译英、英译中，然后要求会写，能正确无误地默写出来，最后要求会用。这种循环效果较好，逐步提高要求，循序渐进。

3. 综合式循环

既有圆周式循环也有螺旋式循环，还有交叉叠式等各种循环方式一块应用，可以做到有兴趣、有效果、轻松愉快地学习。

4. 逆循环

倒过来循环，把后教的先循环，先教的后循环。这也是一种方式，也是比较有效的。

进行循环应做到以下三点：

（1）循环要及时。明确循环的目的是使学过的知识重现并减少遗忘，提高巩固率。因此，要按循环记忆法的原理、方式进行循环，要安排循环的时间，保证循环在正常情况下进行。

（2）循环方式要多样。应根据教材的内容、需要，要因人、因地、因时而异，不要一刀切，不要使用单一的循环方式。

（3）循环要有计划。循环法应是主动的、有意的、有计划的行为。把学过的知识，新的、旧的、整体的、局部的、单项的、多项的，都要列入计划，按计划循环、反复。

三、军训法

张老师常说，学习好比练兵，应用好比打仗，军队为了打胜仗，所以在练兵时就要严格训练，从严、从难、从实战出发。教学也是这样，教的目的是应用，尤其是外语学科，是实用性强的学科，因此在教学过程中应当像练兵一样，要从严、从难、从应用出发，严格训练学生。

1. 训练学生良好的学风

培养良好的学习习惯、学习风气，规范的学习行为，建立良好的学习秩序，学就是为了用。

2. 养成实事求是的精神

不允许弄虚作假，讲清道理与方法，让学生自己管理自己，自己约束

自己，自己要求自己，端正学风。

3. 把竞争机制引进课堂

开展各种项目的比赛，开展人与人、组与组、班与班的比赛，培养学生好强斗胜的精神。

4. 赏罚分明

以表扬鼓励为主，树立各种各样的标兵，做到学有榜样，培养学生的荣誉感、羞耻感、责任感。

张老师一向要求上课要严，严不等于凶，严格要求主要是讲明道理。大家按一定的游戏规则进行，凡是完成好的就表扬、鼓励，尤其对后进生应看到他们点滴的进步，不断地鼓励，把班组团结得像军队一样，做到令行禁止。

四、形象法

形象教学的目的是引起学习兴趣、强化注意、加深识记。所以张老师常说："使用'形象法'教学一定要注意，要是达不到以上的目的，不管什么形象法都不能用，千万不要为兴趣而兴趣，哗众取宠，浪费时间。"张老师经常说："教学好比鲜花一样，鲜花是以花香、花蜜、花美，把蜜蜂、蝴蝶，甚至把人类吸引来，而不是把蜜蜂、蝴蝶赶过来。"所以在教学中应采取各种各样生动活泼的形象教学方法，引起学生兴趣。我们勤用的比较有效的形象法有以下几种：

1. 应用教具吸引学生

如采用实物、图表、模型等看得见、摸得着的教具。看图说话、见物理解等都是常用的方法。

2. 应用电化教学

采用录音、幻灯、投影、录像以及现在开始用的多媒体课件，生动、活泼、形象，吸引学生，既能节省很多时间，又易理解，已广泛被教师所采纳。

3. 生动、有感染力的语言

用语言来感染学生是最简易的方法，但关键的是语言必须生动，具有吸引力、感染力。这就要求老师要博学、善言，经常采用生动的比喻、幽默、寓言、谐音等，灵活、善变给学生以启迪。

所以教师应当是多面手，会讲、会唱、会画、会表演、博学、强记、察言观色、随机应变，让学生乐学、愿学、好学。这是一门非常高超的艺术。

五、观察法

张老师说要了解学生，就要善于观察学生，迅速获得第一手资料。因而教师要能妙用"观察法"，它是获得教学反馈最直接、最迅速的手段。它要求教师在课堂上能做到眼观六路、耳听八方、察言观色、见微识大。观察班上每一个学生的举止、动静、面部表情，每个细节的动静、反应，每一句话的分量、含义，了解他们的心态、接受程度、喜怒哀乐。根据这些观察进行分析判断，然后采取措施，不断调整自己的方法、方式。

张老师认为观察应当是有意观察和无意观察相结合；有目的观察和无目的观察相结合；全面观察与部分观察相结合；重点观察与一般观察相结合。总之，教师要做有心人，要随时随地观察，把观察的结果进行对比分析。

观察应当是客观的，不带偏见的，避免主观臆测的。一切结论产生于观察之后，千万不能拿观察到的来证明自己原有的判断或结论。观察应当是在自然状态下进行，不能被观察者有所发觉，所以要妙用观察法。

观察法有直接观察与间接观察，全面观察与选择观察，过程观察与结果观察，表象观察与实质观察，全程观察与阶段观察，表情观察与心态观察，视觉观察与语言观察。

教学观察主要是看对象的接受能力、记忆能力、理解能力、应用能力、表达能力、独立自主能力等。

我们要根据不同需要、不同目的，妙用各种"观察法"。为了避免观察的失误，应当随时验证观察的结果，去伪存真。可以进行对比、分析、判断。进行前后对比、横向对比、纵向对比、同类对比等，尽量避免主观臆断，就是亲眼所见，有时也会被表象所迷惑。观察是最快、最迅速获得反馈的手段，所以应当妙用"观察法"。

要做好观察法，张老师要求大家首要的是必须爱护学生、关心学生，站在爱的立场上观察，才能深入到实际，深入到实质中观察，可以避免不必要的失误。

六、分析法

张老师说，作为教师应当惯用分析法，把观察到的材料、对象进行分析。目的是深入了解学生，了解教材，利于掌握教情、学情，所以教师要很自然地对教材进行分析，分析其结构、难易程度，对学生进行接受状况

的分析，做到知己知彼，争取教学能顺利成功。凡是能进行分析教情、学情的教师肯定是主动的，起着支配、主导作用。反之，就要处处被动挨打，应付了事。分析法可分以下几种：

1. 整体分析

对教材进行整体分析，了解教学大纲要求，通读教科书，对教材的目的，要了如指掌，对内容进行分析，了解结构，分出主次、难易，分清层次、布局，然后确定教学计划、对策。对学生整体进行分析，分析全体学生的精神面貌、学识结构、学业水平、接受能力，分出层次、群落，找出特殊，确定施教方针、方法。

2. 局部分析

对教材的各个部分、各个阶段，每个具体的课都应作详尽的分析，找出主次、难点、重点、已学知识、新学知识，分析其难易层次，及采取措施，甚至对某个环节都要不停地分析、认识，再认识、分析，再分析。

对学生也是这样，对每一个成员、每一个小群体都要进行分析，找出他们的优缺点、长短处、好坏习惯等。各个阶段的表现、变化、进退都要一一分析原因，进行前后对比，及时了解学生，然后采取有效措施。

3. 抽样分析或典型分析

要分析的对象、材料实在太多，为了及时了解情况可以采取抽样分析或选取典型进行分析，但注意必须是随机的，具有代表性的，只有这样所分析的材料才能准确，判断才不至于失误。

七、联想法

联想法能够启迪学生记忆，加深学生记忆。通过联想把学过的知识组织成信息链或形成动力定型，当需要时一联想马上就可提取信息，及时反馈。联想法运用得好，能加快、加深记忆，能够迅速反馈，但是联想教学并不容易，我们可以从以下方面着手：

1. 无序→有序

把没有规律的材料整理出、找出规律，应用规律来记忆，来提取信息。如不规则动词的巧记法、口诀教学等都是很好的联想法。

2. 背诵中联想

我们强调课文中好的句型与对话都应当熟练地背诵，而且是反复地背，做到出口成章。因为课文背熟了，语音、语调与语感都能解决，口语就能脱口而出，需要时可以随时提取所贮存的信息。

3. 对比中联想

在教学中常用对比法教学。如语法讲解可以用中外语法表达的异同进行对比，就容易理解、联想、记忆，在词汇教学中的同义词、反义词都可以进行对比教学，启迪联想。

4. 比喻中联想

采用生动活泼的比喻也容易引起联想。生动、幽默的小故事等容易启迪思维。

5. 应用中联想

外语是实践学科，一定要学用结合，学了无用，学了没有地方用，也就迅速遗忘。所以我们经常假设情景让学生在假设情景中应用，如两两分级对话训练、英语角活动、演课本剧等，让学生在对话中应用并自由发挥，课外组织跨学科兴趣小组、翻译原著等活动。

八、筛选法

筛选法是从无序到有序的一种有效的科研方法。有些材料一看就能找出规律，理出规律；有些材料非常复杂，很难理出一二三来。应用筛选法就可顺利找出规律，理出规律。我们的教学法为什么会那么有序，连最困难的知识教学也能归纳出与众不同的规律来，哪怕考试也是有规律可循，理出规律，所以什么考试也不怕。

（1）用筛选法发现对称规律排序，解决国际音标的教学法。

（2）用筛选法从大规律中找序，解决语法的超前集中教学内容。

（3）用筛选法从相关规律中理序，应用重读元音音素的发音相同归类的规律集中识词，较好解决了英语中的大难点——单词难记。

（4）用筛选法从不规则中找序，解决了不规则动词的巧记法，不规则也成了规则了。

（5）用筛选法从杂乱无章中选序，解决知识教学中也有规律可循，按规律进行知识教学可做到由浅入深、由近及远。因此学生再也不怕知识考试了。

所以，作为教师用筛选法来找序，既快又准。一种方法是筛选有用的，找序按序排列；一种是先筛除无用的，为剩下的找序、理序。用筛选法就能经常多、快、好、省、地找序、理序、用序，就能起到事半功倍的效果。

九、演绎法

很多专家反对用演绎法教语法，强调用归纳法，而张老师认为演绎法和归纳法都得用。张老师就常用演绎法来教语法，尤其是在初学、低幼年级，外语知识很浅薄，对语法又不容易理解，不教也不好的情况下，采用演绎法来教，先教一些有规律的、重要的、积极的、常用的。一讲清概念就积极操练，用不着多讲，学生皆能掌握。如用口诀、顺口溜教学也是如此。如词法中的词形变化，句法中的简单句等都可用演绎法。但张老师常说，一定要慎用演绎法，有些材料有规律的用演绎法效果好，但不少材料只用演绎法是不够的。因为知识教学必须在理解的基础上掌握，才会深刻牢记活用，死记硬背的语言材料究竟不多，所以要慎用演绎法。

十、辩证法

在整个教改过程中张老师始终研究运用唯物观点来看待教学中的矛盾，应用辩证法来解决一般人所不敢解决的矛盾。

1. 集中与分散教学的矛盾

一般人认为教学要分散难点，反对集中，但是张老师认为有时候也可以用集中难点的办法教学，可以起到意想不到的效果。如学单词，传统教法是把单词分散到每一册、每一课中去，每节课教 7 个、8 个，最多教 10 来个单词了不起了。尽管是分散教单词，数量也很少，但学生还是怕单词，老是埋怨单词记不住。而张老师通过观察，调查对比，发现单词可以集中教，把一册、二册单词集中起来，甚至更多的单词集中起来教，效果很好。他自己曾经把初中到高中全部单词集中起来教过，而且效果证明，一节课可教 50—60 个甚至 100 多个单词，学生并不感到难，反而感到单词容易学。因为集中起来容易发现规律，容易把无序的单词整理成为有序的，按序教学可以一串串教。正如老师们说的，以前教单词好比吃核桃，又硬又不好剥，就是敲开了也不能全吃到嘴里，边吃边丢；如今教单词好比吃葡萄，一串串地吃，又甜又好吃又快。张老师还说，为什么过去教单词学生感到难，而现在量多反而感到容易，其中奥妙是用不用规律教。以前教单词都是每教一个要求很高，一会读、二会背、三会默写、四又要会用，一讲用法就把参考书上的、词典上的解释全搬上来了，要求十全十美。所以一节课教不了几个单词，而且教师和学生都感到难；而如今把"四会"分开要求，先要求会读，然后要

求会背，是否正确用默写检验，而用法暂时不讲，待以后学课文时才开讲，再加上按规律教，所以一节课很轻松就可教 50—60 个，甚至上百个单词。这就是张老师应用辩证法轻易地解决了词汇教学中的难与易、集中与分散的一对矛盾。

2. 听读与说写的关系

外语教坛对此始终争论不休：有人主张"听说领先，读写跟上"；有人主张"读写听说"一起抓；有人片面强调某一种技能的重要性，把它放前面。结果主张听说领先的教派几十年来所教的学生，既不会听，也不会说，又把责任推给高考。其实只要教学得法，听、读、说、写都能妥善解决，而张老师认为正确的提法应当是听、读、说、写。因为外语是通过听和读学会的，听与读是输入，听懂没有，读懂了没有，就请说说看、写写看，所以说与写是反馈、是输出。但是在训练时应有所侧重，不要平均分配力量。低幼年级记忆力好，可塑性强，应当侧重听说训练；到高年级，年龄增长，知识增加，理解力提高了，所以应当侧重阅读与表达的训练。侧重听说训练时就应开始阅读训练；在侧重阅读训练时，不忘口语训练。两者各有侧重，但不能偏废。张老师就是这样处理听、读、说、写"四会"的辩证关系的。

3. 提高质量与减轻负担

很多人认为这是不可调和的矛盾，尤其是外语教学本来负担就重，如今要提高质量，只能加重负担，不可能减轻负担。而张老师有不同的看法，他认为提高质量与减轻负担是一致的，只有提高了教学质量，才能真正减轻学生的负担。但是提高质量不是靠加班加点来实现，而是通过教改来实现，通过教改向科研要质量。由于张老师积极搞教改，组织学生按规律学习单词，学习语法，背诵课文等。他采取一系列措施，从来不搞加班加点，但他所教内容比别人多，要求比别人高，成绩比别人好，而学生越学越轻松，一般三年的教学任务两年或两年半就可以提前完成。

4. 输入量＞输出量的看法

张老师与一般老师看法截然不同，一般老师认为上面叫我教多少，我就教多少，上面要求学生掌握多少我就教多少，能做到这点就大吉了。可是张老师认为输入量与输出量相等，永远完不成输出量的要求，就完不成或不能完成上面给我们的要求。因为任何事物发展、前进都会碰到阻力与摩擦力，不把这个因素包含在内永远不可能实现输出量的要求。教学效果

好的老师，他给学生的输入量肯定高过对学生要求的输出量。怎么做到这点？张老师认为一是增加数量，二是提高质量。增加数量是应用科学的方法，节约时间来增加输入量，不是靠加班加点。提高教学质量也等于增加输入量，只有这样才能取得好成绩、好效果。

以上所讲十种教学的艺术性，是统一的整体，是不可分割的。

总而言之，外语教学和各科教学一样，不仅要讲究教学方法，还要讲究教学的艺术。只有讲究教学的艺术，学生才能在轻松、愉快、和谐的环境中学习外语，学会外语，就可多快好省地完成教与学的任务。

顾泠沅教学创新经典

从上世纪初人文主义思潮对传统教育的猛烈冲击到"二战"后科学主义思潮的代之而起，从强调以儿童为中心的"经验——发展"的教育思想到倡导以学科为中心的"结构——发展"的改革主张，在促进人的发展方面，教育的成功与失误参半，启迪与教训都有。在经历了各种挫折之后，发展的重点开始向培养全面适应现代社会要求的人的方面转移。青浦实验以自己的奋斗为中国的教育事业作出了一份贡献，教改实践的长期探索孕育了顾泠沅的教育思想。

评价一位教师上课，通常有三级水平：一是传统教学的课；二是改革的课；三是艺术的课。教学，不仅是一种技术，更是一种艺术，这是每位教师所追求的最高境界。顾泠沅指导的老师的课，也是不断完善，不断向艺术化教学迈进的。

一、激发学生学习动机的艺术——让学生在迫切要求下学习

实现教学质量大面积提高，要让所有学生都有效的学习，而有效的学习应该从何开始，即让学生在怎样的状态下进入学习过程，这是大面积提高教学质量首先面临的问题。解决这个问题的针对性措施是通过经验筛选得到的，最后顾泠沅把它概括为"让学生在迫切要求下学习"。

人的学习是一种主动的活动（包括中枢的心理活动和外周的行为），它是连结主体与环境的一个特殊的中介环节。在学习过程中，活动的需要与动力应当是首要的。可是青浦数学教改从历史的低谷起步时，这方面的前提却极度缺乏：许多学生对学习不感兴趣，上课时精神不振，不少学生是在高压厌烦等不良刺激支配下从事学习的，效果十分差。

一次，顾泠沅数学教改实验小组人员去一所乡村中学听课，当教师开始讲某个概念时，正巧有一辆拖拉机从远处的路上驶过，于是学生都将视线转向了窗外。课后顾泠沅逐个问学生："上课时，你看见了拖拉机没有？上面有几个人？"结果学生无一例外地都说看见了拖拉机，甚至不但数了拖拉机上坐着几个人，还说得出他们的姓名。当问到"这时候你想了些什么"时，学生的回答十分有趣：有的在分析这几个人从哪里来往哪里去；

有的在猜测他们去干什么事甚至估计这些事情能办成或办不成等。教师讲概念仅一刻钟时间，而学生却在这段时间内漫无边际地想着其他问题。这种现象足以表明学生对教师讲课没有兴趣，上课缺乏兴趣很可能导致学业的失败，因此它无疑与教学质量低下的状况密切相关。于是，激发学生的学习兴趣，调动学生的学习积极性成了当时迫在眉睫的任务。

这个任务从根本上说是解决学习动机的问题。青浦实验在调查阶段曾得出造成学生学习质量低下的主要原因：一是原有基础差；二是只会机械模仿、不会独立思考，教师示范过的题目会做，教师没有示范过的题目就不会做；三是知识的遗忘率很高。这后两个问题除与智能有关外还都涉及学习过程中非认知力方面的因素。解决这些问题固然需要一些学习方法上的指导，但根本的办法是从学生的学习动机入手。

动机是影响学习的最重要的因素。在课堂教学范围里，对教师最具挑战意义的工作就是激发学生的学习动机。困难的是，当时数学教师普遍缺乏这方面的素质准备。青浦实验研究者曾用 1 年多时间在县内 7 所有代表性的农村初级中学对 50 名数学教师做连续听课调查，结果是：8% 的教师缺少应有的认真态度；16% 的教师对教材尚未真正掌握，讲课出现知识性错误较多；74% 的教师经验不足或方法落后，他们习惯于机械的、灌输式的教学，搞死记硬背。数学被人们称为"思维之花"，但在一些数学课上是"教师教公式，学生套公式"，"教师讲例题，学生做习题"，搞单纯的讲授和简单的套用。可见大部分教师的教学基本功尚未掌握，更不用提激发学生的学习动机。

针对这种情况，20 世纪 80 年代初期，顾泠沅数学教改实验小组成员用 6 个学期的时间，分年级、按章节为全县数学教师举办了 70 余次专题讲座和 120 余次备课辅导活动，结合教材分析，介绍上课经验。与此同时，采用读书报告会的形式，指导全县数学骨干教师学习有关激发学生学习动机的心理学理论。读书报告会每月举行一次，首先拟定报告专题，由一人作中心发言，然后大家结合实际经验交流讨论。边学理论边总结专题经验，逐步提高骨干教师的教学水平。

理论学习推动了教师去探索解决学生对数学课不感兴趣的问题，理论与实践的结合，又促进了原型教学经验纯粹化。青浦实验调查阶段 3 年中共积累专题经验 160 余项，它们在一乡一校中显示出特有的作用。如对于学生上课注意力不集中的问题，有的教师便根据教材特点选择恰当内容编成问题，让学生产生解决问题的欲望，从而吸引学生注意。

如有一节数学课，教学内容是对数表，上课铃声响后，顾泠沅实验小组的一位女教师走进教室，拿出一张纸对学生说："这张纸厚约 0.083 毫米。现在对折三次，厚度还不足 1 毫米，要是对折 30 次，请同学们估计一下厚度是多少？"学生纷纷猜测。教师说："我经过计算，这厚度将超过十座珠穆朗玛峰叠起来的高度。"学生们都很惊讶，根本不相信。于是列式计算：0.083×2^{30}，对此学生感到理解困难。这时教师说："直接计算要费很多时间，而且很容易算错。如果我们运用对数表计算，那么很快就能得到结果。"接着这位教师开始讲解对数表的构造，查表求尾数的方法，当真数小于 1 或大于 10 时怎么处理等。全班学生听得仔细，练得认真，个个都在动脑筋。下课铃响后，有的学生还急着问教师现在能不能算 2^{30}，教师解释说，下节课再学一学反对数表就行了。下一节课全体学生仍然集中注意学习。在这节课最后 15 分钟里，师生共同运用新知识解决了 0.083×2^{30} 究竟等于多少的问题，计算结果，证实了教师的结论。

这两节课，课堂气氛和谐活跃。诸如此类成功课例的共同特点是，教师巧妙地采用引而不发的办法，激励学生的主动精神，让他们自始至终保持着较强的迫切性，由此产生积极思维的心理气氛，教学效果得到明显的改观。在经验筛选阶段，大量的有效经验通过思辨和综合，在理论上得到概括。上述激发学生学习兴趣的具体经验经过反复筛选，剥离了原型背景，最后被概括为"让学生在迫切要求下学习"，提升到了观念层面，比较好地解决了当时学生听课注意力不集中等问题。

二、让差生成功的艺术——低起点小步子

教育改革需要教育思想作指导，教育改革又为教育思想的孕育创造条件。一个正确的教育观念，总是建立在长期的实践探索和反复的理性思考上的。学生是学习的主体，以学生发展为本，这个思想在青浦实验前期是从如何大面积提高教学质量开始被认识的。之所以比较自觉地认识到必须坚持以正确的教育思想指导改革实践，与十年动乱使青浦县教育质量极度下降的历史背景是分不开的。

当时面对这种落后状况，一种看法认为青浦教育基础差，师资力量弱，学生起点低，要在教育上打翻身仗希望不大，只能慢慢等待客观条件的改善；另一种看法主张要尽快提高质量，只有抓住一部分"尖子"学生，大集中训练，才可能有所改观，这实际上是渴望改变落后面貌的人们第一次在教育思想上展开思考。当然，那些无所作为的观点和急功近利的做法都是不可

取的，特别是丢弃多数的想法将会产生可怕的后果，教育上的失败往往就是从教师丧失信心与放弃一部分"差生"开始的。

1982 年，青浦县一项学生数学作业批改情况的调查展示了"差生"的形成过程，那是某学生学习二元一次方程组解法的一组作业：

2 月 18 日，代入法，该生初步会解，但书写不规范，未写出哪一式代入哪一式，并且解题过程"跳步"，有时搞错符号，错误率为 $\frac{1}{5}$，教师未指出这些问题；

2 月 20 日，加减法，初懂解法，但由于直接跳步解题，竖式运算又不熟练，错误率升高至 $\frac{7}{8}$，另改又错，未再订正；

2 月 25 日，比较灵活的二元一次方程组与三元一次方程组的解法，解这类题跳步很困难，不跳步又不会按步书写，于是问题累积，到学三元一次方程组，连基本方法都不懂，抄袭占 $\frac{2}{9}$，错误占 $\frac{5}{9}$；

2 月 27 日，巩固练习，问题仍存在，但出现一些好的苗头。如一道较复杂的题目能做对，教师漏改，上次的订正也未改，看来教师已对该学生产生成见。

通过这个材料，顾泠沅实验小组揭示了差生形成的规律：

［学生］某小问题……问题累积………学习脱节……自信降低

［教师］不予重视……未及时补救………产生成见……期待丧失

学生从小问题累积开始到学习脱节，最后自信降低；教师从不重视小问题开始，到后来又未及时查漏补缺，反而因学生的学习一时脱节而产生成见，最后丧失对他的期待。由此，顾泠沅要求实验教师对差生要以"低起点，小步子"的方法，让这些学生不断获得成功，产生学习的愉悦，渐渐地跟上其他学生。

三、尝试指导的艺术——促进学习过程积极化

人的发展的实现一定要通过主体的活动。没有活动，环境与发展主体之间就不可能发生相互作用，也就谈不上任何发展。就学习而论，学生发展的实现程度常常取决于学生在学习活动中的主体地位的确立。因此，发掘学生主体活动的潜在能力是时代对学校教育的基本要求。

青浦实验确认的研究目标是要让所有学生有效学习，而有效学习的关键

何在，这个问题从青浦数学教改实验刚开始就成为教师讨论的一个热点。

十年动乱结束之后的最初几年，为了尽快医治教育受到的创伤，很多地方的学校都实行按学生学习程度分成好差班或快慢班的做法，以期待大面积提高教学质量，青浦县的不少学校也尝试过这种方法。但是后来的事实说明那样做的结果并不理想，因为如此分班难免要挫伤一部分学生的自尊心。更为深刻的原因，在大多数人的教育思想尚未真正转变的情况下，按程度分班不可能实现本来意义上的因材施教。此外，当时的师资条件也不容许这样做，几乎很少有学校愿意把优秀教师安排到差班任教。

那时与此相伴的做法还有在学习上搞大量训练，以数量求质量，结果也往往是事倍功半或适得其反。

面对种种现实，青浦实验把有效学习的关键首先放在"开发自主学习活动，促进学习过程积极化"上。

重视学生学习的自主性，并在教改实践中创造了"尝试指导"等教学方法，青浦数学教改的这个经验受到各界肯定，认为"这些做法中都蕴藏着科学的教育思想"，青浦实验"不是把学习的过程作为一个学生被动接受知识的过程，而是作为一个学生再探索再创造的过程"。（柳斌，1992）但在数学教改起步时，大部分学生学习数学还停留于机械模仿，不会独立思考。在一些数学课上，学生被视为简单接受的"容器"，他们只须记住教师讲的公式，然后直接套用，完全处于一种被动地位，谈不上主观能动性的发挥，也谈不上养成积极思维的习惯。

为了解决这个问题，研究者先对已有的经验，如讲练结合、要求学生动手、动口、动脑、等进行分析，然后参照我国古籍《学记》上"道而弗牵，强而弗抑，开而弗达"的要求，试着在采用讲授法的同时，辅之以这样的方法：让学生自行"尝试"获取知识，教师则根据"尝试"需要予以指导。

这种尝试最重要的是充分发挥学生的学习主动性，改变以往那种被动的、单纯听讲的学习方式。通过逐步试探和试验，在讨论和研究中发现新的知识和方法，解决提出的问题。

这种"尝试指导"方法坚持试验了一个阶段，学生的思维变得特别活跃，他们在课堂上自行概括的一些法则、结论，有的甚至任课教师事先都没有估计到。如在学习"等腰三角形的判定"一课时，有个学生指着黑板上画的一个三角形说，这个图形完全可以看作两个三角形，即△ABC 和△ABC，这样就可不添辅助线，直接运用"角边角"定理推得它们全等，

从而证明判定定理。这一思路连听课教师都称始料未及。

事实告诉教师，数学教学不应把所有结论都直截了当地讲给学生听，把各种类型的例题面面俱到地示范给学生看，抱着学生走路，会增加他们的依赖性，对学习自主性的培养十分有害。为此研究者在全县范围内采取各种积极建议启发学生独立思考的教学措施：引导学生边听边想边尝试，促使他们发现问题、提出问题、分析问题和解决问题；选择部分教材，让学生自学，教师释疑；用"引而不发"的方法诱导学生自己探究结论；例题教学适当运用变式，讲究逐步设置障碍，不断增加创造性因素，以达到"闻一知十"、"举一反三"的目的等。与课堂内的"尝试指导"相配合，还建议对学生加强学习方法的指导，主要包括：如何集中注意进行学习；如何自学和做自学笔记；如何在学习中进行独立思考和开展创造性思维活动；如何独立完成作业；如何选择与阅读课外书籍。开展课外数学小组活动，经过教和学两个方面的不懈努力，原来那种被动的局面开始有所改变，学生在学习过程中的主体地位渐渐确立。

体现学生学习自主性的尝试活动，是一种有目的的探究活动。它是以学生已有的知识为导向，在教师指导下进行的。这就与行为主义学习理论试误说截然不同：桑代克提出的尝试错误，是一种盲目的试探，它是靠试探过程中多次偶然成功的强化达成学习的；顾泠沅则通过大量数学教学典型课例的累积，概括出这种尝试探究活动大体包括四个阶段。

（1）引导学生思索某个数学问题。

（2）为了解决这个问题，借助于观察、试验、归纳、类比以及概括经验事实并使之一般化和抽象化，形成猜想或假设。

（3）在已经掌握的概念和知识体系的基础上检验猜想或假设，演绎出问题的结论，从中获得新的概念，以丰富原有的知识体系。

（4）新概念和知识的应用，以巩固尝试探究的结果。

尝试活动这四个阶段的安排与科学认识形成和发展的一般途径大致相符，因而它对于教学过程来说具有重要的认识论意义。而且，这种学习还有如下一些效用：第一，尝试探究是一种比较高级的思维活动，它首先使全体学生面临新的问题情境，然后让其根据自己已有的知识和经验，去试探获取结论，因此能充分发挥每个学生的学习潜力；第二，有利于学生学会掌握数学知识的正确态度和方法；第三，由于这些知识是学生亲自参与探究才得到的，因此印象特别深刻，可以经久不忘，遇到新的情境也能灵活地运用，并且有助于透彻理解数学知识的实质；第四，它还能促进教师

对自身角色功能的认知，推动教师从传统的知识传授者向学生学习的促进者转变。

根据学习理论的通常说法，学生的高水平的探究是一种学习活动，学生的容器式的被动接受同样是一种学习活动。如何辨别不同性质的活动，青浦实验认为这个依据就是活动的自主性，并在尝试活动的基础上提出了"自主学习活动"的概念，用以区别于一般的学习活动。这种学习活动，力求在学校和教师的主导作用之下，积极地发挥学生的自我意识和主观能动性。它一方面表现为学生对社会积累起来的知识、经验的主动关心和作用，另一方面表现为学生对学习环境的相互关系和各种交往的主动关心和作用。在课业学习上，既重视主动接受系统的知识和经验，又十分重视观察、实验和探究；或提出适当的课题，让学生通过一定的实际活动（包括课内外和社会的）进行学习，这种做法有利于确立学生在学习过程中的主体地位，促进学习过程的积极化。

在促进学习过程积极化的前提下，青浦实验曾于80年代集中力量对运用"尝试指导"等方法开发学生自主学习活动的效应进行了多次研究，这主要有对三年教学实验前期的和后期的两项大型思维实验。研究结果表明，指导学生开展尝试活动，对于激励学生的学习动机，培养他们学习数学的兴趣有很大作用，实验组学生的阅读能力和思维能力均比控制组学生有更大的提高。实验组学生在解题时所表现出的思维的准确性、敏捷性、深刻性等方面也明显优于控制组学生，而且重视尝试探究的教学方法较之机械灌输的方法，在发展学生探究思维能力方面占有明显的优势。实验表明，学生从直观形象思维向抽象逻辑思维发展的飞跃期一般都在初中二年级，而良好的教学方法能促使飞跃期适当提前。

四、教学民主的艺术——活化师生情感

师生关系一直被视为教育变革的内部动因，教师和学生间确立的强有力关系是教学过程的运作基础。在中华民族几千年火播薪传的文明史上，亲师与爱生始终是一段永恒的旋律。但在一度愈演愈烈的升学竞争面前，这种关系出现了变异，教师高压、学生厌学致使师生感情渐生隔膜。在一些地方，由于课业繁重，除上课外，中小学生与教师接触的时间已降至可怕的下限。教师对学生的爱无论是数量上还是质量上，都还不能充分满足学生发展的需要，甚至"恨铁不成钢"的体罚和辱骂也时有发生。耐人寻味的是，师生之间知识传承的渠道在拓宽，感情沟通的大门却渐渐关闭。

教师为学生应考付出了沉重的代价，学生却埋怨教师未给他们留下自我发展的时空。问题的实质是，没有感情的教育是苍白无力的，它会导致失去个性、失去创造力，甚至失去思想。

面对我国学校教育的现实，重新评价师生关系这个传统教育大厦的基石是十分必要，"特别当师生关系变成了一种统治者和被统治者的关系的时候。这种统治与被统治的关系，由于一方在年龄、知识和无上权威等方面的有利条件和另一方的低下与顺从的地位而变得根深蒂固了"。

以学生发展为本的现代教育观，强调师生关系的革新。随着教育改革的深入，那种指令性和专断性的师生关系必将难以为继。时代正在呼唤新型的师生关系，这种关系旨在尊重学生自主性的精神，使学生的人格得到充分发展。教师的权威将不再建立于学生的被动与无知的基础上，而是建立在教师借助学生的积极参与以促进其充分发展的能力之上。教师必须尊重学生、信任学生、帮助学生，有区别地引导他们而非按统一模式塑造他们。

在教学过程中，怎样调整好教师和学生之间的关系，一直是青浦实验致力研究的一个重要问题。在强调开发学生自主学习活动时，青浦实验非常重视教师对自身地位变换的认知，提倡教师要善于从"独奏者"的角色过渡到"伴奏者"的角色，旨在促进学生主动地获取知识经验。同时，又十分关注在情感关系方面开发人际交往活动，旨在通过活化情感因素建立新型的师生关系。

20世纪70年代后期，在开始寻找青浦县数学教学质量低下的原因时，人们常常归之于当时的师资水平，教材生疏和教法陈旧成了主要问题，师生情感因素的作用尚未深入思考。调查阶段的不少经验表明，那时一些在教学上获得成功的教师，其奥秘与其说是在教学方法上有一定创新，不如说主要得益于良好的师生关系。当时还对七名学生作过典型调查，发现差生的形成正是学生、教师双方因素交互积淀的过程。如果师生之间有比较畅达的感情通道，也许不会使这些学生陷入自暴自弃的地步。

在经验筛选阶段，研究者曾对全县五个实验班进行差别研究，让他们共同实施某几条试验措施。一段时间后测试教学效果，发觉有一个班级效果突出，开始时，该班知识技能考查成绩低于其余四个班的平均成绩，但以后很快赶上并超过四个班的平均成绩，而且差距较大。究其原因，一种可能是该班试验措施运用得特别好，另一种可能是还有某种未知的因素在该班起作用。经过考察了解，发现这个班级里，数学教师与学生双方的感情特别好，教师对学生的生活习惯、学习特点、兴趣爱好了如指掌，学生

则反映"最喜欢上数学课"。由于师生情谊深厚，教师指导学生掌握学习方法就很有效果，全班学生大多喜欢钻研数学问题，爱看数学兴趣读物。这正是一个尚未深究的因素。

后来收集的各种事实表明：研究学科教学，较多地侧重于认知规律方面的分析，这并不全面。实际上，即使像数学这样的理科，情感规律也起着相当大的作用。学生心灵的火花一旦被点燃，就会收到意想不到的教学效果。通过众多的个案分析，发现优秀教师与学生的关系都很好，这说明师生感情融洽能促进学生有效学习的认识是有事实依据的，调整师生关系的着力点应该放在活化情感因素上。

如何活化师生之间的情感因素，青浦实验进行了不断的探索，有名的"一本练习本"经验就蕴蓄着情感效应。1980 年前后，在全县教学质量调查和数学竞赛中，青浦县东部某农村中学的一个班级成绩异常优秀。把它与一般班级进行比较，发现那个班级的任课教师采用与众不同的"一本练习本"的做法。学生的练习本不是两本交替使用，而是用完一本再用一本。这样可促使教师及时批改作业，对于信息反馈的作用自不待言，重要的是方法改进的背后是一种关系的建立，师生之间的及时沟通增进了教学上的亲近感，充分挖掘这方面的情感因素一定会有利于提高学生学习的有效性。

为了进一步探明情感因素在教学过程中的效应及作用机制，1986 年，数学教改实验小组在青浦县一所基础较差的农村初中进行了一次为期十周的实验。实验以数学练习处理方式为主要变量，考察教师对学生练习采取当面批改、适当鼓励措施之后的反馈效应。实验证实了教师当着学生的面批改练习，并运用鼓励性话语与学生沟通情感，能使学生的成绩有较大幅度的提高，而且在面批鼓励的同时，如能让学生自觉产生一种适当的期望目标，那么学习效果的提高将更为迅速。

经验筛选和专项实验的结果都证明了情感因素对师生关系的作用：师生情感缺乏沟通以及教师期待的丧失是造成差生相当重要的原因；而教师对学生的适当鼓励、教师热爱学生的情感倾注，常常会提高学生学习的有效性。"活化情感因素，建立新师生关系"，这一认识后来被作为情意原理的重要内容。

魏书生教学创新经典

纵观魏书生语文教学改革的经验，其基本是认真研究学生学习规律、教师教的规律，按本学科学与教的规律改革教学方法，最后实现教师科学地教，学生科学地学，遵循教学规律，提高教学质量。

魏书生从实践中认识到，教学过程的基本矛盾是教与学的矛盾，教学过程的实质就是解决这一矛盾的过程。围绕着这一矛盾的解决，魏书生潜心研究学生学的规律、教师教的规律，学法与教法。魏书生认为，学生学的规律决定教师教的规律。学生学的方法决定教师教的方法。教师教的规律只有适合学生学的规律，教师教的方法只有适应学生学的方法，才有可能解决教学过程学与教的矛盾，才能有效地解决教学过程学与教的矛盾，才能有力地促进学生的发展。而教的过程是千变万化的，教学情境也是千变万化的，教学方法必须适应这种变化，只有掌握了教学规律，才能以"不变"应"万变"。

一、整合教学目标

魏书生老师的教学思想是非常先进的，他的教书并不是只知道教给学生多少的知识，主要是通过他的语文教学，让学生学会怎样做人，让学生懂得自己到学校来学习是为谁来学的，应该学什么、怎么学。

（一）学生的学习究竟是为谁

魏书生每接一个新班，为学生上的第一节课并不是教给学生哪一节语文课，而是让学生知道一些道理。让学生知道自己已经是初中生了，不再是小学生了，应该懂得初中生该做些什么。让学生讨论自己将来打算做什么，谈理想，谈前途。让学生讨论中学生肩上的担子是什么，自己肩上的担子与祖国的发展有什么关系。大家通过讨论，畅谈理想，就会知道自己肩上的担子与祖国的前途密切相关。全中国的青年学生都应懂得自己是祖国的未来，自己的成长，就是祖国的希望。另外，自己的前途是自己规划的，不是他人给制定的。学生们在第一节语文课上就大略懂得了自己的任务，义务和责任，深刻地了解了学语文并不是只学一点文化知识，要懂得自己为什么学语文，是为谁学知识。当学生一旦认识到自己是为祖国而学，更是为了自己的前途而学习的话，那么，语文就好教了。

（二）学生的学习究竟应该学什么

学生只懂得自己到校学习是为了什么而学习，而不懂得学习究竟应该学什么，也不行。魏书生老师首先把他的语文教学内容教给学生，让学生知道学语文应该学什么。

魏书生说："我常想，我们去一个遥远而又陌生的地方时，通常都要带上一张地图，一路上看地图明方向、定目标，选择最佳路线，才能少走冤枉路，节省时间，顺利到达。""学语文的时候，学生也应该有这样的一张'地图'。思维的汽车在知识的田野上奔跑时，有了这样一张'知识地图'，目标才能明确，才能少走冤枉路，走的路程越远，地图就显得越重要。"

从1979年开始，魏书生就引导学生画语文知识结构图，用树的形式来表示知识结构，于是同学们把它叫"语文知识树"。

初中语文知识大致有四部分：基础知识、文言文、文学常识、阅读和写作。再进一步分析，基础知识包括语音、文字、词汇、句子、语法、修辞、逻辑、标点这八个方面；文言文包括字、实词、虚词、句式四个方面；文学常识包括外国、古代、现代、当代四个方面；阅读和写作包括中心、选材、结构、表达、语言、体裁六个方面。这是第二个层次，共二十三个方面。再进一步分析，每个方面又包括基本知识点，如语法又包括词类、短语、单句、复句四个知识点。这是第三个层次，大约一百三十多个知识点。

打个比方说，这张语文结构图，像中国交通图。第一层次的知识像省，第二层次的知识像地、市，第三层次的知识像县，第三层次以下的知识更细密，像乡镇村一样。

学生把握住了这些知识的层次结构，就会清楚地知道，学语文应该先学哪些知识，后学哪些知识，这些已掌握的知识，和未掌握的知识之间有什么联系，懂得这些新旧知识的内在联系，会使学生学习不至于走弯路，并且会使学生们自己能够检测自己各个知识把握得如何，哪些知识点是清楚的，哪些是似懂非懂的，哪些是经过努力的，能够赶上来的。

二、教会学生学习

学生懂得了自己学习的重要性，又知道了学习什么，还有更重要的一点就是怎样学习。魏书生最擅长的就是这一点，教会了学生学习语文的方法。

（一）引导学生自学整册教材

魏书生教会学生自学整册教材关键是教会了学生以下七个方面的事：

（1）列生字表。生字表一般指教材下面加拼音的字。把现代文字和文

言文生字分开列表。根据自己的实际情况，没加注音的字自己也有不认识的，也可以列入表中。

（2）列新词表。把课文中加注释的词中须掌握的词列成表。重点是动词、形容词，必要的名词也可列入表内。现代文字和文言文要分开列表。这些词不仅列表，还要在教材上依次编上号，这样容易引起注意，还能明确自己的学习进度。

（3）单元分析。统计本册教材共几个单元，记叙文、说明文、议论文、文言文等各占几个单元。这样能明确本学期学习文体的重点。

（4）习题归类。统计每篇课文后的练习题数，再将这些题分成四种类型：字、词、句的训练；语法、修辞、逻辑训练；听说的训练；读写训练，分别统计出数来各是多少道题。

（5）知识短文归类。本册教材，知识短文一共多少篇，其中读写听说知识短文几篇，汉语知识短文几篇。

（6）书后附录。写清书后附录是什么，对我们学好语文有什么作用。

（7）列文学常识简表。按照时代顺序列出这册教材涉及的作家，诗人的名字、身份，作品名称，节选自何处，有何名句。外国作家要单列出来，写清他们的国籍、年代和作品名称。

（二）引导学生自学一类文章

魏书生说一册教材从总体角度去把握，去学习，效果好。同类文章，若能从总体的角度去自学，效果也会好些。

魏书生常常用表格填充法来引导学生自学一类文体的文章。

学说明文填写如下表格：

课题	事物的特征	说明的顺序	说明的方法

学小说填写如下表格：

课题	人　物		环　境		情　节			
	姓名	性格	社会	自然	开端	发展	高潮	结局

学议论文填写如下表格

课题	论点	论　据		论　证	
		理论	事实	立论	驳论

这种表格填充法，既可以使学生自学一册语文书，又可以使学生自学六册语文书。

（三）引导学生自学一篇文章

魏书生说读一篇文章的方法很多，如"浏览法"、"设疑法"、"五步读书法"、"十步读书法"、"圈点摘要法"等。而他最喜欢介绍给学生的是"四遍八步"读书法：四遍就是一篇文章读四遍；八步就是完成八项任务。

第一遍，跳读。完成两步任务：1. 识记作者及文章梗概。2. 识记主要人、事、物或观点。应达到每分钟读 1500 字的速度。

第二遍，速读。完成第三、四步任务：3. 复述内容；4. 理清结构层次。每分钟要读 1000 字。

第三遍，细读。完成五、六、七步任务：5. 理解掌握词、句；6. 圈点摘要重要部分；7. 归纳中心思想。读的速度一般与朗读相同，每分钟200 字。

第四遍，精读。完成第八步分析文章写作特色的任务。速度根据需要，或一带而过非重点部分，或仔细推敲品味重点段落、关键词语。

并不是每篇文章都要读四遍，如《人民的勤务员》之类的文章，读两遍就可以完成八步任务；像《岳阳楼记》读五六遍，也不一定能够全部理解其中的妙处，自我须要再读。读每篇文章也不是非要完成八步任务不可。有的文章只要记住梗概，复述大意即可，如《连升三级》和课外阅读报纸杂志上的大部分文章。

（四）教会学生划分文章层次的方法

1. 划分记叙文层次的五种方法

（1）按时间顺序划分。有的文章以时间为线索，写人记事，交代事件的起因、经过、结果。如《多收了三五斗》等一类的文章。

（2）按空间顺序划分。文章写自然景物，一般按空间顺序安排层次，也有的写人记事，也按空间顺序安排层次。如《老杨同志》等文章。

（3）按不同表达方式划。有的记叙文，以记叙为主，又在开头部分抒情、议论，末尾又以抒情议论结束。如《谁是最可爱的人》等文章。

（4）按材料性质划分。有的文章不受事件发生的时间、地点的限制，而以事件内容为依据，把表现同一思想内容的材料安排在一个部分里。如《闻一多先生的说和做》等一类的文章。

（5）按作者的认识过程来划分。如《荔枝蜜》按作者对蜜蜂的认识过

程，划分为不喜欢、想看看、赞美、联想到劳动人民、梦见自己变成蜜蜂这样五个部分。

2. 划分议论文层次的四种方法

（1）三段式。大部分议论文都按照提出问题、分析问题、解决问题的顺序安排层次。在结构上分为开头（引论）、正文（本论）、结尾（结论）三部分。如《谈骨气》。

（2）总分式。较复杂的议论文则先提出文章的总论点，为了论证总论点，又提出若干个分论点。

（3）并列式。文章论述的两个或几个问题之间的关系是并列的，有几个问题，则划分为几个层次。如《放下包袱，开动机器》。

（4）递进式。文章各部分之间的内在联系是层层深入的。例如《最后一次讲演》，第一部分揭露反动派的卑鄙，赞扬李先生的光荣；第二部分深入论述敌人的卑鄙，说明其末日将临；第三部分号召青年继承革命烈士遗志，最后则进一步表示斗争的决心。

3. 划分说明文层次的方法

魏书生老师认为，划分说明文的层次方法大致可采用记叙文、议论文的方法。魏书生以前也曾和同学总结过划分说明文的十种方法，后来觉得方法太多不利于初中生掌握，就不用了。

以上所说的划分文章层次的方法，适合大部分文章，不等于适合所有的文章。有的文章结构形式特殊，不能用现成的公式去套，只能具体文章具体分析。

（五）教会学生归纳文章中心的方法

魏书生教会学生归纳文章中心常用的方法有如下六种：

（1）看文章题目。有的文章一看题日就使人想到整篇内容大致是围绕这个中心写的。如《反对自由主义》、《石油的用途》等文章。

（2）看文章的开头与结尾。不少的文章，开门见山，开头部分就提出中心思想。比如《马说》，第一句话就提出了文章论述的中心："世有伯乐，然后有千里马，千里马常有，而伯乐不常有。"全文紧紧围绕这一中心，说明不遇伯乐，千里马会被埋没的道理。又如《黄生借书说》开头就提出了全文的议论中心："书非借不能读也。"还有的文章在结尾部分点明中心，如《井冈翠竹》篇末点题："井冈山的毛竹……从不改色……永不低头……这正是井冈人，也是亿万中国人民的革命气节和革命精神！"

（3）看文章的抒情、议论部分。这种方法适用于记叙义。文章在记

叙、描写中插入抒情议论部分，通过分析这些句子，也就容易归纳出中心思想。如《听潮》一文，在描写大海涨潮时发表议论："怕什么。这是伟大的乐章！海的美就在这里。"文章的结尾处又写道："我喜欢海，溺爱着海，尤其是潮来的时候。"从这些议论的句子中，我们看出文章的中心是讴歌大海的壮美、颂扬大海的伟大力量。

（4）分析人物性格。一些写人的记叙文，中心含而不露。这时你注意分析主人公的性格特点，就容易看出文章的中心。如《第二次考试》、《老杨同志》等。

（5）综合文章各段段意。这种方法比较适合于说明文和特殊的议论文。如《死海不死》、《最后一次讲演》。

（6）分析文章的写作背景。有的文章寓意较深，不易找出来，这就要求注意弄清文章写作和发展时的政治历史背景。如《论雷峰塔的倒掉》只有结合作品发表时的背景，才能认识到文章的中心是表现了作者打破中国封建思想束缚的愿望和对被压迫者的同情。

归纳文章的中心思想，用文字通顺地表述出来，是要经过一段时间的练习的。比如记叙文的中心思想的一般表述形式是：前一部分概括文章的主要内容："本文通过对……的记叙（或描写）"；后一部分是中心所在"赞扬（歌颂了、揭露了、批判了、表达了、说明了）……的精神（或思想、品质、制度、感情、道理）"。

魏书生说，以上只是归纳一般文章的中心思想的方法。特殊的文章，不须要综合运用多种方法，进行分析、归纳。

（六）教会学生分析文章的写作特点的方法

魏书生说，初中阶段，学生分析一篇文章的写作特点，一般要从如下五个方面入手：

（1）分析中心。看文章的中心思想是否鲜明、集中、深刻。

（2）分析选材。看文章的选材是否围绕中心，是否具有典型性，选材是否新颖，取舍是否得当。如《闻一多先生的说和做》、《谁是最可爱的人》等选材。

（3）分析结构。看文章的开头结尾是否照应，层次和段落是否清晰，过渡是否自然。如《故宫博物院》介绍的故宫虽然规模宏大，建筑群复杂，但写得层次分明。

（4）分析表达方式。文章表达方式有五种：记叙、说明、议论、描写、抒情。小说的特点，大多是通过描写来塑造人物的顽强的革命意志，

那么描写则是本文的写作特点。《老杨同志》通过语言、行动描写刻画人物性格；《变色龙》通过鲜明生动的对话来刻画人物性格；《第二次考试》则是直接描写和间接描写两种方式刻画人物。一篇文章中往往不只用一种表达方式，常常是几种表达方式综合运用，如《听潮》、《死海不死》、《论雷峰塔的倒掉》等，这些都可以称为文章的一个特点。

（5）分析语言。主要注意几点：（1）从语言基本要求看，是否朴素、准确和精炼。如《向沙漠进军》的写作特点之一就是语言准确。（2）从修辞方法的角度看有什么特点。如《听潮》这篇文章就是运用拟人、比喻、排比等多种修辞方法。（3）语调是幽默、讽刺，还是庄严、沉郁；是冷淡、悲凉，还是欢乐、喜悦。如《论雷峰塔的倒掉》语言是否个性化，如《老杨同志》中人物语言都具有鲜明的个性特点。

魏书生说，分析文章的写作特点，要让学生总体上从这五个方面去把握、去思考、去分析，但不可能每篇文章这五个方面都突出。每篇文章从这五个方面入手，最后找了三处最突出之点，再加以具体举例分析也就可以了。

学生一旦掌握了学习方法，就可以按照自己的学习计划，认真自觉地去学习每天应该学会的学习内容，他们可以天天如此地，循序渐进地去学习、去研究、去探索更深一个层次的知识，去接受更新的学习任务，去尝试更新的学习方法。

三、改革教材内容

1984年辽宁省魏书生教改经验学习班上，有一位大连的老师说："魏书生同志是在小县城（当时盘锦市尚未成立，魏书生任教的学校为盘山县三中）教大语文，我是在大城市教小语文。"他说得很在理。魏书生同志的语文教学，在教学空间上，不仅仅是在教室内，他经常领着学生去郊游；在教学内容上，不仅仅是讲教材上的文章，他往往用大量的时间去讲一些教材以外的内容。有些外地听课的老师常问：讲这些东西，升学考试也不考，不是白白地浪费了大好的时光吗？魏书生却认为：只要学生们的学习兴趣浓、知识面广，听说读写能力强，学生们可以以不变应万变，还用得着担心学生的考试成绩吗？

魏书生的语文教学，一般只用一个学期的三分之一的时间就讲完全册教材，其余的时间都留给学生复习，或增讲一些课外内容。一般来说，他喜欢讲下面几方面的文章。

（一）讲名篇时文

学生喜欢听人物传记，更喜欢离他们的生活较近的报告文学。于是魏书生便常常在语文课上给学生讲人物传记或报告文学。

1981 年毕业前夕，魏书生给学生讲了陈祖芬的报告文学《当代青年》。内容是上海青年王毅杰，为伸张正义受伤住院后，用两个半月时间学完所剩的两年多的大学课程，考上了留美研究生。还为学生选读了《追求》的报告文学，知识分子对祖国母亲的赤子之情深深地震撼着学生的心灵，学生晶莹的泪花里充溢着深沉的情愫。王毅杰见义勇为的正义感，孜孜不倦的自学精神极大地鼓舞了同学的自信心和伸张正义的勇气。

1984 年，为学生们选学了鲁光写的《敲开世界冠军的大门》，同学们深深地记住了中国女排的一句话："若是一付灵丹妙药，我们要想强大起来就得天天吃它。"从那以后，魏书生的学生才想出了在教室内侧做仰卧起坐和俯卧撑来磨炼自己的意志。

美国盲聋女作家海伦·凯勒的事迹，魏书生是从第一届学生开始讲，年年讲，届届讲，在许多学生的心目中，海伦·凯勒已成为楷模。她自幼双目失明，两耳失聪，是通过手摸别人谈话时喉结的动来学习说话的，经过努力学习，最后获得博士学位。

（二）讲教育、心理方面的资料

魏书生经常在语文课上讲国内外一些关于教育、心理方面的资料。讲《加拿大教育一瞥》、《美国教育掠影》、《日本山口县的中小学教育》、《苏联教育改革的四个问题》、《哥伦比亚少年教改营》。美国有的中学选修科目就达到上百种，全国有二百多门中学选修课。有的学校别出心裁地设立了"实习牢房"，以使学生品尝犯罪后的痛苦，而避免产生犯罪心理。日本山口县一些学校，故意让学生赤着脚参加多项活动，理由是有利于学生心理和生理的成长。哥伦比亚有个少年教改营，里面的管理人员、银行、商店等单位的工作人员全由犯了罪的少年担当，以唤醒他们的做人尊严，结果他们把这座小城镇管理得很出色。

魏书生向学生介绍最多的还是苏联的教育。他向学生们简单地介绍凯洛夫、赞可夫、巴班斯基和苏霍姆林斯基；向学生介绍巴甫雷什中学如何重视课外活动；多次在语文课上整篇整篇地给学生讲苏霍姆林斯基《给教师的 100 条建议》，尽管苏霍姆林斯基的最后一条建议是前 99 条建议都要对学生保密，魏书生还是向学生公开。

魏书生更喜欢向学生介绍国内的教育情况。介绍"读读、议议、讲

讲、练练"的教学方法；介绍注重学生实践，注重学生动手能力的培养，注重勤工俭学的事迹；介绍丰富多彩的课外活动；介绍令人难忘的音乐表演的技巧；介绍香港严格的校规：所有的学生一律穿校服，所有的学校都重视学生的动手实践能力等。

语文课上，魏书生也常常讲些心理学方面的知识。讲感觉、讲知觉、讲行为、讲习惯、讲品质的养成，讲人的良好性格的培养等。

（三）讲学习方法

讲日本研究学习方法的专家田崎仁先生写的《中学生科学的学习方法》、讲《记忆的三个过程》、讲《怎样制订学习计划》、《怎样运筹时间》、《利用好边角余料》、《关于整理知识结构》、《怎样结合实际复习》、《写语文学习病例》、《怎样自我检测学习结果》、《利用好环境》、《提高驾驶大脑这部汽车的能力》有时讲国内优秀中学生的学习方法，有时讲魏书生自己学习的体会等。

（四）介绍国内外科技动态

魏书生自己订阅一份《国外科技动态》的杂志，他常常把杂志的内容选来，在语文课上讲给同学们。讲《五千万年的地球上》、讲《光导纤维通讯》、《第四代机器人》、《遗传工程新成果》、《装配式建筑新成就》、《氢在高压下会变成金属》、《未来的汽车可能将以空气作动力》等等。

魏书生在语文教学上进行教学内容的改革是非常奏效的。

他讲名人传记，为学生们树立终生的目标奠定坚实的基础。讲先进人物，使学生们潜移默化地受到教育，学习先进人物的先进思想，学习先进人物的先进事迹，了解为祖国为社会贡献的人的生活经历。学习马克思全心全意为人类解放事业而献身的奉献精神；学习海伦·凯勒顽强的学习毅力；学习爱迪生坚韧不拔的研究精神等。学生通过这些人物事件的感染会产生一种终生受益的不竭动力。

魏书生向学生们讲教育、心理方面的内容，让学生了解国内外先进的学校先进的教育方法、内容、措施等，使学生们愿意配合和接受魏书生的教学改革。学生们眼界开阔了，知识丰富了，心理素质提高了，这正是学生们成长中必要的知识，而且是任何知识都不能替代的重要知识。

魏书生向学生们介绍国内外优秀中学生的学习方法，讲记忆、讲计划、讲操作、讲预习、讲复习、讲他自己的学习体会，等等，与他的学习方法的正确是密不可分的。于是学生们能够联系自己的实际，借鉴别人的经验，去探索最适合自己的学习方法，一旦这种方法被学生所掌握，将是

终生受用的。

魏书生向同学们介绍国内外科技动态，使学生们能够了解到人类已发展到什么时代，科技对人类的发展起到什么作用，作为一名当代的学生应该怎样学习，才能打好基础，将来去探索宇宙的奥秘，为人类服务，为民族服务。另外，在培养学生的能力上也是大有好处的，如培养学生的想象能力、预测能力、自我约束能力等等都有一定的益处。像《五千万年后的地球上》、《未来的汽车可能将以空气作动力》这类文章将会激发起学生们学习的浓厚兴趣。他们会意识到一切的可能都会成为现实，一切的"不可能"也会成为现实，关键是人的才智。

四、延伸教学时间

魏书生老师语文教学最大的特点之一是教学时间的延续。所谓教学时间的延续，指他不囿于语文课堂上的45分钟，也不囿于学生在校的每天几个小时，更不囿于学生在初中读书的仅仅三年，而是把初中语文教学的点子打在学生的终生学习上。

他的语文教学，很多人听了赞不绝口，都一致认为他是真正的教语文，原因是遵循语文教学规律，最终实现"教是为了不要教"。

他首先向学生讲清语文学科的性质、语文知识的作用。教给学生学习语文的方法，让学生认识到学习的主人应该是谁，学语文的任务应该由谁来分配，学语文的时间应该怎样安排等。

学生们一旦懂得了自己应该是学语文的主人，任务当然就应该由自己分配，学语文的时间也应该由自己安排。因为语文学科太重要了，它是工具学科，如果自己不会使用这门工具，或说使用不好这门工具，会直接影响到其他学科的学习。如果各门学科的成绩因语文不好而受影响的话，会影响到自己终生目标的实现，会影响到自己将来对祖国、对人民的贡献。那么，学生们就会主动地把学语文放到非常重要的位置上来，抓住一切可以利用的时间来学语文。

（一）语文课外的时间学语文

魏书生的学生学习语文不只是在语文课堂上的45分钟之内学习，更主要的是抓住课外时间来学习。抓住学习其他学科的闲暇时间来学语文，学生们认为学语文是一种乐趣，学语文是一种高层次的休息。于是利用写其他科作业的空闲时间来学语文，学一会觉得头脑更加清醒了，精力更加充沛了，于是再去学习理科知识。另外，抓住其他学科的课堂时间来学语

文。这里是指在其他学科的课堂上主动举手发言，来锻炼自己的语言表达能力，在写物理或化学的实验报告时，认真来写，学生认为这是锻炼自己的写作能力。于是，所有任魏书生班级课的老师都有共同感觉，那就是学生们学习热情高，发言踊跃，思维开阔，任他们班的课是一种享受，会从学生身上学到很多东西。

（二）校外的时间学语文

魏书生的学生经常抓住校外的有利时间来学语文，比如中午和晚上放学的时间，学生们手中往往拿着自己安排背诵的诗文，走几步，看几眼，学生们认为这种学习方法很好，容易把背诵的东西记牢。在明媚的春天、百花齐放的夏季、果实累累的秋天、瑞雪纷飞的冬季都是学语文、写作文的好时机。于是，魏书生的学生经常在春季里郊游，夏季里赏花，秋季里摸鱼，冬季里玩雪，这一切都是在学语文、学作文、学做人。

（三）节假日时间学语文

魏书生每逢寒暑假前，都要让学生把下学期要学的语文书借到手，然后让学生自学整册教材。新学期开始时，就对学生进行整册教材的考试。学生们按照老师教给的学习整册书的方法，自己制定假期学语文的计划，然后按照计划学生字、学生词、做课后习题、列文学常识表、背诵课后要求背诵的篇章、写日记等。尤其是写日记，魏书生出题目，写同一个题目的日记。而在节假日里，学生的日记就不同了：根据自己学习的内容写日记；根据自己活动的空间写日记；根据自己观察景物的不同写日记；根据自己接触的人物不同写日记；根据自己见闻的事情不同写日记；根据自己思想情感的变化写日记。总之，有一点是一致的，那就是把生活的摄像机对准光明面。有黑暗必有光明，有毒草定有鲜花，有丑恶就有美善，有失败必有成功，有懦弱必有顽强，于是魏书生的学生写光明，写鲜花，写美善，写成功，写顽强。

五、拓展教学空间

语文教学较其他学科的教学有一定的宽松性，可以利用一切空间来进行语文教学，而有些自然科学的学科则没有，它往往要受一定的空间条件或物质条件的限制。如物理、化学等，要搞实验，不在实验室里就办不到。语文就显得宽松多了，尤其是初中语文。因为学生年龄的不同，适应空间的能力也不同。如小学语文，就不如初中语文，因为小学学生太小，在家庭中、在社会里独立学语文的能力还很难形成，到野外通过郊游来进

行语文教学，因为年龄小，往往由于安全的问题，老师们也很少带着学生去大自然中学语文。高中的语文教学应该是可以有一定的扩展空间的，因为学生们学习语文的能力已基本形成，适应空间的能力也有了一定的基础。但是，由于高中各学科教学内容繁多，教学任务繁重，很少有教师带着学生去郊外学语文的。

魏书生老师就是利用初中这个有利的年段，初中语文这个宽松的学科，在教学上进行大胆的改革的。他把初中的语文教学的空间拓展到课堂之外。

（一）家庭空间学语文

魏书生老师的语文教学最突出的特点是培养学生的自学能力，而自学能力形成之后的学生最希望不用老师不厌其烦的讲解，而自己在一个安静舒适的空间里进行学习。而这个空间就是自己的家。

在自己家里学语文，没有老师和同学们的"干扰"，自己愿意学什么内容，就学什么内容，自己哪个方面的知识差就学哪方面的知识，哪方面的技能差就锻炼哪些方面的技能。在家庭里学语文，可以按文体的类别来比较学，可以把初中一至六册的语文教材中的小说放在一起来学。按国别分，外国小说有几篇，分别是哪几个国家的，作者是谁，各小说的主题分别是什么，揭露了什么，批判了什么，讴歌了什么，反映了什么，这与平时的国别及社会背景又有什么关系。把议论文归类放在一起学，可以通过比较找出论点的出处。有的文章的论点即是文题，有的文题与论点毫无关系，有的论点出自文章的开头，有的论点出自文章的结尾。再通过比较可以看出论据的不同，因论点的各异，选取的论据也不同，可选取言简意赅的理论论据，也可选取简捷的事实论据，为什么选取的论据不可互相换呢？另外，还可以在论证方式上进行比较着学习：为什么有的文章用立论，有的文章用驳论，而有的文章却立论与驳论相结合。自己在现实生活中的说话，写文章该怎样恰到好处地运用这些知识。家庭空间学语文不仅仅在学习内容的选择上是自由的，而且在学习时间的安排上也是自由的。例如在课堂上学语文，学习的时间往往要受教师和学生们所制约。学《岳阳楼记》同学们提出要用五分钟时间把前面自然段背诵下来，而你无论能否背诵下来，在这五分钟之内，你还能自主地去学别的吗？这是不可能的。另外，通过家庭空间学语文还可以调动家庭其他成员的学习积极性。比如学生在家里静静学习，家长能打开电视机去看些诱人的电视连续剧吗？他能找来亲友在客厅里吵吵嚷嚷地饮酒作乐，划拳行令吗？他能和亲

友在一起稀里哗啦地打麻将吗？作为家长的肯定是坐在学生旁边学习一些有关自己行业的专业知识或技能知识，也可能在另外的屋子里学习电脑等其他知识技能。由此看来，家庭空间学语文不仅仅是学生学习的事情，也是带动家庭其他成员学习的事情，这对整个社会都是大有好处的。

（二）社会空间学习语文

语文教学是一个很有学问的艺术，要想让学生真正提高语文能力，就必须拓展教学空间，不只是课堂上，家庭里，还要推而广之到社会上。因为学生学语文，最终的目的是提高能力后服务于社会。人是社会的因子，不能脱离社会，更何况对人的评价，是以其对社会贡献的大小来分层次的。学生是未成才的社会人，将来成才后，要服务社会，治理社会。而现在就必须让学生了解社会，感受社会，接受社会，评价社会。这样，对学生的成长是大有好处的。

魏书生老师利用星期或寒暑假，经常让学生在社会上从事一些活动。如到长途客运站为候车室打扫卫生或到长途汽车上为乘务员打水、擦玻璃，有时还到敬老院为老人们表演节目、打扫卫生等，通过长此以往地做好事，使学生们学会了做人，同时，还为他们的写作丰富了知识。魏书生除了让学生到社会上做好事之外，还经常让学生到社会上搞一些调查。让学生调查市场上物价的行情，调查农村的巨大变化，调查家庭的住宅变化，马路上交通工具的变化，家庭中乃至个人的通信工具的变化等，调查后让学生写日记、写命题作文等，通过社会调查，使学生们更进一步了解社会的变化，也更清楚地认识到社会中人与人的不同分工、不同职业、不同社会价值。因此使学生们认识到社会在飞速发展，人们在不断进步，社会对人才的要求标准在不断提高，于是，便更加坚定了自己一定要抓紧时间努力学，尽快打好坚实的文化基础，健康的身体基础，将来好为社会作出更大贡献的信心。

（三）大自然空间学语文

学语文只在课堂上学，在家庭中学，或偶尔到社会上学一学是远远不够的。要想让学生真正体悟到语言与自然的关系、自然与语文的关系、人与自然的关系就必须让学生到大自然中去学习语文。

春天来了，魏书生带领学生到双台河畔去踏青，让学生写《春天双台河》的作文，让学生仔细观察哪天桃花开，哪天迎春花开，哪天丁香花开。魏书生还带领学生去开荒种地，让学生体验到生活的艰辛与快乐，让学生懂得亲手撒下希望的种子：有的种庄稼，有的种花，各有各的乐趣。

秋天来了，魏书生带领学生到六里河里去摸鱼，到田野里去欣赏"芦花白，稻谷黄"的美景，然后让学生写《可爱的盘锦》、《鹤乡秋景》等作文。学生们亲自领略了这河之滨——盘锦的秋景，能写不出情真意切的文章吗？他们所见的盘锦是那么美丽，那么神奇，能不更加热爱这个美丽的故乡吗？魏书生常说，语文教学最怕空调的说教，语文教学如果只是一味地咬文嚼字，不去欣赏文字中所描绘的场景，那么这种语文教学就是不全面的教学，要想收到理想的效果，也是不太可能的。

六、致力教学创新

创新，是我国教育改革的热点，也是教育关注的焦点。普通教育如何运用创新教育的理论和方法来开发学生的创新力，这是当前学校教育改革中的一个值得深入探讨的课题。魏书生在这方面的实践给我们提供了有益的启示。

（一）启发创新的意识

需要、动机、意向、理想，这是进行任何创造的前提。为此，魏书生经常引导学生读英雄、伟人的传记，使学生们认识到"尽管我们一生也许无法企及这些伟大人物的精神境界，但这不妨碍我们朝着这一高峰攀登。"他还用探索科学家襟怀的方法，激发学生为中华崛起而勤奋读书，使他们信服为祖国和人类进步事业奋斗是攀登科学高峰的力量源泉。他常常把自己订阅的《国外科技动态》杂志拿给学生看，外空探险、卫星的奥秘、飞船对接、装配式建筑以及涉及人类本身的身体冷藏……他的学生争相阅读，对当代科学技术的新发展保持着浓厚的兴趣，产生了一种跃跃欲试的探求心理。当学生们创造的欲望被激发起来之后，他就因势利导地把学生引向眼前的创造性活动，他和学生一块研究教育改革，一块探索适合自己个性的学习方法。

在魏书生的启发下，他的学生逐渐树立起"做世界的一流……"的豪迈志向。他们说："我们的能力有限，但我们的勤奋可以无限，人只要有坚定不移的信念，有顽强不懈的努力，每个人都会做世界第一流的……也许，我们不会取得像爱因斯坦发现相对论那样伟大的成就，但是，只要我们洒尽了汗水，费尽了心思，把一切都献给美好的理想，我们就可以毫无愧色地说，我们是世界第一流的奋斗者……"

（二）培养创新的才干

知识、智能、方法，这是从事创新的坚实基础，离开它无法进行创

新。魏书生充分认识到这个道理。他努力从这几方面去增长学生们的创造才干。

1. 教给学生系统的知识

苏联心理学家捷普洛夫说："一个空洞的头脑是不能进行思维的。"魏书生也有同样深刻的见解，他主张："把零散的知识系统起来，使我们的思想有一个落脚点。"他要求学生"扎实地掌握知识。"他认为学生能够"掌握一些当成'定理'、'公式'用的知识，那么便可以认为把知识学到手了"。他运用画"语文知识树"的方法使学生获得系统知识，并把这方法运用到其他学科。在画知识树，好比行军的地图，使学生知道起点在哪，终点在哪，中间有哪些必经之路。自然会心明眼亮，加速了前进的步伐。

2. 培养完善的智能

魏书生常对他的学生讲："就一般人来说，大自然并不偏袒哪一个人。科学家知识渊博，一个重要原因，是因为他们比较充分地运用了自己的智力。"在全面发展学生智力的基础上，他特别强调发展学生的创造性思维和创造性想象能力。他对创造性思维的看法是："创造性思维和传统思维的区别就是，传统思维是拐弯不行，换一条航线也不行，换一个空间角度更不行。人掉在水缸里非要捞，像司马光那样把缸打破就不行了；称象非要拿秤，称大象就得拿大秤，像曹冲那样用船称就不行。这是不对的，同一件事可以用不同的方法去解决，为什么非要在一棵树上吊死呢？"他认为。创造是离不开想象的，没有想象就没有文学艺术，便没有创造发明家，便没有科学预见。魏书生还认为，能够转化为想象力的脑细胞，在十四五岁学生的脑子里大量地存在着，而且由脑细胞转化为能力的距离要数这个年龄阶段最近。所以，他特别珍惜初中阶段——发展学生想象力的黄金时期。于是，他从三个方面入手：一是激发学生发展智力的兴趣；二是向学生介绍发展智力方法；三是结合教学对学生实行严格的训练。"一题多解"是从语文学科特点出发常用的训练方法。他有本事让学生在感到轻松好玩之中增长能力。他的学生写童话，写科学幻想，一篇又一篇，活跃的想象力结出丰硕的果实。

3. 指导自学的方法

魏书生曾用法国作家莱辛关于真理的话，启发他的学生们是要真理，还是要获取真理的能力。他说，要得到获取真理的能力，就要学会自学。为了训练学生的自学能力。读书，他帮助学生总结出三结合的自学方法：

作文，他说，他教会学生自己批改；考试，他让学生自己出题；作业，他叫学生自己留……在班级里，学生养成了自学习惯，在独立获取的过程中，获得了更大的收获。

（三）陶冶创新个性

创新活动是各种心理在最高水平上的综合。创新才能只是获得创新且成就的必备条件。魏书生充分了解这一点，因此他说："要成就一件伟大的事业，首先是动机和胆略，在具备了崇高的动机和无限的胆略之后，决定成败的重要条件就是意志了。"他甚至认为意志的"锻炼"是"比知识更为宝贵的财产"。他给学生讲埃及的塔哈、侯赛因，讲法国的戴尼斯，讲美国的海伦，讲苏联的奥斯特洛夫斯基。他指出：既然那些不健全的人照样可以取得了不起的成绩，像我们这样四肢健全的人有什么理由说自己不行呢？他就是用这些生动的例子鼓舞学生时用奋发和进取的精神去做一个对祖国和人类有贡献的人。他要求学生有大海一样的胸怀。他认为那种狭隘的胸怀势必禁锢人的聪明才智，他给学生讲大难大易的道理：屈原被逐而赋《离骚》，司马迁遭宫刑而著《史记》，韩信受胯下之辱而统率百万大军，使学生认识到自古雄才多磨难，这几乎是一条规律。

（四）广辟创新的途径

每个人的成才方向不可能完全相同，无论从主观条件的可能性着眼，还是从客观的实际需要来看，人才必然是多样的。因此，培养创造性人才，不能像浇铸标准件那样有一个统一的模式。魏书生主张不能用一把尺子去衡量学生：在他的班级里，顾某的字写得好，获奖；刘某的《马》、赫某的《虎》，作为出色的国粹习作在校内展出；边某以演讲在全县获第一名……魏书生认为，如果我们不是用一把分数的尺子，升学的尺子去衡量每个人的价值，该会涌现出多少各行各业的人才啊。他的观点是：只有千差万别的钢，才能适合现实生活各种不同的需要。如果不是这样，那不管多好的钢，只是单一的品种，这个世界也不可能发展得快。金子固然好，假如真有那么一天，一切金属都变成了单一的金子，那么人类就将难以生存了。一定要为人才的成长开辟多种途径，做到"人尽其才"。

（五）营造创新的环境

营造一个鼓励创造性的环境气氛是培养创新性人才的重要途径。魏书生的课堂教学改革正是从这里入手的。从纵向看，他创造的"六步课堂教学法"，从定向、自学、讨论、答题、自测到小结，处处以学生为主，把

学生真正放到了主体地位，一反传统教学那种压抑学生积极性的"满堂灌"教法。从横向看，老师和学生，学生和学生之间，组成了一个以教师为主导，以学生为主体的立体信息交流网，也就是充分发扬了民主。他依赖学生的思维潜力、自学能力，他不容忍课堂上有一个学生"陪坐"，他的学生在课堂上始终保持旺盛的求知欲和勇于进取的竞争状态，不管是老师说的，还是书本上说的，只要他们认为有疑点，就决不能放过。有一次，他给学生们讲英国未来学家的一篇文章《五千万年后的人类》，那位未来学家预言五千万年后地球扭曲，人类破坏生态平衡而自身消灭。学生们对这种观点热烈争论起来：人类怎么会灭亡呢？人类既然知道了生态不平衡，将来当然可以控制生态不平衡，他们敢于向权威挑战，提出自己的看法，思想非常活跃。在他的课堂上，学生时时都体验到一种"解放感"、"轻松感"，求知欲得到满足、好胜心得到鼓励、创造力得到发展的"幸福感"。这样的课堂教学气氛，正是培养学生创造才能的沃土。

在发展必修课的同时，他还重视开辟选修课或实践课，把学生引向广阔的创造大地。他的课程表上，每天下午最后都有独具特色的安排，他组织学生讨论思想战线的形势，让学生们以此接触社会。增见闻，开阔眼界，活跃思想，他让学生们高声地唱，尽量地画，尽兴地玩，接触大自然的四时风光而心旷神怡。他开设新科技知识讲座，举办当代报告文学欣赏，介绍国外教育动态，引导学生敞开思想的大门，把眼光面向现代化、面向世界、面向未来，激发学生强烈的创造欲望。

理智的好奇心给了魏书生创新以动力，开拓前进的顽强意志给魏书生创新以活力。他把诗一样的灵性倾注在未来一代身上，师生心心相印，给他的创耨以合力，他不怕遭受挫折，既能大胆果断地提出改革的设想，又能严肃认真地评价这些设想，以防止错误的发生。一旦实验失败，他又能深入剖析原因，以利再战，决不气馁。

教育者自身的创造素质是进行创造教育的重要前提。没有创造性的老师，就不会有创造性的教育，自然也就培养不出创造性的新一代。美国创造教育的权威史密斯曾说，创造性的教师，就是"吸取教育科学所提供的新知识，在课堂教学中积极地加以运用，并且发现新的切实可行的方法的人"。魏书生同志就是这样的教师。在教育科学之山上，他努力攀登，广泛涉猎，他研究日本、研究美国、研究苏联。他比较契可夫和凯洛夫，还有巴班斯基、苏霍姆林斯基，从中选择适合于我国教育改革的内容。他认为教育改革不是自古华山一条路，而是条条大路通罗马，殊途可以同归，

我们要走出自己的路来，他本人正是这样实践的。他说："我学教育科学的第一个实验品就是自己。"他以浓厚的探索兴趣，进行灵活多样的实验，做了许多创造性的工作。他认为教育是一种艺术，而艺术的生命就在于创新，在于各具特色，在于百花齐放。教学艺术应该是因人而异的，只要自己像魏书生一样，经常总结，经常借鉴与创新，就一定能形成自己的教学风格。正如马克思在《资本论》出版前言中引用但丁的格言："走自己的路，让人家去说吧！"